I0831527

Das Mittelalter als Faszinosum oder Marginalie?

Mediävistik zwischen Forschung, Lehre und Öffentlichkeit

Herausgegeben von Wernfried Hofmeister

Band 7

Ylva Schwinghammer

Das Mittelalter als Faszinosum oder Marginalie?

Länderübergreifende Erhebungen, Analysen und Vorschläge zur Weiterentwicklung der Mittelalterdidaktik im muttersprachlichen Deutschunterricht

PETER LANG
EDITION

Bibliografische Information der Deutschen Nationalbibliothek
Die Deutsche Nationalbibliothek verzeichnet diese Publikation in der DeutschenNationalbibliografie; detaillierte bibliografische Daten sind im Internet über http://dnb.d-nb.de abrufbar.

Gedruckt mit Unterstützung
der Universität Graz

ISSN 1863-060X
ISBN 978-3-631-64396-9 (Print)
E-ISBN 978-3-653-03717-3 (E-Book)
DOI 10.3726/978-3-653-03717-3

Peter Lang Edition ist ein Imprint der Peter Lang GmbH.
Peter Lang – Frankfurt am Main · Bern · Bruxelles · New York · Oxford · Warszawa · Wien

Dieses Buch erscheint in der Peter Lang Edition
und wurde vor Erscheinen peer reviewed.

www.peterlang.de

Inhalt

Danksagungen

Dem Reihenherausgeber und Betreuer meiner Doktorarbeit, Wernfried Hofmeister, der immer ein offenes Ohr für die Belange dieser Arbeit hatte und durch seine umsichtige und engagierte Betreuung maßgeblich zu ihrem erfolgreichen Abschluss beigetragen hat: Danke für die fachliche wie menschliche Unterstützung und Förderung, aber auch für die Freiheit, eigene Wege zu finden!

Mein besonderer Dank gilt Ulrich Müller (†14.10.2012), dem ehemaligen Salzburger Ordinarius, der nicht zuletzt an allen fachdidaktischen Arbeiten aus dem Bereich der Germanistik höchst interessiert war: Er hatte sich 2011 als Emeritus kurzentschlossen dazu bereit erklärt, für meine Dissertation als externer Zweitgutachter zu fungieren. Ihm sei meine Veröffentlichung gewidmet.

Ermöglicht wurde die zeitintensive Umsetzung der Studie durch ein fachdidaktisches Stipendium der Geisteswissenschaftlichen Fakultät der Karl-Franzens-Universität Graz – auch hierfür bin ich dankbar. Wie auch für die Aufnahme ins Doktoratsprogramm Fachdidaktik und Sprachlehrforschung, das mir durch seine interdisziplinäre Ausrichtung spannende neue Perspektiven eröffnen konnte.

Dankend erwähnt sei an dieser Stelle das Land Steiermark, das durch die Finanzierung des Projektes „Schüler/innen werden zu Kulturbotschafter/innen des steirischen Mittelalters" sowie der KinderUni-Mittelalterwochen dazu beigetragen hat, Ideen in die Tat umzusetzen und praktische Erfahrungen zu sammeln. In diesem Zusammenhang bedanke ich mich auch bei allen Kindern und Jugendlichen, denen ich in den letzten Jahren im Rahmen von Projekten, Schulinitiativen und KinderUni-Programmen das Mittelalter auf die eine oder andere Art näher bringen durfte, für ihre Neugierde, ihr Interesse und die oft verblüffenden Zugänge, die dafür sorgten, dass ich selbst nie die Freude und Begeisterung am Thema verloren habe.

Schließlich und endlich gebührt allen Teilnehmerinnen und Teilnehmern an der empirischen Studie Dank für ihre Zeit und Auskunftsbereitschaft sowie auch all jenen, die im Hintergrund als Multiplikatoren fungiert und die Einladungen zur Teilnahme an Lehrstühlen und Schulen, im Umkreis von Vereinen, Tagungen, Fortbildungen und Seminargruppen oder auch im Bekanntenkreis verbreitet haben.

Graz, im Juli 2013

Einleitung: Mittelalter im Deutschunterricht – Faszinosum oder Marginalie?

Wer sich anschickt, heute eine Lanze für die Beschäftigung mit alten, überlieferten Texten zu brechen, wird dieses Wort Benjamins für die eigenen Bemühungen in Anspruch nehmen dürfen. Zweifellos besteht gegenwärtig ein solcher Augenblick aus konformistischer Traditionsfeindlichkeit resultierender Gefahr. Aber gegenüber der von Benjamin beschriebenen Situation, in der es darum ging, das richtige Bild der Tradition vor dem falschen Zugriff eines durchaus noch überlieferungsfreudigen Konformismus zu bewahren, hat sich heute die Lage grundlegend verändert: nicht die Frage nach dem rechten Gebrauch von Tradition steht zur Diskussion, sondern die viel entscheidendere, ob der um sich greifende Konformismus, er begründe seine Gegenwartsfixierung nun technokratisch oder linksmodernistisch, einer – im Rahmen eines eindimensional technisch-ökonomisch orientierten Lebens – disfunktional gewordenen Überlieferung überhaupt noch eine Existenzberechtigung belassen wird.[1]

Helmut Brackert, Hannelore Christ, Horst Holzschuh, 1976

Fraglos ist die mittelalterliche Literatur keiner der Gegenstände, die es dem Deutschunterricht besonders angetan haben. „Zu entlegen", „zu uninteressant", „zu aufwendig", „zu schwierig" – das sind die Einwände, die man immer wieder hört.[2]

Rüdiger Krohn, Werner Wunderlich, 1982

Das Mittelalter boomt und man weiß nicht so recht, ob man sich darüber freuen soll. In Büchern und im Internet, in Spielen wie in Filmen ist die oftmals totgesagte Epoche allgegenwärtig: „Willkommen im Mittelalter" – willkommen im Gasthof, in der Erlebnisausstellung, im Fantasy-Land Mittelalter. [...]

Vielleicht gibt diese Werbebotschaft, unbeabsichtigt, doch auch an, worum es in der (deutsch-)didaktischen Beschäftigung mit dem Mittelalter geht – um „historische Ausrüstung im richtigen Sinne des Wortes", d.h. um „Ausrüstung mit historischem Bewusstsein. Genau das ist es, was bei aller modischer Mittelalter-Faszination verloren geht. Denn das Mittelalter liegt so weit weg, es ist eine sehr lange und unklar definierte Epoche, es bietet so viel sinnlich Darstellbares, von der Kleidung,

1 Brackert, Helmut; Christ, Hannelore; Holzschuh, Horst: Zur gesellschaftliche Funktion mittelalterlicher Literatur in der Schule. Überlieferung und historisches Bewusstsein. Zur Problematik der Relevanz mittelalterlicher Texte. In: Brackert, Christ, Holzschuh (Hrsg.): Mittelalterliche Texte im Unterricht 2. München: Beck 1976. S.9. (= Literatur in der Schule 2)

2 Krohn, Rüdiger; Wunderlich, Werner: Mittelalterliche Literatur in der Sekundarstufe I. Hannover: Schroedel Schulbuchverlag 1983. S. 6. (= Deutschunterricht konkret)

der Wohnung, dem Essen ... – kurz, es ist eine ideale Projektionsfläche für unsere Träume und Phantasien. [...]

Mit dem Argument der mangelnden Aktualität und Lebensnähe wurde Mediävistik in der universitären Ausbildung stark zurückgedrängt und fristet in den Lehrplänen der meisten deutschen Bundesländern und Österreichs nur mehr ein Mauerblümchen-Dasein. Ihre Neuentdeckung erfolgte im Zeichen der Postmoderne: Das Mittelalter als Wühlkiste der Vergangenheit, aus der sich jeder nach Belieben alte Kostüme und bizarre Requisiten herausholen kann und an dessen eigenartigen Gerüchen man sich berauscht. Was also interessiert, ist nicht die historische Epoche, sondern die Exotik. Angesicht von soviel Mittelalterbegeisterung wird diese Zeit nun auch wieder didaktisch interessant.[3]

Werner Wintersteiner, 2001

Das Studium der (deutschen) Literatur des Mittelalters hat etwas Faszinierendes an sich und sollte auch all jenen ans Herz gelegt werden, die den Lehrer(innen)-Beruf anstreben und später (leider) nur wenig Mittelalterliches im Unterricht vermitteln werden. Gerade als Lehrer(in) hat man aber die Pflicht, über Wege und Umwege kultureller Tradition informiert zu sein und Schülern deutlich zu machen, dass ihre eigene soziale, mentale und kulturelle Situation nur als Teil und als Ergebnis eines vielen Jahrhunderte währenden Kontinuums adäquat zu begreifen ist.[4]

Thomas Bein, 2005

Ich sehe keine Notwendigkeit, die schulische Auseinandersetzung mit älterer deutscher Literatur speziell zu rechtfertigen, denn es gibt keine für den Unterricht prinzipiell ‚wertvolle' oder prinzipiell ‚wertlose' Literatur. Versteht man Literaturunterricht als Medium der Kompetenzerweiterung und Ich-Entwicklung, können (für die Schülerinnen und Schüler!) im Unterricht sehr verschiedene Werke wichtig werden. Entscheidend sind dabei jeweils die unterschiedlichen Entwicklungsaufgaben der Individuen, wobei historische Distanz die Auseinandersetzung mit einer bestimmten Problematik sogar erleichtern kann [...]. Deshalb sind auch – zumal fragwürdige – historische Zäsuren für die Auswahl von Texten nicht relevant [...].[5]

Günther Bärnthaler, 2010

Der heutige muttersprachliche Deutschunterricht scheint seine ältere deutsche Literatur nicht mehr zu brauchen, in den Lehrplänen wird sie – sieht man von Berlin und

3 Wintersteiner, Werner: „Historische Ausrüstung im richtigen Sinne des Wortes". In: Wintersteiner, Werner (Hrsg.): Mittelalter. ide 2001. H.3. S.4f.

4 Bein, Thomas: Germanistische Mediävistik. Eine Einführung. 2. überarbeitete und erweiterte Auflage. Berlin: ESV 2005. S.11.

5 Bärnthaler, Günther: „Was hat das denn mit uns zu tun?" Gahmuret, Parzival und Gawan als Aufforderung zur Reflexion männlicher Geschlechtsidentität im Deutschunterricht. Innsbruck: Studienverlag 2010. S.24.

Bayern einmal ab – bestenfalls geduldet, [...] und wenn man diesen Zustand beklagt, reiht man sich in die Reihe derer ein, die mit Recht darauf hinweisen, dass die Deutschdidaktik – wie übrigens gleichermaßen die Universitätsmediävistik – ein geringes Interesse an der Frage zu haben scheint, was Schüler bei der Beschäftigung mit solchen Texten lernen können [...].

Thomas Möbius, 2010

Wer mittelalterliche Literatur in den Deutschunterricht einbeziehen will, sieht sich einem besonderen Legitimationszwang ausgesetzt. Dafür sind mehrere Gründe verantwortlich. [...] Wenn ferner die Fachwissenschaft in zeitliche Bedrängnis gerat, weil unter Vorgabe der Studierbarkeit in der Regelstudienzeit der Studiengang inhaltlich ‚entfrachtet' werden muss, so glaubt man als Erstes auf ein Teilfach ‚Mediävistik' verzichten zu können. Des Weiteren lässt sich in der bundesrepublikanischen Schullandschaft eine Fokussierung auf ‚Ziele' – dies seit den späten 1960er Jahren - und inzwischen auf ‚Kompetenzen' – dies im Zuge der internationalen Vergleichsstudien zur Leistung der Bildungssysteme – beobachten. Ziele und Kompetenzen setzen jedoch die Inhalte einem Argumentationszwang aus, und die Spirale für mittelalterliche Inhalte in der Schule dreht sich weiter nach unten. Verantwortlich dafür ist aber auch die Auffassung, Gegenstände und Sachverhalte seien sowohl umso schwieriger als auch umso weniger bedeutsam, je weiter sie von uns entfernt sind. Dies führt dann dazu, dass dort, wo Inhalte wieder stärker in den Vordergrund rücken, nämlich bei den Vorgaben für bestimmte Texte und Autoren im Rahmen der Einführung des Zentralabiturs in einer Reihe von Bundesländern, die Entscheidung ebenfalls – oder gerade – nicht für mittelalterliche Texte fällt.[6]

Ina Karg, 2011

Deren [jene der mittelalterlichen Literatur, Anm.] Randexistenz im Deutschunterricht der letzten Jahrzehnte ist immer mal wieder bemerkt worden, meist verbunden mit Versuchen, einleuchtende Argumente und sinnvolle Möglichkeiten anzubieten, warum bzw. wie dieser Zustand verbessert oder zumindest stabilisiert werden sollte oder könnte. Im Blick auf die aktuelle standardorientierte Lage ist nun allerdings zu bemerken, dass die mittelalterliche Literatur insofern eigentlich keinen (negativ markierten) Sonderstatus mehr einnimmt, als historische Aspekte hier insgesamt nur eine ganz untergeordnete Rolle spielen. [...] Für mittelalterliche Literatur bedeutet das deshalb ebenso wie für alle andere ältere Literatur (im Sinne von: Literatur, die

6 Karg, Ina: Konrad von Megenberg: Das Buch der Natur - Didaktische Überlegungen und Unterricht am Beispiel eines mittelalterlichen Sachbuches. In: Bein, Thomas; Horch, Hans Otto (Hrsg.): Wissenstransfer im Deutschunterricht. Deutsch-jüdische Literatur und mittelalterliche Fachliteratur als Herausforderung für ein erweitertes Textverstehen. Frankfurt am Main: Peter Lang 2011. S. 93f. (= Germanistik Didaktik Unterricht 6).

nicht im weitesten Sinne unserer Gegenwart zugerechnet werden kann): Vieles erscheint möglich, verbindlich ist nichts.[7]

Angela Mielke, 2011

Was ist die Behandlung des Mittelalters im Deutschunterricht also? Oder – noch viel wichtiger – was soll(te) sie sein? Schmückendes Beiwerk, nunmehr redundantes Überbleibsel einer starren Epochendidaktik, lohnender Bonus im schulischen Alltag oder evidenter Ausgangspunkt einer Befassung mit deutschsprachiger und gesamteuropäischer Kultur? Anders gefragt: Faszinosum oder Marginalie? Pflicht oder Kür? (Un-)zeitgemäß und (un-)zumutbar?

Dieser Arbeit vorangestellt sind – chronologisch geordnete – Momentaufnahmen einer fachwissenschaftlichen Diskussion, die seit mehr als fünf Jahrzehnten in unterschiedlicher Intensität und unter wechselnden Vorzeichen geführt wird. War es zunächst ihre problematische Rezeption während der nationalsozialistischen Zeit und stellten in den 70er Jahren die sogenannte ‚Curriculare Wende' und die damit einhergehende Fokussierung auf Lernziele die Position mediävistischer Inhalte im Deutschunterricht in Frage, so ist es heute die Forderung einer Ausrichtung nach Kompetenzen und – international vergleichbaren – Bildungsstandards, die eine Legitimation älterer deutscher Texte im Unterricht, wieder einmal, notwendig erscheinen lassen.

Wenngleich das erste Zitat also aus den 1970er Jahren stammt und damit nunmehr 36 Jahre alt ist, so scheint es doch nicht an Brisanz und Aktualität verloren zu haben. Ganz im Gegenteil. Das sukzessive Verschwinden germanistisch-mediävistischer Inhalte aus dem Schulunterricht bzw. ihre immer geringer werdende Bedeutung gilt heute nicht mehr als Befürchtung oder Vermutung, sondern wird vielmehr als Tatsache gehandelt. Doch worauf gründet sich diese – durchaus berechtigte – Annahme? Auf die im deutschsprachigen Raum überaus heterogene, in den letzten Jahren im stetigen Wandel begriffene Lehrplansituation, die sich vielerorts zwar nicht unbedingt zu Gunsten aber, – wie Angela Mielke richtig bemerkt, – zumindest oft auch nicht mehr zu Ungunsten der germanistischen Mediävistik im Schulunterricht verändert? (Eine vermeintliche ‚Entspannung,' die allerdings durch die Rekanonisierung

7 Mielke, Angela: Mittelalterliche Literatur im Deutschunterricht in Zeiten der Kompetenzorientierung - assimilieren, integrieren, profilieren? In: Bein, Thomas; Horch, Hans Otto (Hrsg.): Wissenstransfer im Deutschunterricht. Deutsch-jüdische Literatur und mittelalterliche Fachliteratur als Herausforderung für ein erweitertes Textverstehen. Frankfurt am Main: Peter Lang 2011. S. 134f. (= Germanistik Didaktik Unterricht 6).

im Rahmen standardisierter Bildungsabschlüsse schnell wieder nivelliert werden kann.) Auf die Lektürelisten im Rahmen eben dieser zentralisierten Abiturjahrgänge, die weitestgehend ohne mittelalterliche Literatur auszukommen scheinen? Auf das zugegebenermaßen triste Lehr- und Lesebuchangebot, das – wenn überhaupt – immer dieselben, wenigen Texte – oft lediglich in Form von (zweifelhaften) Nacherzählungen – wiedergibt? Oder auch auf die zunehmend geringer werdenden Anteile der germanistischen Mediävistik innerhalb der universitären Ausbildung, die insbesondere zukünftigen Deutschlehrer/innen daher immer weniger mediävistisches Basiswissen mit auf den Weg gibt? All dies mögen entscheidende Indikatoren sein, die hinreichenden Einfluss auf das Unterrichtsgeschehen in den Schulen haben. Aber – und hier kommen wir zum Ausgangspunkt dieser Arbeit – wie sieht die Praxis abseits von ministeriellen Entscheidungen, nationalen und föderalen Vorgaben und wissenschaftlichen Diskussionen wirklich aus? Wie viel Mittelalter steckt heute noch im Deutschunterricht? Welche Texte finden – insbesondere angesichts der (nur vermeintlich?) größeren thematischen Freiheiten in der Textauswahl bei gleichzeitig geringem Materialangebot, das also starke Eigeninitiative des Lehrenden impliziert – ihren Weg in den Deutschunterricht? Welche Faktoren außer den oben genannten beeinflussen die Unterrichtsgestaltung? Und: Wie wird die Relevanz mediävistischer Inhalte in der Schule von ihren Akteuren – den Deutschlehrer/innen, Lehramtsstudierenden und Schüler/inne/n – wahrgenommen?

Im Gegensatz zu den bereits angeführten ‚externen Einflussfaktoren‘ (Bildungsplänen, Lehrbüchern, Lektürelisten, Standards etc.), die in naher Vergangenheit bereits Gegenstand mehr oder minder detaillierter Betrachtungen wurden, liegen zu diesen und ähnlichen Fragestellungen – man könnte sie ‚interne Indikatoren‘ nennen – mit Ausnahme einiger höchst punktueller Erhebungen bislang keine Untersuchungen vor. Wenn wir also von der Situation in den Schulen sprechen, sind wir gezwungen, unsere Überlegungen auf durch äußere Vorgaben bedingte Erwartungshaltungen und pragmatische Spekulationen zu gründen.

Die zu diesem Zwecke konzipierte empirische Studie, kurz MIDU genannt, dient dazu, eine Bestandsaufnahme der aktuellen Situation vorzulegen, die den Ist-Zustand in der Praxis zu erfassen versucht und darüber hinaus Zukunftsprognosen ermöglichen möchte. Während in bisherigen Betrachtungen und Überlegungen zumeist von Deutschland ausgegangen wurde, sollen nun auch Österreich und die deutschsprachige Schweiz stärker in den Blickwinkel rücken, da trotz zunehmender Internationalisierung der Bildungssysteme und der universitären Studiengänge Pauschalisierungen und Analogiebildungen hier nur bedingt zulässig erscheinen.

Ziel dieser – streckenweise summativ-bilanzierenden – Arbeit sollte es also sein, theoretische Postulate und auf empirischen Daten beruhende Erkenntnisse zur Unterrichtspraxis zusammenzuführen, um damit eine breitere Basis zu schaffen, gleichsam ein Fundament, auf dem zukünftige Forschungen aufbauen können.

1. Teil

1.1 MIDU – Vorbemerkungen

Unter dem Arbeitstitel MIDU (= Mittelalter im Deutschunterricht) werden im Folgenden die beiden Befragungen bzw. Teiluntersuchungen zum Thema zusammengefasst, die im Rahmen dieser Arbeit in den Jahren 2010 und 2011 durchgeführt wurden.[8] Ziel der Untersuchung war in erster Linie eine Bestandsaufnahme der Behandlung des Mittelalters im muttersprachlichen Deutschunterricht.

Die Angaben der 250 Lehrer und Lehrerinnen aus Deutschland, Österreich und der deutschsprachigen Schweiz u.a. zu Autoren, Texten, Unterrichtsthemen, Schulprojekten und Stundenaufwand sollen gemeinsam mit der Auswertung der parallelen Befragung von 390 Lehramtsstudierenden dazu dienen, die aktuelle Situation mittelalterlicher Sprache und Literatur im Schulunterricht näher zu beleuchten, um Erkenntnisse zur tatsächlichen Unterrichtspraxis zu gewinnen. Zudem sollen Faktoren ausfindig gemacht werden, die eine Beschäftigung mit dem Mittelalter aus Lehrer/innenperspektive begünstigen bzw. beeinflussen (eigene Schulerfahrungen, Wahrnehmung der germanistischen Mediävistik im Studium, Einschätzung des Schülerinteresses u. Ä.), auch unabhängig von der jeweiligen Lehrplansituation, die ja selbst dort, wo sie eine Behandlung des Mittelalters nicht mehr explizit vorsieht, doch die Möglichkeit einer solchen bieten würde.[9] Der Vergleich zwischen Lehrer/innen unterschiedlicher Altersgruppen und zukünftigen Lehrer/innen, also Lehramtsstudierenden, kann dazu beitragen, nationale und übernationale Tendenzen ausfindig zu machen sowie Aussagen über (zukünftige) Entwicklungen zu ermöglichen.

Bevor jedoch Vergleichsauswertungen anhand signifikanter Schlüssel-Items vorgenommen werden, erschien es aufgrund der Datenfülle im Kontext dieser Arbeit sinnvoll, zunächst einen kommentierten Überblick über die Gesamtauswertungen der wichtigsten Items in den jeweiligen (nationalen) Stichproben zu geben.

8 Auszüge aus einer ergänzenden Schülerbefragung finden sich im Anhang.
9 Vgl. hierzu auch: Mielke, Angela (2011), S. 134f.

1.1.2 Anmerkungen zur Aufbereitung der Daten

Zur Erfassung, Aufbereitung und grafischen Darstellung der Datensätze wurde folgende Software verwendet: Limesurvey, SPSS und Microsoft Access in Kombination mit Excel. Für die inferenzstatistischen Analysen (Kreuztabellen, Chi-Quadrat-Test, Exakter Text nach Fischer, Monte-Carlo-Methode usw.) wurde das Programm SPSS benutzt.

Um die (optische) Vergleichbarkeit der Diagramme zu erleichtern und den jeweiligen Anteil an der Grundgesamtheit zu veranschaulichen, werden alle Darstellungen – sofern nicht anders angegeben – an einer 100%igen Primärachse, also in einem Intervall von 0 bis 100, ausgerichtet – unabhängig von der Höhe der jeweiligen Maximalwerte. Das heißt, auch dort, wo beispielsweise keine der Antworten von mehr als 20% der Proband/inn/en gegeben wurden, wird die Primärachse ungekürzt dargestellt.

Mit Ausnahme der sogenannten ‚Quotienten' werden alle Ergebnisse gerundet auf die erste Dezimalstelle angegeben.

Aufgrund der unterschiedlichen Gruppengrößen in den einzelnen Stichproben erfolgen alle numerischen Angaben sowie die Darstellungen in den Diagrammen – sofern nicht anders angegeben – in Prozent- und nicht in tatsächlichen Proband/inn/enzahlen.

Um die Antworten der Proband/inn/en möglichst authentisch wiederzugeben, wurde bei den kategoriellen Zuordnungen der Freitextantworten sehr behutsam vorgegangen. Dies betrifft in erster Linie den Umfang bzw. die Größe der einzelnen Kategorien, die sich im Einzelnen möglichst nahe an die tatsächlichen, daher wörtlichen Angaben der Proband/inn/en anzulehnen versuchen. Auf den ersten Blick entstanden so vielleicht manchmal mehr unterschiedliche Kategorien als notwendig. Beispielweise wäre es natürlich grundsätzlich möglich gewesen, die Kategorien ‚Minnesang' und ‚Tagelieder' zusammenzufassen, d. h. ‚Tagelieder' der Kategorie ‚Minnesang' zuzuordnen, da es sich um eine Untergattung handelt. Allerdings ging aus der Gesamtbetrachtung der einzelnen Fälle hervor, dass diese beiden Bereiche von vielen Proband/inn/en als unterschiedliche Schwerpunkte im Unterricht wahrgenommen und daher auch stets getrennt angeben wurden. Eine Lehrerin gab etwa an, den Minnesang „allgemein" und das Tagelied „im Wandel der Epochen" zu behandeln. Bei den Benennungen der einzelnen Kategorien stand stets die Bemühung im Vordergrund, die jeweils engste mögliche Eingrenzung vorzunehmen. Daher kann es insbesondere bei den Unterrichtsthemen vorkommen, dass die Kategorien in den einzelnen Teiluntersuchungen (Lehrer/innen und Studierende) nicht exakt übereinstimmen. In Zweifelsfällen wurde auf eine Zuordnung verzichtet und die jeweilige Antwort als Einzelnennung verzeichnet.

Eine empirische Untersuchung kann naturgemäß immer nur eine Annäherung an die Realität sein bzw. ein Versuch, sie so gut wie möglich abzubilden. Es sollte daher auch nicht außer Acht gelassen werden, dass es sich bei den erhobenen Daten um Selbstaussagen und -einschätzungen der einzelnen Teilnehmer/innen handelt.

1.2 MIDU Lehrer

Die Pretest-Reihe zur Umfrage für Deutschlehrer/innen fand im September 2010 im Rahmen eines Symposions für Deutschdidaktik in Bremen statt. Dort wurden unter den Tagungsteilnehmer/inne/n Freiwillige gesucht, die eine Papierversion des Fragebogens (*Paper&Pencil*) ausfüllten. Im Anschluss erfolgten mit einigen dieser Proband/inn/en ausführliche Nachbesprechungen zur Konzeption des Fragebogens. Da in dieser Phase keine Mängel am Umfragedesign festgestellt werden konnten, wurde der Fragebogen im Laufe des Herbstes 2010 mittels der Software Limesurvey digitalisiert und war vom 7.1.2011 bis zum 4.11.2011 unter folgender URL erreichbar: http://midulehrer.limequery.com/37231/lang-de. Für die Onlineversion wurden weder die Fragestellungen selbst noch die Reihung der Items verändert; jede Papierseite der Pretestversion wurde auf einer Bildschirmseite umgesetzt (siehe Tabelle 1: Die Schattierungen entsprechen jeweils einer Papier- bzw. Bildschirmseite). Lediglich Item Nr. 42 wurde – analog zur Befragung für Studierende[10] – nachträglich hinzugefügt[11] und fehlt daher in den 10 Pretestfällen, die in die Datenbank übernommen wurden.

Um unerwünschte Beeinflussungen der Proband/inn/en zu vermeiden, wurde die Untersuchung sowohl bei den Pretests als auch in der Online-Beschreibung bzw. Einladung zur Teilnahme stets nur als ,Befragung zum Deutschunterricht' angekündigt. So sollte unter anderem verhindert werden, dass Lehrer und Lehrerinnen, die dem Mittelalter im Deutschunterricht eher ablehnend oder zumindest skeptisch gegenüberstehen, von vorneherein nicht an der Untersuchung teilnehmen. Die erste Frage, die sich explizit mit mittelalterlicher Sprache und Literatur beschäftigt (Item 22), war erst auf der dritten Bildschirmseite angesetzt. Niemand unter den Proband/inn/en, die bis zu diesem Item gekommen waren, brach innerhalb der folgenden zweiten Hälfte die Befragung ab.

---

10 Siehe Kapitel 1.3.

11 Die Motivation, Item 42 nachträglich dem Fragebogen hinzuzufügen, gründet sich auf Beobachtungen, die während einer Projektevaluierung im Herbst/Winter 2010 in Graz gemacht werden konnten: Im Rahmen der von der Verfasserin mit-initiierten und wissenschaftlich begleiteten interdisziplinären Mittelalterwoche „Schüler/innen werden zu Kulturbotschafter/inne/n des steirischen Mittelalters" wurden die 12- bis 14-Jährigen Teilnehmer/innen auch zu ihren Interessen und Erfahrungen bezüglich Mittelalter(-rezeption) befragt, wobei sich große Unterschiede zwischen Schülern und Schülerinnen feststellen ließen. Vgl. hierzu auch die Auszüge aus den Schüler/innen/befragungen im Anhang.

Die nachfolgende Tabelle liefert eine Übersicht aller in der Befragung enthaltenen Items, von denen jedoch nicht jedes einzelne auch detailliert in dieser Auswertung erfasst wurde.

Nr.	Item	Antwortformat	Skalierung
1	Geschlecht	gebunden	nominal (kodiert)
2	Geburtsjahr	frei (numerisch)	Intervall
3	Land	gebunden	nominal (kodiert)
4	In welchem Bundesland/Kanton unterrichten Sie?	frei (string)	nominal (kodiert)
5	An welchem Schultyp unterrichten Sie?	gebunden	nominal (kodiert)
6	Zweitfach/Zweitfächer	gebunden (Mehrfachantworten möglich)	nominal (kodiert)
7	Berufsjahre als Lehrer/in	frei (numerisch)	Intervall
8	Universität(en), an der/denen Sie studiert haben	frei (string)	nominal (kodiert)
9	Jahr des Studienabschlusses	frei (numerisch)	Intervall
10	Diplom- bzw. Abschlussarbeit aus dem Bereich …	gebunden (Mehrfachantworten möglich)	nominal (kodiert)
11	Dissertation aus dem Bereich …	gebunden (Mehrfachantworten möglich)	nominal (kodiert)
12	Wie sehen Sie rückblickend Ihre eigene Schulzeit	Ratingskala[12]	ordinal (kodiert)
13	Wie empfinden Sie rückblickend ihr Germanistikstudium?	Ratingskala	ordinal (kodiert)
14	Welche germanistische Teildisziplin sagt Ihnen im Studium am meisten zu?	gebunden	nominal (kodiert)
15	Welche am wenigsten?	gebunden	nominal (kodiert)
16	Wie schätzen Sie die Qualität des heutigen Lehramtsstudiums im Vergleich zu Ihrer eigenen Studienzeit ein?	bipolare Ratinskala	ordinal (kodiert)
17	Sehen Sie sich selbst eher als... (Germanist/in oder Lehrer/in)	dichotom	nominal (kodiert)
18	Empfinden Sie sich eher als … (Pädagoge/in oder Fachexperte/in)	dichotom	nominal (kodiert)

12 Sofern nicht anders angegeben, handelt es sich um unipolare Skalen.

19	Wie schätzen Sie das derzeitige Schulsystem in Ihrem Land ein?	Ratingskala	ordinal (kodiert)
20	Wie schätzen Sie die durchschnittliche 'Deutschkompetenz' (Lese-, Schreib- und Sprachkompetenz) heutiger Schüler/innen im Vergleich zu jener der Schüler/innen während Ihrer eigenen Schulzeit ein?	bipolare Ratingskala	ordinal (kodiert)
21	Wenn Sie während der gesamten Sekundarstufe 2 mit Ihren Schüler/innen im Deutschunterricht neben der Gegenwarts-literatur nur 2 literarische Epochen behandeln könnten, welche beiden wären dies?	frei (string), 2 Felder	nominal (kodiert)
22	Würden Sie die Streichung älterer historischer Epochen wie des Mittelalters aus den Rahmenlehrplänen zugunsten aktuellerer Inhalte befürworten?	gebunden	ordinal (kodiert)
23	Beziehen Sie regionale Themen in Ihren Deutschunterricht ein?	gebunden	nominal (kodiert)
24	Wenn ja: Haben Sie schon einmal regionale mittelalterliche Themen in Ihren Unterricht miteinbezogen?	gebunden	nominal (kodiert)
25	In welcher/n Klasse(n) behandeln Sie mittelalterlicher Sprache und Literatur im Deutschunterricht?	gebunden	ordinal (kodiert)
26	Wie viele Unterrichtsstunden wenden Sie für die Behandlung mittelalterlicher Sprache und Literatur im Durchschnitt auf?	frei (numerisch)	Intervall
27	In welcher/n Klasse(n) wäre(n) die Behandlung mittelalterlicher Sprache und Literatur im Deutschunterricht Ihrer Meinung nach am sinnvollsten?	gebunden	ordinal (kodiert)
28	Haben Sie in Ihrer eigenen Schulzeit im Deutschunterricht etwas über mittelalterliche Literatur und Sprache gelernt?	gebunden	nominal (kodiert)
29	Wenn ja: Hat es Sie interessiert?	gebunden	nominal (kodiert)
30	Haben Sie (als Deutschlehrer/in) schon einmal fächerverbindenden/-übergreifenden Unterricht zum Thema Mittelalter gestaltet?	gebunden	nominal (kodiert)
31	Wenn ja: Gemeinsam mit welchem Fach/welchen Fächern?	frei (string) 5 Felder	nominal (kodiert)

32	Mit welchen Fächern würden Sie gerne einmal fächerübergreifenden Unterricht zum Thema Mittelalter durchführen?	frei (string) 5 Felder	nominal (kodiert)
33	Haben Sie schon einmal projektorientierten Deutschunterricht bzw. spezielle Unterrichtsformen zum Thema Mittelalter gestaltet (inkl. Erklärung und einiger Beispiele)	gebunden	nominal (kodiert)
34	Wenn ja: In welcher Form?	gebunden	nominal (kodiert)
35	Beziehen Sie mittelhochdeutsche Texte in Ihren Unterricht ein?	gebunden	ordinal (kodiert)
36	Haben Sie schon einmal althochdeutsche Texte in Ihren Unterricht miteinbezogen?	gebunden	ordinal (kodiert)
37	Welche mittelalterlichen Autoren behandeln Sie in Ihrem Unterricht?	frei (string) 5 Felder	nominal (kodiert)
38	Welche mittelalterlichen Texte behandeln Sie in Ihrem Unterricht?	frei (string) 5 Felder	nominal (kodiert)
39	Welche Themen/Schwerpunkte mit Mittelalterbezug behandeln Sie in Ihrem Unterricht?	frei (string) 5 Felder	nominal (kodiert)
40	Ist das Mittelalter als Epoche bei Ihnen Prüfungsthema?	dichotom	nominal (kodiert)
41	Wie schätzen Sie das Interesse Ihrer Schüler/innen in Bezug auf mittelalterliche Themen ein?	Ratingskala	ordinal (kodiert)
42	*Bei welchem Geschlecht ist Ihrer Meinung nach das Interesse an mittelalterlichen Themen größer?*	*gebunden*	*nominal (kodiert)*

Tabelle 1 Lehrer/innen Fragenkatalog

Es mag auffallen, dass die Frage nach einem persönlichen Interesse an mittelalterlicher Literatur und Sprache nicht in der Erhebung vorkommt. Wenngleich die eigene Begeisterung und private Vorlieben für ein Thema natürlich immer hohe Motivationsfaktoren in der Unterrichtsgestaltung (insbesondere auch in der Planung und Durchführung von Unterrichtsprojekten) darstellen, sollten sie doch nicht maßgebliches Auswahlkriterium für die Behandlung eines Themenbereiches oder gar einer literarischen Epoche sein.

1.2.1 Allgemeine Angaben

Zwischen September 2010 und November 2011 nahmen insgesamt 250 Deutschlehrer/innen aus den D-A-CH Ländern an der Befragung teil. Die 121 Proband/inn/en aus Österreich, 67 aus Deutschland und 62 aus der Schweiz wurden zum Teil direkt über ihre auf den jeweiligen Schulhomepages veröffentlichten Mailadressen angeschrieben oder über Multiplikatoren (Tagungen, Fortbildungen, Lehrer/innenverbände) erreicht. Dabei wurde auf eine gleichmäßige Verteilung der Anfragen auf jeweils alle Bundesländer Österreichs und Deutschlands sowie deutschsprachige Kantone in der Schweiz geachtet. Die Zusammensetzung der einzelnen Stichproben weist daher eine breite, aber aufgrund fehlender Kontrollmöglichkeiten hinsichtlich der Rücklaufquote im Rahmen der Onlinebefragung natürlich nicht genau gleichmäßige geografische Streuung auf, wie in Tabelle 2 ersichtlich. In Österreich gab es Rücklauf aus allen 9 Bundesländern, in Deutschland und der deutschsprachigen Schweiz konnten Fragebögen aus jeweils 10 Bundesländern bzw. Kantonen erfasst werden.

Insgesamt 152 Probandinnen (60,8%) stehen 98 Probanden (39,2%) gegenüber. Dies entspricht auch in etwa den einzelnen Stichproben aus Österreich und Deutschland. Lediglich in der Schweizer Gruppe ist das Geschlechterverhältnis mit 51,6 (w) zu 48,4%(m) nahezu ausgeglichen (vgl. Diagramm 1).

Land	Bundesland/Kanton	Teilnehmer gesamt	männlich	weiblich
Österreich	Burgenland	4	2	2
	Kärnten	8	4	4
	Niederösterreich	16	8	8
	Oberösterreich	19	3	13
	Salzburg	5	2	3
	Steiermark	19	9	10
	Tirol	3	2	1
	Vorarlberg	12	7	5
	Wien	34	8	26
Deutschland	Baden-Württemberg	10	4	6
	Bayern	6	2	4
	Berlin	5	2	3
	Brandenburg	2		2
	Hessen	11	3	8
	Niedersachsen	8	3	5
	Nordrhein-Westfalen	18	8	10

	Rheinland-Pfalz	2		2
	Sachsen	2		2
	Schleswig-Holstein	2		2
Schweiz	Aargau	11	3	8
	Appenzell Außerrhoden	1	1	
	Basel-Stadt	6	4	2
	Bern	10	3	7
	Graubünden	1	1	
	Luzern	5	2	3
	Schwyz	4	3	1
	St. Gallen	7	4	3
	Thurgau	4	2	2
	Zürich	13	7	6
k. A.		2	*1*	*1*

Tabelle 2 Lehrer/innen Verteilung nach Bundesländern und Kantonen

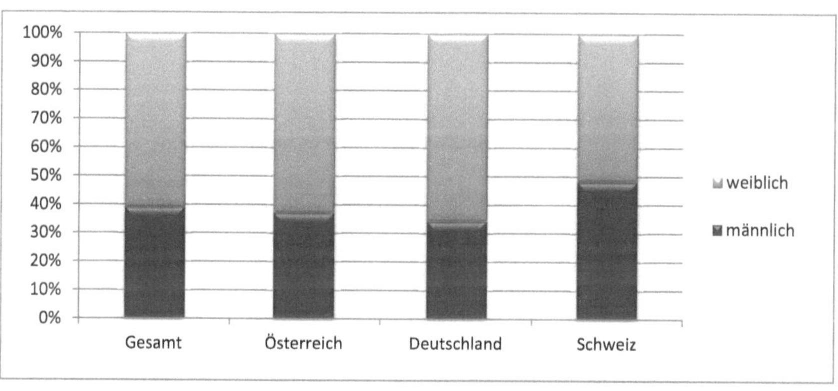

Diagramm 1: Lehrer/innen Geschlecht

Zur besseren Beschreibung der Stichproben und zur Feststellung möglicher merkmalspezifischer Zusammenhänge wurden zusätzlich das Geburtsjahr, die Berufsjahre als Lehrer/in, der Schultyp, an dem die Lehrer/innen zum Zeitpunkt der Befragung unterrichteten, Zweit- und etwaige Drittfächer, das Jahr des Studienabschlusses sowie die Universität(en), an der/denen studiert wurde(n), erhoben.

Der Schwerpunkt der Untersuchung liegt aufgrund der Lehrplansituation bei der (gymnasialen) Sekundarstufe 2, weshalb (auch um die Vergleichbarkeit der Angaben trotz heterogener Strukturen in den Bildungssystemen zu gewährleisten) ausschließlich Lehrer/innen befragt wurden, die eine entsprechende Lehrbefugnis an einer Universität erworben haben. 82% der teilnehmenden Lehrer/innen unterrichten am Gymnasium, weitere 14% an einem (Oberstufen-)Realgymnasium (ORG), 2% im Bereich der berufsbildenden höheren Schulen (BHS) und weitere 2% waren zum Befragungszeitpunkt an einem anderen Schultyp[13] tätig.

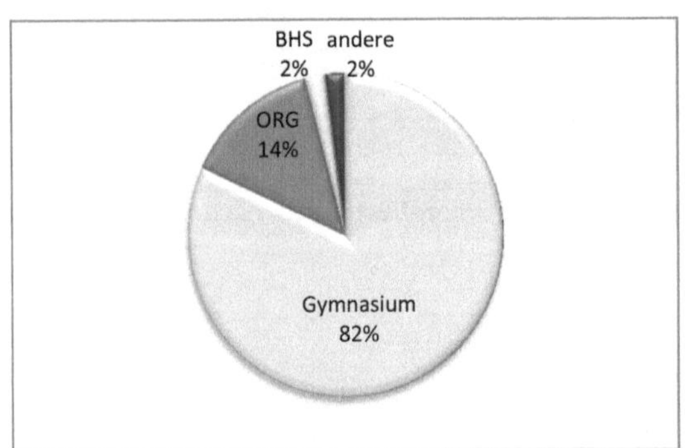

Diagramm 2: Lehrer/innen Schultyp

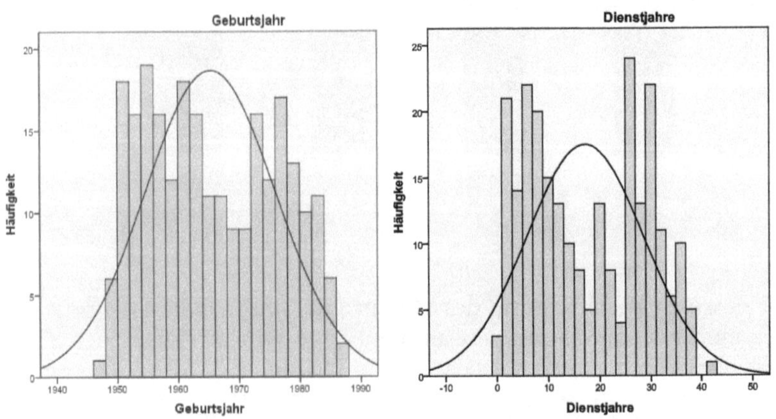

Diagramm 3: Lehrer/innen Geburtsjahr und Dienstjahre

Im Schnitt wurden die Proband/inn/en 1965 geboren und blicken auf 17,2 Dienstjahre als Lehrer/in zurück. Zwischen dem jüngsten (1987) und

13 etwa im Bereich der freien Waldorfschulen

dem ältesten Teilnehmer (1947) liegen 40 Jahre. Drei Proband/inn/en befanden sich in ihrem ersten Dienstjahr, ein Kollege hatte bereits 41 Jahre im Beruf hinter sich. Die Standardabweichung beträgt 10,6 beim Geburtsjahr und 11,3 bei den Dienstjahren, was bedeutet, dass ein Großteil der befragten Lehrer/innen zwischen 1954 und 1976 geboren wurden und zwischen 6 und 29 Jahren im Beruf tätig sind (siehe Diagramm 3).

Die 250 Lehrer/innen haben an über 40 verschiedenen Universitäten im deutschsprachigen Raum studiert, wo sie ihre Abschlüsse zwischen 1973 und 2011 gemacht haben. Der Mittelwert des Abschlussjahres liegt bei 1992, die Standardabweichung bei 11 Jahren.

Abbildung 1: Lehrer/innen Studienort

Die am häufigsten genannten Fächerkombinationen sind Deutsch und Geschichte bzw. Deutsch und Englisch (über 40% der Befragten). Danach folgen mit großem Abstand die Zweitfächer Französisch und Sport. Niemand unter den Befragten ist auch Chemie- oder Physiklehrer, 7% gaben an, überhaupt kein weiteres Fach zu unterrichten. Rund ein Viertel unterrichtet ein Zweit- oder Drittfach, das nicht auf der Auswahlliste angeführt war (Ethik, Gesellschaftslehre, Hauswirtschaft, Gesundheitslehre, evangelische Religion etc.).

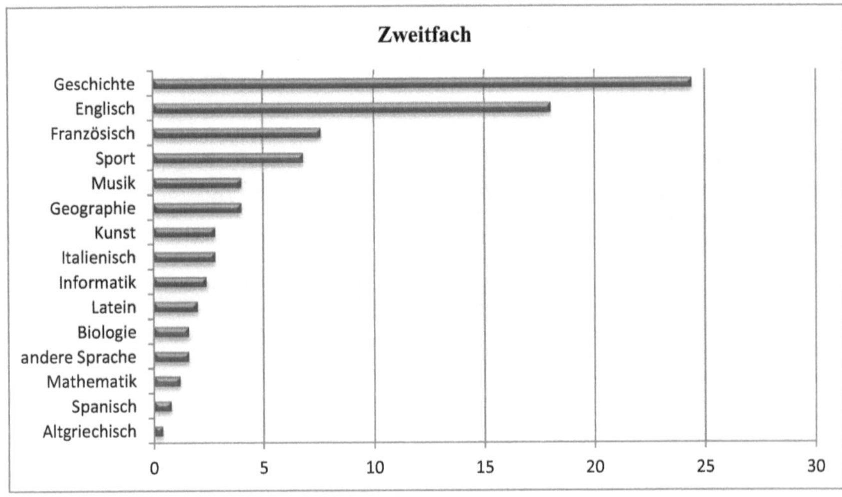

Diagramm 4: Lehrer/innen Zweitfach

1.2.2 D-A-CH Ländervergleich – Beschreibung der einzelnen Stichproben

Da im Folgenden alle Ergebnisse jeweils gesamt sowie nach einzelnen Ländern dargestellt werden, erfolgt hier eine Beschreibung der Zusammensetzung der nationalen Stichproben nach einigen wesentlichen Merkmalen (Alter, Zweitfach, Dienstjahren sowie Schultyp).

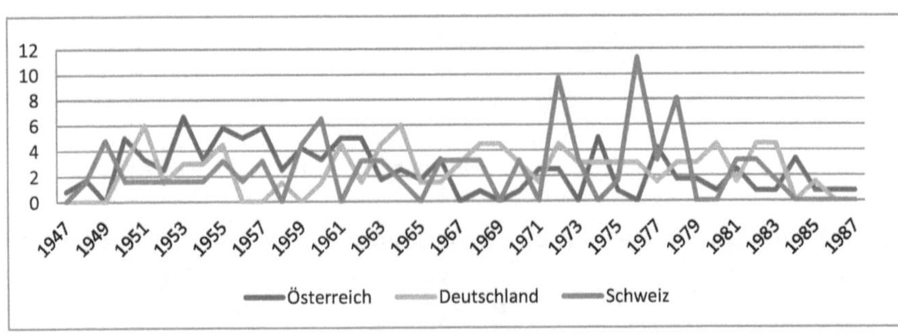

Diagramm 5: Lehrer/innen Geburtsjahr nach Ländern

Der größte Teil der Probanden in allen drei Ländern wurde in mehreren Etappen im Laufe des Sommersemesters 2011 direkt über auf den jeweiligen Schulhomepages veröffentlichten Mailadressen angeschrieben. In Deutschland und der Schweiz wurden zusätzlich die nationalen und regionalen Deutschlehrerverbände sowie Tagungsverteiler als Multiplikatoren genutzt, wobei sich der Rücklauf hierbei im Vergleich zu den Direktanfragen in Grenzen hielt. Innerhalb Österreichs konnten teilweise Rücklaufquoten von bis zu 20% pro Etappe erreicht werden, in der Schweiz und Deutschland lagen sie jeweils im einstelligen Prozentbereich.

Eine Steuerung der Anfragen oder gar der Rücklaufquoten hinsichtlich des Probandenalters oder anderer im Folgenden beschriebener Merkmale war im Rahmen der Onlinebefragung nicht möglich. Es ergab sich daher, wie oben stehendes Diagramm 5 zeigt, eine breite, aber nicht ganz gleichmäßige Streuung der Geburtsjahre innerhalb der Länderstichproben. Um klären zu können, inwieweit das Alter der Lehrer und Lehrerinnen einen Einfluss auf ihre Unterrichtsgestaltung bzw. die Beantwortung einzelner Fragen dieser Studie nimmt, wurden die einzelnen Länderstichproben zur weiteren Auswertungen noch einmal in Altersgruppen (siehe Tabelle3: AG 1 bis 5) unterteilt. Wo das Alter ein relevanter Faktor zu sein scheint, sich also signifikante Korrelationen zwischen Alter und Beantwortung eines Items feststellen lassen, wird dies in weiter Folge vermerkt.

	Geburtsjahr	**Österreich**		**Deutschland**		**Schweiz**	
AG1	vor 1950	3	2,5%	0	0	4	6,5%
AG2	1950-1959	53	**44,2%**	15	22,4%	13	21%
AG3	1960 – 1969	28	23,3%	22	**32,8%**	15	24,2%
AG4	1970 – 1979	23	19,2%	19	28,4%	25	**40,3%**
AG5	ab 1980	13	10,8%	11	16,4%	5	8,1%

Tabelle 3 Lehrer/innen Altersgruppen

Auch hinsichtlich der unterrichteten Zweit- und etwaigen Drittfächer lassen sich nationale Unterschiede feststellen (siehe Diagramm 6), wenngleich in allen drei Stichproben Geschichte und Englisch die häufigsten Kombinationsfächer sind. Bezüglich der Behandlung mittelalterlicher Sprache und Literatur im Deutschunterricht stellt sich die Frage, inwieweit Lehrer/innen, die auch Geschichte oder eine Fremdsprache unterrichten, andere Einstellungen und Herangehensweisen im Deutschunterricht an den Tag legen, als Kolleginnen, die neben Deutsch andere Fächer unterrichten. Dies soll in weiterer Folge anhand von Schlüssel-Items zu Relevanz und Unterrichtsgestaltung näher untersucht werden.

Auf eine detaillierte Aufschlüsselung der ‚anderen Fächer' im unten stehenden Diagramm (Ethik, Gesellschaftlehre, Hauswirtschaft, Gesundheitslehre, evangelische und katholische Religion, PPP, technisches sowie textiles Werken u. a.) wurde in diesem Zusammenhang verzichtet. Ein direkter Vergleich zwischen Lehrer/innen, die zusätzlich ein naturwissenschaftliches und jenen, die ein geisteswissenschaftliches Fach unterrichten, muss entfallen, da insgesamt nur 7 der 250 Probanden ein naturwissenschaftliches Fach als Zweitfach angeben haben.

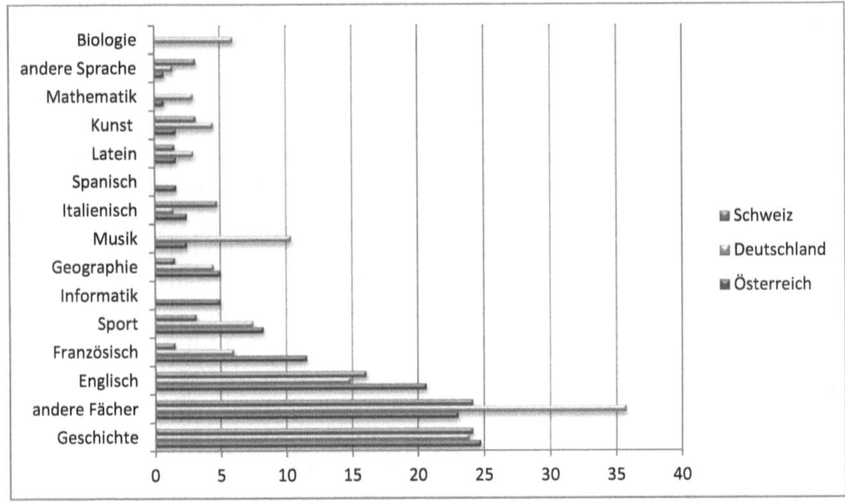

Diagramm 6 Lehrer/innen Zweitfach nach Ländern

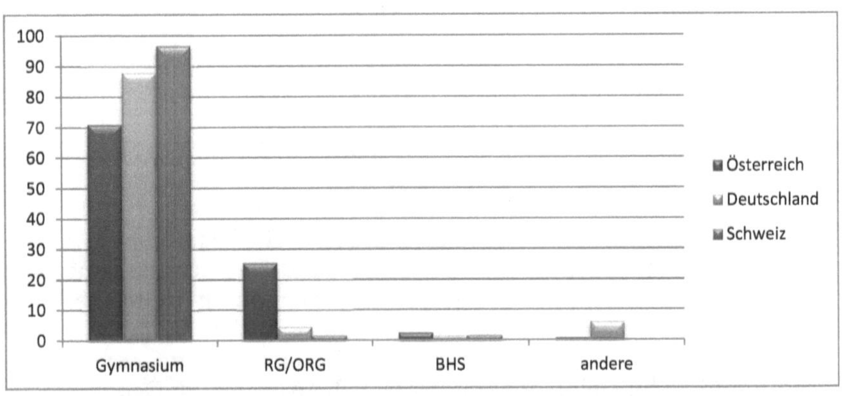

Diagramm 7 Lehrer/innen Schultyp nach Ländern

Insgesamt waren unter den Probanden lediglich 5 Lehrer/innen, die zum Befragungszeitpunkt an einer BHS unterrichteten, und 5 weitere, die angaben, derzeit an einem anderen ‚Schultyp' (z.B. einer freien Walddorfschule) zu unterrichten. In der Schweiz und Deutschland gab es zusätzlich insgesamt noch 4 Lehrer/innen aus dem Bereich der Realgymnasien; alle anderen Befragten waren an einem Gymnasium tätig. Unter den österreichischen Lehrer/innen, von denen immerhin 25,6% an einem Real- bzw. Oberstufenrealgymnasium unterrichteten, ließen sich keine ‚schultypenspezifischen' Unterschiede in den Angaben zur Behandlung mittelalterlicher Literatur im Unterricht feststellen. Keiner der befragten (O)RG-Lehrer gab beispielsweise an, mittelalterliche Literatur überhaupt nicht zu unterrichten, und auch hinsichtlich des Stundenaufwandes sowie der Behandlung von mittelhochdeutschen Originaltexten stimmten die Angaben mit jenen der Kolleg/inn/en nahezu exakt überein. So gaben etwa nur 8,8% der Gymnasiallehrer und 8,6% der (O)RG-Lehrer an, keine mittelhochdeutschen Originaltexte im Unterricht zu verwenden. Auf eine getrennte Auswertung der Gruppen nach Schultypen wurde daher verzichtet.

Die Anzahl der Dienstjahre und damit die Berufserfahrung, auf die die Proband/inn/en zum Befragungszeitpunkt zurückblicken konnten, wird in Tabelle 4 dargestellt. Eine Auswertung nach Berufserfahrung zusätzlich zum Lebensalter erschien sinnvoll, da ein höheres Alter zwar in der Regel, aber nicht zwingend auch auf mehr Jahre im Beruf hindeutet. In Verbindung mit der Altersgruppe 1 (‚Junglehrer/innen') und den Ergebnissen der Studierendenbefragung sind hier in weiterer Folge vor allem die Antwort-Tendenzen der Gruppen DG1 und DG 2[14] von Interesse, da sich daraus eventuelle Prognosen über den zukünftigen Stellenwert von mittelalterlicher Literatur und Sprache. ableiten lassen.[15] Zusätzlich existieren von allen Probandengruppen auch noch Daten zum Studienabschlussjahr, die im Bedarfsfall für nähere Betrachtungen herangezogen werden könnten (etwa um festzustellen, ob geänderte Studienordnungen Einfluss auf das Antwortverhalten bzw. die Unterrichtsgestaltung nehmen).

14 Diese überschneiden sich teilweise, aber nicht vollständig mit AG1 und AG2.

15 Da man davon ausgehen kann, dass diese Gruppen (AG1 und AG2 bzw. großteils auch DG1 und DG2) den Lehrberuf noch länger ausüben werden als Kolleg/inn/en, die mit über 50 Lebens- und 30 Dienstjahren kurz vor der Pensionierung stehen.

	Dienstjahre	Österreich		Deutschland		Schweiz	
DG1	< 5	15	12,5%	17	**25,4%**	6	9,8%
DG2	5 bis 9	17	14,2%	12	17,9%	16	**26,2%**
DG3	10 bis 19	19	15,8%	16	23,9%	14	23%
DG4	20 bis 29	43	**35,8%**	13	19,4%	16	**26,2%**
DG5	≥ 30	26	21,7%	9	13,4%	9	14,8%

Tabelle 4 Lehrer/innen Dienstjahre

Betrachtet man nun Probandenalter und Dienstjahre in den drei Ländern, fällt auf, dass die österreichischen Lehrer/innen, die an der Befragung teilnahmen, im Schnitt um einiges älter als ihre Kollegen und Kolleginnen aus Deutschland und der deutschsprachigen Schweiz waren. Dies deckt sich mit den Daten der Statistik Austria aus dem Jahr 2010[16]: Demnach waren damals 43,7% aller AHS-Lehrer/innen über 50 Jahre alt und nur 7,4% unter 30 Jahre bzw. 16,5% unter 35 Jahre alt.[17] Dem österreichischen Schulsystem steht also ein Generationenwechsel bevor, der sich auch in dieser Studie abbildet. Umso wichtiger erscheint es, im Kontext der Befragungen diese Entwicklung zu berücksichtigen und Schlüssel-Items auch gestaffelt nach Altersgruppen abzubilden.

1.2.3.Mediävistik im Studium

Im Rahmen der Erhebung allgemeiner Daten zu Schule und Studium wurden die Proband/inn/en danach gefragt, welcher germanistische Teilbereich ihrer universitären Ausbildung sie am meisten und welcher am wenigsten angesprochen hat. Die beiden Items sind als Ranking angelegt und sollen dazu dienen, grundsätzliche Tendenzen bzw. Trends in der Wahrnehmung der Ausbildung in den drei germanistischen Teildisziplinen festzustellen. Es gilt zu beachten, dass diese Art der Fragestellung keine direkten Rückschlüsse auf die Wahrnehmung der Ausbildungsqualität der einzelnen Teildisziplinen erlaubt, da auch wenn beispielsweise alle Teilbereiche grundsätzlich positiv erlebt wurden, eine Reihung vorgenommen werden musste. Auch über eigene Interessen sagt dieses Ranking nicht zwingend etwas aus, wobei natürlich grundsätzlich davon auszugehen ist, dass jene Bereiche der Ausbildung als besonders ansprechend empfunden werden, in denen sich persönliche Interessen ansiedeln bzw. im Laufe des Studiums geweckt werden

16 Daten zum Schuljahr 2010/11 standen zum Bearbeitungszeitpunkt noch nicht zur Verfügung.

17 Statistik Austria Abfrage: lehrerinnen_und_lehrer_im_schuljahr_200910_ohne_karenzierte_nach_dem_alter_034418[1]. Erstellt am 14.1.2012.

konnten. Neben den eigenen Interessen können natürlich noch viele weitere Empfindungen, Erfahrungen und Wahrnehmungen die rückwirkende Beurteilung der Teilbereiche des eigenen Studiums beeinflussen – beispielsweise etwa persönliche Sympathien für einzelne Vortragende, Prüfungserlebnisse oder Leistungsanforderungen und Themenschwerpunkte einzelner Lehrveranstaltungen. Natürlich wäre es interessant und auch förderlich für die vorliegenden Betrachtungen gewesen, all diese Faktoren in ihrer Komplexität aufzuschlüsseln und näher zu untersuchen. Dies hätte aber im Rahmen dieser Untersuchung zu einer nicht mehr bewältigbaren Datenmenge geführt und sich auch negativ auf die angestrebte, nicht zu zeitaufwändige Bearbeitung des Fragebogens durch die Probanden und Probandinnen ausgewirkt. Für die grundsätzlichen Fragestellungen erschien schließlich auch die Auswertung im Rahmen des Rankings ausreichend: Tendieren Lehrer/innen, die ihre Ausbildung in diesem Bereich vergleichsweise weniger ansprechend empfunden haben – sei es nun aufgrund persönlicher Vorlieben, mangelnder Qualität der Lehre oder aus gänzlich anderen Gründen-, dazu, mediävistische Inhalte in ihrem Unterricht auszusparen bzw. ihre Behandlung als weniger relevant zu erachten? Der Vergleich mit den Daten der Studierendenbefragung kann zusätzlich Aufschluss darüber geben, inwieweit sich die Wahrnehmung der germanistischen Mediävistik als Teil des Deutschstudiums im Verhältnis zu den beiden anderen fachwissenschaftlichen Richtungen in den letzten Jahren und Jahrzehnten verändert hat.

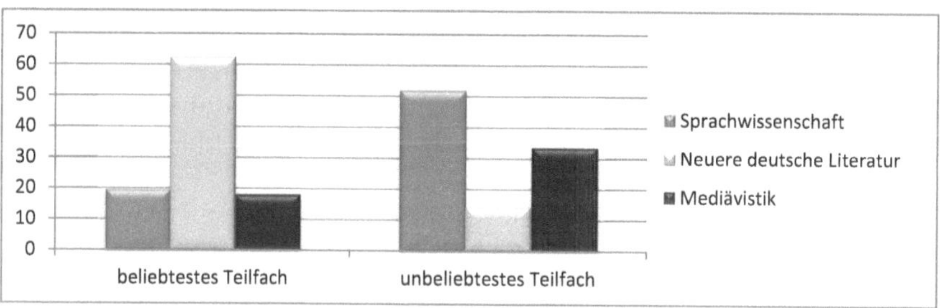

Diagramm 8: Lehrer/innen Wahrnehmung Fachbereiche

Generell wird die Germanistische Mediävistik am seltensten als jener Bereich des Studiums genannt, der die Proband/inn/en am meisten angesprochen hat. Hier führt die neuere deutsche Literatur, für viele wohl auch die grundsätzliche Motivation, ein Germanistikstudium zu beginnen, das Ranking mit großem Abstand an. Germanistische Mediävistik und Sprachwissenschaft wurden jeweils von weniger als 20% der Befragten an erste Stelle gereiht.

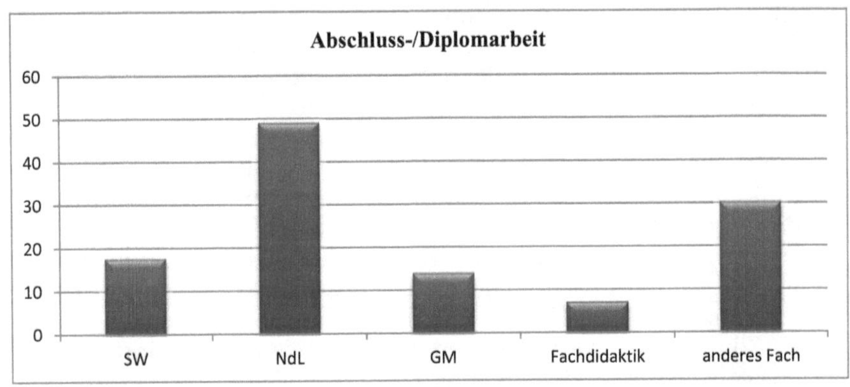

Diagramm 9: Lehrer/innen Abschlussarbeit

Die Ergebnisse des Rankings des ansprechendsten Teilbereiches spiegelt sich im Wesentlichen auch in der Zahl der Abschlussarbeiten in den jeweiligen Bereichen wider, wobei hierbei natürlich auch die Betreuungssituation an den unterschiedlichen Universitäten mitgedacht werden muss. So wird vermutlich die neuere deutsche Literaturwissenschaft vielerorts größere Betreuungskapazitäten haben (bzw. gehabt haben) als die Germanistische Mediävistik.

Vergleicht man nun die drei deutschsprachigen Länder miteinander, lassen sich durchaus überregionale und -nationale Tendenzen feststellen: Mit Ausnahme Österreichs wird die Germanistische Mediävistik auf die Frage nach der ansprechendsten Teildisziplin letztgereiht. In Österreich wird die Germanistische Mediävistik zwar am zweithäufigsten als beliebteste Teildisziplin im Studium genannt; allerdings nur von rund 21% der Proband/inn/en, was nahezu exakt mit dem Ergebnis der bundesdeutsche Lehrer/innen übereinstimmt (20,7% bzw. 20,9%), wo die GM auf dem dritten Platz des Ranking landet. In der Schweiz wurde sie lediglich von knapp 10% der Lehrer/innen genannt.

Das Ranking der am wenigsten ansprechend empfundenen Teildisziplin führt in allen drei Ländern die Sprachwissenschaft an, in Österreich und der Schweiz mit großem Abstand, in Deutschland nur knapp vor der germanistischen Mediävistik. Am seltensten wurde hier – analog zur Befragung nach dem ansprechendsten Teilbereich – die neuere deutsche Literaturwissenschaft genannt, wie in Diagramm 12 ersichtlich.

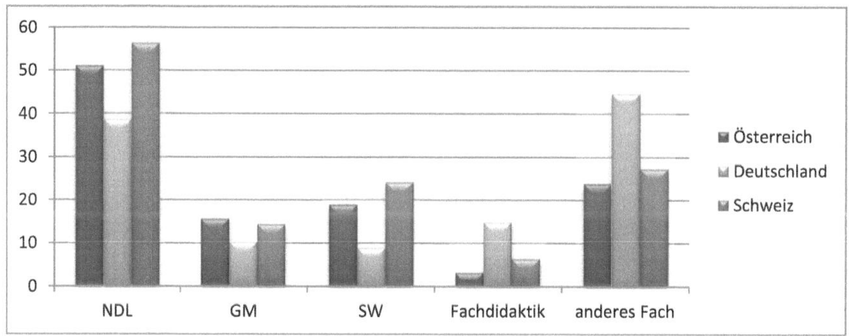

Diagramm 10: Lehrer/innen Abschlussarbeiten nach Ländern

Die Ergebnisse der Gesamtauswertung scheinen also im Wesentlichen mit einer übernationalen Tendenz übereinzustimmen, wobei im Detail doch erhebliche nationale Unterschiede sichtbar werden.

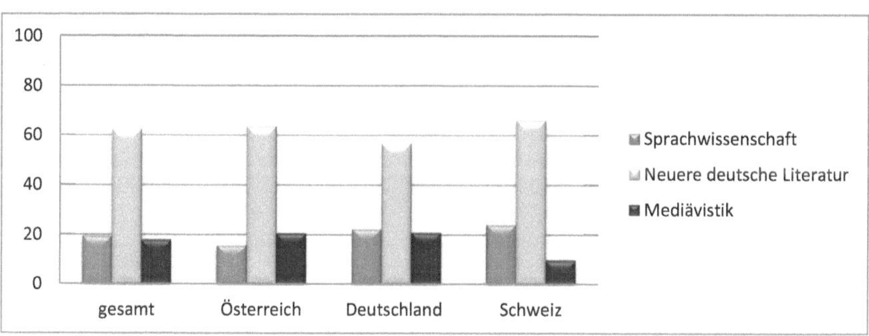

Diagramm 11: Lehrer/innen ansprechendster Fachbereich

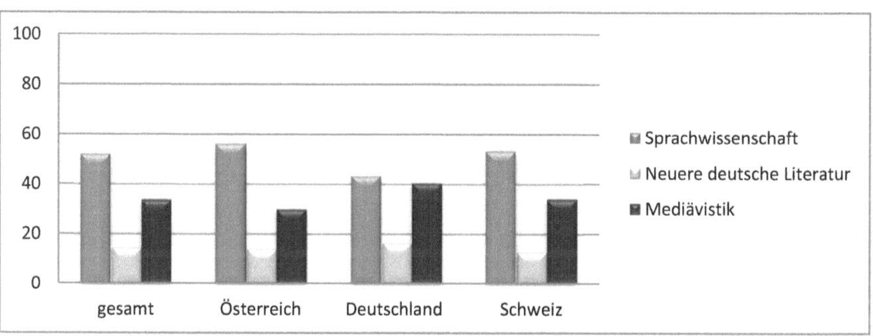

Diagramm 12: Lehrer/innen am wenigsten ansprechender Fachbereich

1.2.4. Eigene Schulerfahrungen mit mittelalterlicher Literatur und Sprache und Einschätzung des Interesses heutiger Schüler/innen

Um einen möglichen Zusammenhang zwischen eigenen Schulerfahrungen und späterer Unterrichtsgestaltungen untersuchen zu können, wurden die Teilnehmer/innen gefragt, ob sie sich erinnern können, in ihrer Schulzeit etwas über mittelalterliche Literatur und Sprache im Deutschunterricht gelernt zu haben und ob sie damals Interesse an diesem Thema hatten. Im Vergleich der unterschiedlichen Altersgruppen sowie der Ergebnisse der Studierendenbefragung ermöglicht dieses Item auch Rückschlüsse auf ein sukzessives Verschwinden mediävistischer Inhalte aus dem Deutschunterricht in den letzten Jahrzehnten.

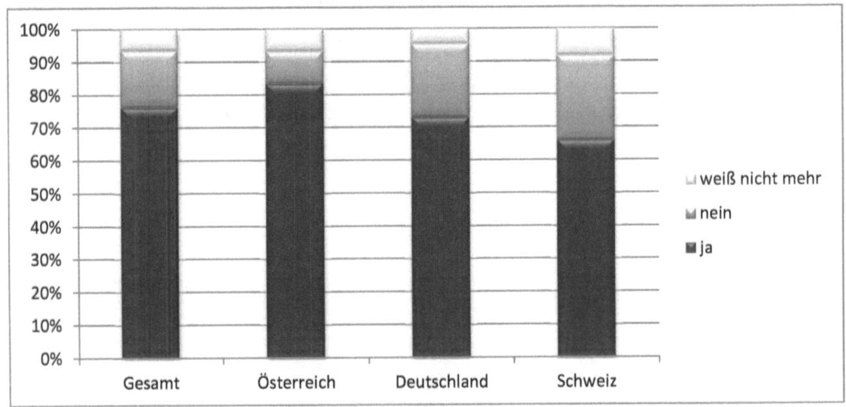

Diagramm 13: Lehrer/innen MAL eigene Schulzeit

Insgesamt gaben rund ¾ der Deutschlehrer/innen (76,4%) an, in ihrer eigenen Schulzeit etwas über mittelalterliche Literatur und Sprache gelernt zu haben, etwas über 6% meinten, sich nicht mehr erinnern zu können, und 17,2% verneinten die Frage. Der Anteil derer, die auf eigene Schulerfahrungen zum Thema Mittelalter im Deutschunterricht zurückblicken können, ist in Österreich mit 83,5% am höchsten und in der Schweiz mit 66,1% am geringsten. Es gilt ferner zu beachten, dass unter Umständen nicht alle Teilnehmer/innen ihre Studienberechtigung durch einen gymnasialen Schulabschluss (in einem deutschsprachigen Land bzw. Landesteil) erworben haben.

Unter jenen Proband/inn/en, die sich erinnern konnten, in der eigenen Schulzeit etwas über mittelalterliche Sprache und Literatur gelernt zu haben, fällt auch die rückwirkende Beurteilung des eigenen Interesses durchwegs positiv aus – über 70% in allen Gruppen meinten sich dafür interessiert zu haben. In der Gruppe der österreichischen Lehrer/inne/n war sowohl das Interesse mit knapp 80% als auch der Anteil derer, die meinten, sich nicht daran erinnern können, am höchsten.

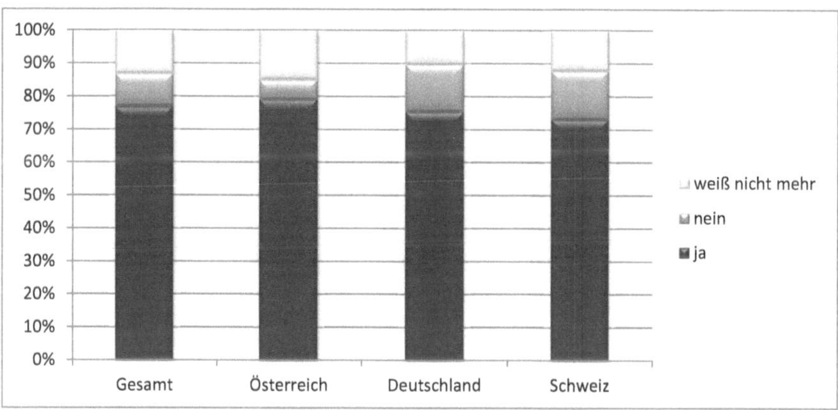

Diagramm 14: Lehrer/innen MAL eigene Schulzeit Interesse

Während das eigene Interesse an mittelalterlicher Sprache und Literatur im Unterricht durchwegs als groß in Erinnerung geblieben ist, wird das Interesse heutiger Schüler/innen eher vorsichtig eingeschätzt. Der überwiegende Teil der befragten Deutschlehrer/innen wählt hier die Mittelkategorie und beurteilt das Interesse der eigenen Schüler/innen damit als „mittelmäßig“. (Wobei natürlich auch zu bedenken gilt, dass die spätere Berufs- bzw. Studienwahl natürlich in gewissem Maße ein gesteigertes Interesse für Literatur und Sprache der Proband/inn/en bereits während der Schulzeit annehmen lässt.)

Am wenigsten Interesse sehen deutsche Lehrer/innen bei ihren Schüler/innen: Sie wählten doppelt so häufig die beiden negativen Antwortkategorien („eher geringes“ und „kein/kaum Interesse“) wie ihre Kolleg/inn/en aus Österreich. Unter Letzteren wurde sogar kein einziges Mal die Antwortmöglichkeit „kein/kaum Interesse“ angeben. Allerdings wurden auch die beiden positiven Antwortkategorien („sehr großes“ und „eher großes“ Interesse) in dieser Gruppe am seltensten gewählt. Die vergleichsweise größte Begeisterung ortet die Gruppe der Schweizer Lehrer/innen, wo etwas mehr als ein Viertel „sehr großes“ und „eher großes“ Schülerinteresse angibt.

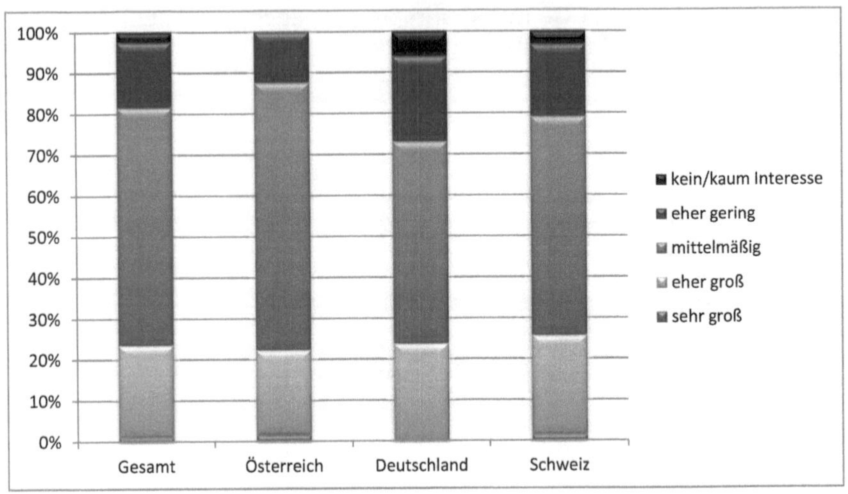

Diagramm 15: Lehrer/innen Einschätzung Schülerinteresse

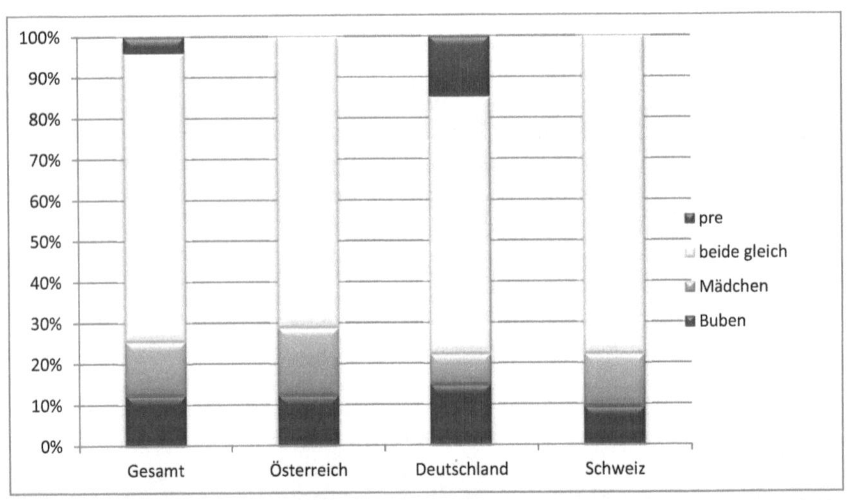

Diagramm 16: Lehrer/innen Einschätzung Schülerinteresse nach Geschlecht

Befragt danach, ob bei Schülern oder Schülerinnen mehr Interesse am Mittelalter herrscht, meint der größte Teil der Lehrer/innen, dass Interesse bzw. Desinteresse bei beiden Geschlechtern in etwa gleich ausgeprägt wären. Bei welchem Geschlecht vergleichsweise öfter ein stärkeres Interesse gesehen bzw. vermutet wird, divergiert in den einzelnen Gruppen: Während österreichische und Schweizer Proband/inn/en häufiger ein höheres Interesse bei Schülerinnen angeben, verhält es sich unter ihren deutschen Kolleg/inn/en genau umgekehrt – hier vermuten knapp doppelt so viele Proband/inn/en eine stärkeres Interesse bei männlichen Schülern als bei ihren weiblichen Schulkolleginnen.

1.2.5. Einschätzung der Relevanz germanistisch-mediävistischer Inhalte im Unterricht

Noch vor der Frage nach der Zustimmung oder Ablehnung einer Streichung des Mittelalters aus dem Deutschunterricht (Item 22) wurde versucht, sich über ein weiteres Item (Nr. 19) möglichst subtil der Frage nach der Einschätzung der Relevanz mittelalterlicher Literatur im Unterricht zu nähern: Die Proband/inn/en wurden danach gefragt, welche beiden Epochen sie im Unterricht der Sekundarstufe 2 thematisieren würden, wenn sie neben der Gegenwartsliteratur lediglich zwei literarische Epochen mit ihren Schüler/innen behandeln könnten. Das heißt, die Teilnehmer/innen waren angehalten, hier jene beiden literarischen Epochen bzw. Strömungen anzugeben, die ihnen am wichtigsten bzw. bedeutendsten für den Unterricht erschienen. Ganz bewusst wurden für dieses Item freie Antwortfelder anstatt einer Multiple-Choice Vorgabe angelegt und damit der erhebliche Mehraufwand bei den Auswertungen in Kauf genommen. In erster Linie zielte die Fragestellung schließlich darauf ab, zu erfahren, wie vielen Proband/inn/en an dieser Stelle überhaupt das Mittelalter als relevante Epoche für den Deutschunterricht einfällt. Eine Multiple-Choice-Vorgabe wäre auch angesichts der Fülle an Epochen bzw. in Frage kommenden literarischen Strömungen entsprechend unübersichtlich ausgefallen und hätte unter Umständen zu massiven Verzerrungen der Antwortstatistiken geführt.[18]

Zum Zeitpunkt der Bearbeitung des Items 19 war den Proband/inn/en noch nicht bekannt, dass es sich um eine Untersuchung speziell zum Thema mittelalterliche Sprache und Literatur im Deutschunterricht handelt. Die Items 20 bis 33 (vgl. Tabelle 1) konnten erst nach Beantwortung

18 Je nach Bildschirm- bzw. Browserfenstergröße wären teilweise nicht alle Antworten für die Proband/inn/en auf einen Blick sichtbar gewesen, es hätte daher die Gefahr bestanden, dass Antwortmöglichkeiten schlicht übersehen oder aufgrund der Fülle an Vorgaben gar nicht fertig gelesen werden. Zusätzlich gibt es auch immer wieder Teilnehmer/innen, die in solchen Fällen gar nicht alle Antwortmöglichkeiten durchgehen, sondern einfach schnell irgendetwas ankreuzen, um zur nächsten Frage zu gelangen. Auch die formale Gestaltung beeinflusst in diesen Fällen unter Umständen das Antwortverhalten, wenn beispielsweise - bewusst oder unbewusst - nach einem bestimmten Muster vorgegangen wird (ein Kreuz in der ersten, eines in der dritten Spalte; eines eher oben, eines eher unten etc.)

der Frage nach den Epochen eingesehen werden, betitelt war die Untersuchung nur als Befragung zum Deutschunterricht. Die Angabe der beiden Epochen sollte also möglichst unbeeinflusst erfolgen und ‚Gefälligkeitsantworten' vermieden werden.

Als Vorbild für die Gestaltung dieses Items fungierte der Lehrplan für die gymnasiale Oberstufe in Baden-Württemberg aus dem Jahr 2004, der im Rahmen des Arbeitsbereiches *Literatur, andere Texte und Medien* die schwerpunktmäßige Behandlung zweier literarischer Epochen vorsieht, von denen eine „auch kontrastiv und weniger ausführlich"[19] behandelt werden kann.

K. A. bedeutet – hier und im Folgenden – keine Antwort. Item 19 war zwar als Pflichtfeld innerhalb der Untersuchung angelegt, das heißt, die Proband/inn/en mussten in die beiden Epochenfelder Text eintragen, um die Befragung fortsetzen zu können. Diese ‚Antwortpflicht' konnten allerdings etwa durch die Eingabe von Leerzeichen, Punkten oder Bindestrichen umgangen werden.

Die Abkürzung u. A. bezieht sich hier – wie in allen weiteren Ausführungen – auf unklare oder ungültige Antworten. Das heißt, in dieser Kategorie wurden hier alle Antworten zusammengefasst, die entweder keine literarische Epoche oder Strömung darstellen (z.B. geografische Angaben oder Namen einzelner Autoren) oder nicht zweifelsfrei einer solchen zugeordnet werden konnten. (Alle in der Studie verwendeten Abkürzungen und Kürzel finden sich im Abkürzungsverzeichnis im Anhang)

In der Gesamtauswertung aller Lehrer/innen, die an der Untersuchung teilgenommen hatten, landet das Mittelalter – einigermaßen überraschend – an 4. Stelle des Epochenrankings, hinter Klassik, Romantik und Aufklärung, aber noch vor Sturm und Drang und Realismus. Im Rahmen einer äußerst selektiven Epochendidaktik scheint das Mittelalter also offensichtlich vielen Lehrer/innen (17,6% der Gesamtteilnehmer/innen) als wichtiger Ausgangspunkt (oder bei solch punktueller Betrachtung eher als ‚wichtige Momentaufnahme') literarischer Tradition bzw. Kultur.

---

19 Lehrplan Baden-Württemberg, S.81.

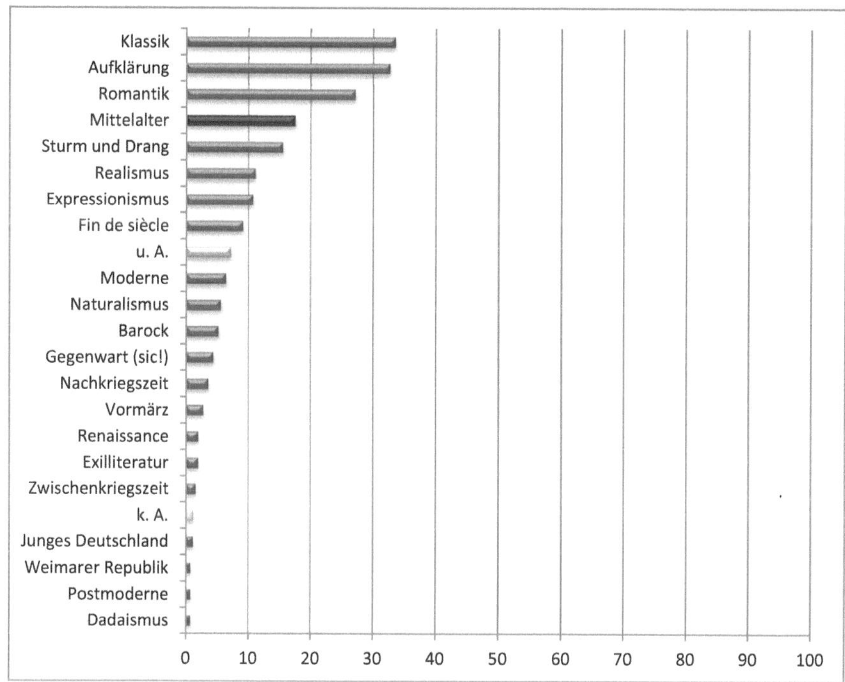

Diagramm 17: Lehrer/innen Epochen (gesamt)

In Österreich nennt sogar mehr als ein Viertel aller Deutschlehrer/innen (26,4%) das Mittelalter als eine der beiden (historischen) Epochen, die sie in der Sekundarstufe 2 behandeln würden. Das Mittelalter rangiert damit in der Länderauswertung auf dem 3. Platz hinter Aufklärung und Klassik, die in diesem Zusammenhang auch die beiden beliebtesten Kombinationsmöglichkeiten mit dem Mittelalter darstellen. Innerhalb der deutschen Proband/inn/engruppe wird das Mittelalter ebenfalls noch relativ oft (von 16,4% der Teilnehmer/innen) und damit insgesamt am 5-häufigsten angegeben. Dies ist umso beachtlicher, da ja in vielen deutschen Bundesländern mittelalterliche Literatur bereits gänzlich aus den Lehrplänen gestrichen oder auf eine äußerst marginale Randfunktion zurückgedrängt wurde. Lediglich in der Schweizer Auswertung nimmt das Mittelalter mit nur einer einzigen Nennung eine sehr untergeordnete Rolle in diesem Ranking ein.

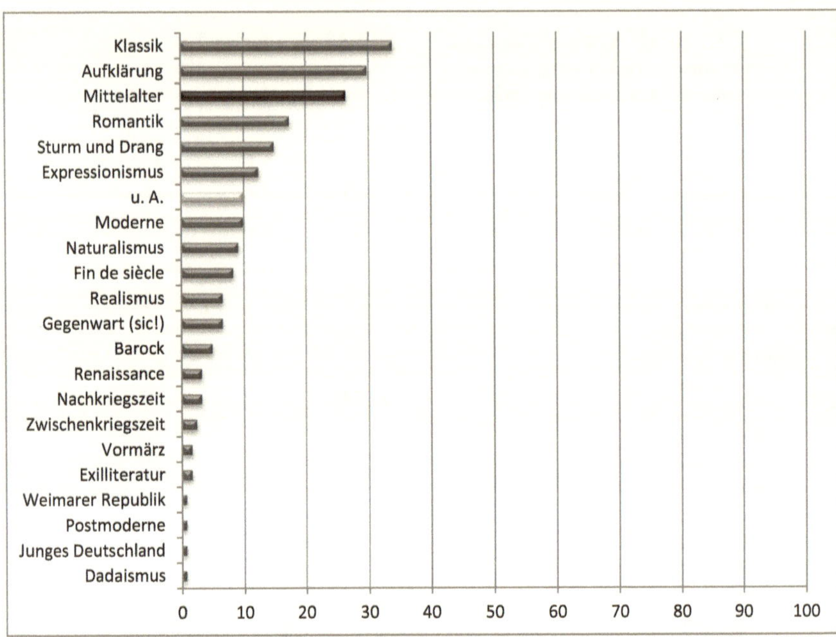

Diagramm 18: Lehrer/innen Epochen (Österreich)

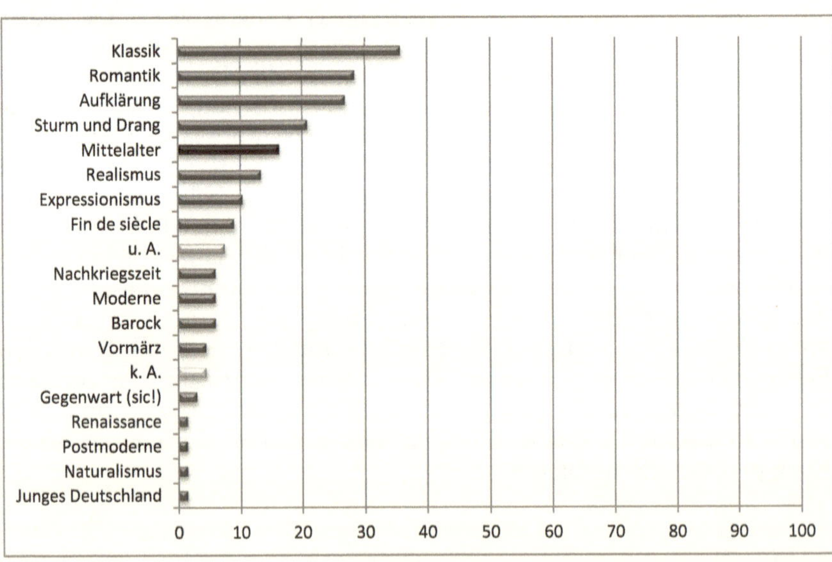

Diagramm 19: Lehrer/innen Epochen (Deutschland)

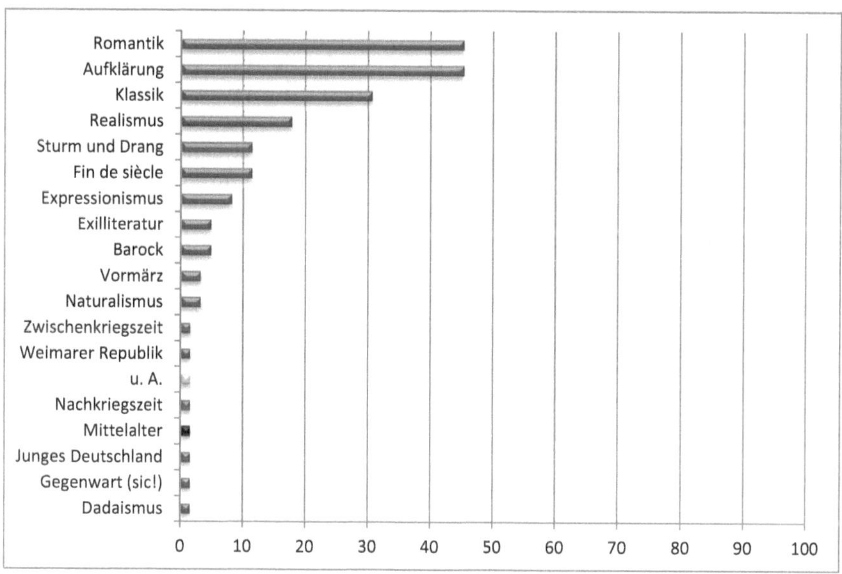

Diagramm 20: Lehrer/innen Epochen (Schweiz)

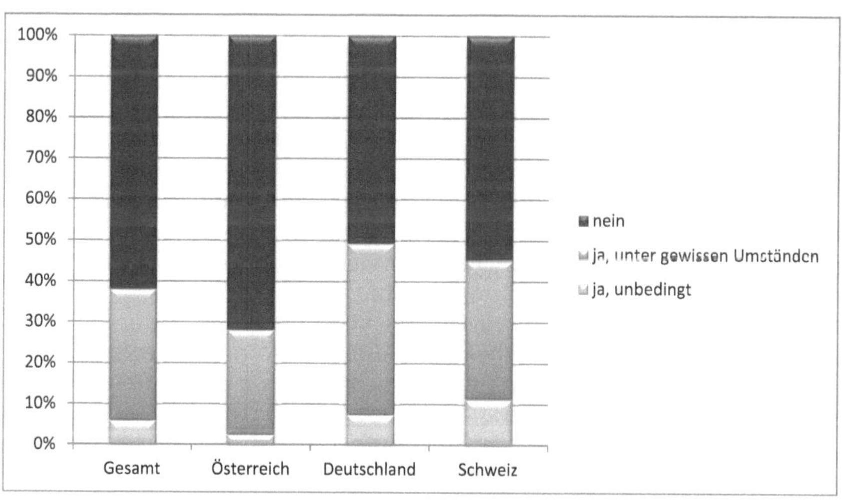

Diagramm 21: Lehrer/innen Streichung des MAL aus Lehrplänen

Die Ergebnisse des ‚Epochenrankings' hinsichtlich der Wahrnehmung der Relevanz mittelalterlicher Sprache und Literatur für den Deutschunterricht decken sich auch im Wesentlichen mit den Angaben zur Frage nach einer Streichung des Mittelalters aus den Lehrplänen. Tatsächlich befürworten dies nur wenige Deutschlehrer/innen „unbedingt" – mit Ausnahme der Schweiz (11,3%) liegt die Zustimmung jeweils unter 10% (2,5% in Österreich, 7,5% in Deutschland; 6% in der Gesamtauswertung). „Unter gewissen Umständen" könnten sich zumindest 25,6 der österreichischen, 41,8% der deutschen und 33,9% der Schweizer Deutschlehrer/innen einen Verzicht auf das Mittelalter vorstellen. Die Mehrheit spricht sich jedoch dezidiert gegen eine Streichung des Mittelalters aus, wie in Diagramm 21 ersichtlich.

1.2.6 Mittelalterliche Literatur und Sprache in der Unterrichtsgestaltung

Das ‚Herzstück' der Befragung stellen die Items 23 bis 40 dar, die sich mit konkreten Fragstellungen zur Unterrichtsgestaltung hinsichtlich mittelalterlicher Sprache und Literatur beschäftigen, also dazu dienen sollten, herauszufinden, was (welche Autoren, Texte und Themen), wie (Einsatz von althochdeutschen. und mittelhochdeutschen Originaltexten, fächerübergreifend, regionale Inhalte, Unterrichtsprojekte und spezielle Methodik) und wann/bzw. wie lange im Unterricht behandelt wird. Bei Letzterem handelt es sich also um eher quantitative Angaben: Wie viel Unterrichtszeit wird in den Schwerpunkt Mittelalter durchschnittlich investiert? In welcher Klasse bzw. in welchen Klassen werden mittelalterliche Literatur und Sprache behandelt? Wann – daher in welchen Klassen – würde die Behandlung als sinnvoll(er) erachtet?

Die Fragen nach den im Unterricht eingesetzten Autoren, Texten und Themen mit Mittelalterbezug konnten in Form von jeweils 5 Freitextfeldern beantwortet werden, die auch Platz für umfangreichere Eingaben boten. Wollten Proband/inn/en mehr als 5 Angaben zu einer Fragestellung machen, waren sie dazu aufgefordert, dies im letzten Feld, getrennt durch Kommata, zu tun. Jene Lehrer/innen, die keine mittelalterlichen Autoren, Texte und Themen (mehr) im Unterricht behandeln, konnten dies im ersten Feld vermerken (Eintrag: „keine"), um eine Abgrenzung zu jenen Proband/inn/en zu ermöglichen, die hier – aus welchen Gründen auch immer – keine Angaben machen wollten. Auch die Unterrichtsfächer bei den beiden Fragen nach fächerverbindenden bzw. -übergreifenden Unterrichtsformen waren als Einträge in – etwas weniger umfangreiche – Freitextfelder vorgesehen, da die Bezeichnung einiger

Unterrichtsfächer innerhalb der einzelnen Länder, Bundesländer und Schultypen mitunter divergieren kann.

Bei den Angaben zu Autoren und Texten wurden aufgrund der unterschiedlichen Gruppengrößen in den Länderstichproben zusätzlich Quotienten errechnet, um die Vergleichbarkeit der quantitativen Dimension der Angaben zu gewährleisten. Diese Autoren- und Textquotienten geben an, wie viele unterschiedliche (gültige) Nennungen die Proband/inn/en der einzelnen Gruppen durchschnittlich zu dem jeweiligen Item gemacht haben. Es handelt sich dabei nur um ein vergleichendes Behelfswerkzeug, da insbesondere bei der Frage nach den im Unterricht behandelten Texten sowohl allgemeine Angaben als auch spezifische Werksangaben vorkommen, die natürlich auf unterschiedlichen Komplexitäten hinweisen: So wird etwa die Aussage eines Probanden „verschiedene Minnelieder" zu behandeln als 1 Nennung gewertet, während bei einer Probandin, die drei Lied-Titel aus diesem Bereich anführt, diese auch als 3 Angaben verzeichnet werden. Da es hier jedoch vorrangig um einen Vergleich der drei Länderstichproben ging, innerhalb derer das Verhältnis zwischen allgemeinen und spezifischen Angaben einigermaßen ausgewogen ist, erschien die Vorgangsweise eines solchen ‚Mittelwertvergleiches' dennoch legitim. Die jeweiligen Differenzen zwischen allgemeinen und spezifischen Angaben sind dann auch grafisch in den unterschiedlichen Quotientenabstufungen (AQ 1-3, TQ1-3) ersichtlich (siehe Diagramme 41 und 42)

Einzelnennungen – also Autoren, Texte und Themen, die jeweils nur von einem/einer Probanden/in in der jeweiligen Gruppe genannt wurden – werden der Übersichtlichkeit halber nicht innerhalb der Ranking-Diagramme dargestellt, sondern direkt darunter gelistet.

Da die Lehrpläne der einzelnen Länder, Bundesländer und Kantone völlig unterschiedliche Vorgaben machen bzw. theoretisch zu verschiedenen Zeitpunkten diesbezüglich Schwerpunkte zulassen würden, wurden die teilnehmenden Lehrer/innen zunächst danach gefragt, in welcher Klasse (bzw. welchen Klassen) sie – wenn überhaupt – mittelalterliche Literatur und Sprache im Unterricht behandeln.

Die Nummerierungen der Klassen bzw. Jahrgangsstufen beziehen sich jeweils auf die Sekundarstufe 1 und 2, orientieren sich also in allen Diagrammen und Tabellen am österreichischen Bildungssystem.[20] In den Fragebögen selbst waren – um Missverständnisse vorzubeugen – zusätzlich auch die in Deutschland und in der Schweiz gebräuchlichen Bezeichnungen angegeben.

20 D. h., die 1. Klasse in Österreich entspricht der 5. Klasse in Deutschland.

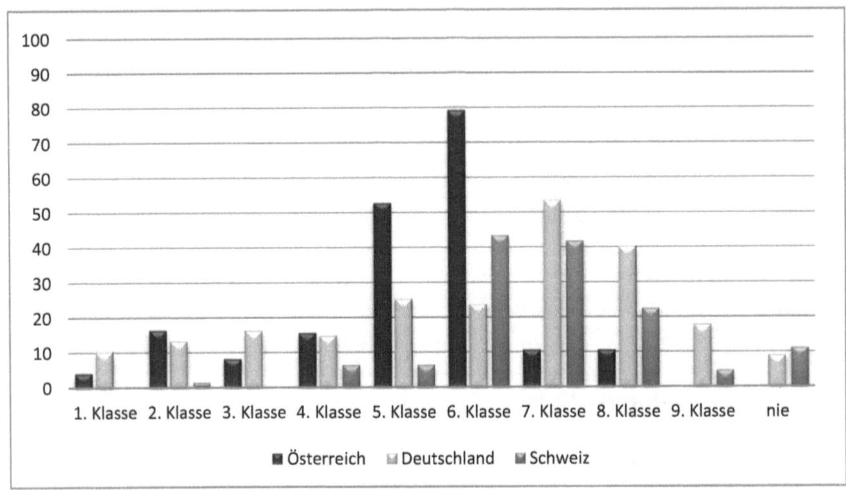

Diagramm 22: Lehrer/innen Behandlung des MAL in Klasse

Betrachtet man Diagramm 22 wird ein Schwerpunkt im Bereich der Sekundarstufe 2 mit Spitzen im Bereich der 6. (Österreich, Schweiz) und 7. Klasse (Deutschland) sichtbar. Die Angaben der österreichischen Lehrer/innen verlaufen dabei im Wesentlichen konform zu den Rahmenlehrplänen, die eine Behandlung des Mittelalters zu Beginn der Sekundarstufe 2 in der 5. und/oder 6. Klasse vorsehen: Rund 80% geben an, das Mittelalter in der 6. Klasse zu behandeln, weitere 53% tun dies (auch) in der 5. Klasse. Addiert man alle Angaben, wird deutlich, dass es nicht wenige Lehrer/innen gibt, die das Mittelalter mehrmals innerhalb eines Jahrganges zum Unterrichtsthema machen. In Österreich kommen auf jede/n Lehrer/in 1,98 Nennungen; in der deutschen Gruppe liegt dieser Wert mit 2,16 sogar noch etwas höher. Die wenigsten Mehrfachnennungen lassen sich in der Gruppe der Schweizer Lehrer/innen verzeichnen: Hier kommen auf jede/n Probanden/in nur 1,27 Nennungen.

In der Regel kommen also die Schüler/innen in Österreich und Deutschland im Laufe ihrer Schullaufbahn 2 Mal im Deutschunterricht mit dem Mittelalter in Berührung, in der Schweiz eher nur 1 Mal, wobei Art und Intensität dieser ‚Mittelalterbegegnungen' natürlich höchst unterschiedlich ausfallen können.

Während in Deutschland und Österreich ca. die Hälfte der Lehrer/innen das Mittelalter (auch) in der Sekundarstufe 1 behandelt, tun dies in der Schweiz nur 8,1%.[21] In letzterer Gruppe ist mit 11,3% auch jener Anteil an Proband/inn/en am höchsten, die angeben, das Mittelalter

21 inklusive etwaiger Mehrfachnennungen.

in keiner Klasse (mehr) zu behandeln. In Deutschland beträgt er 9%, in der österreichischen Stichprobe liegt er bei 0.

Gefragt danach, in welcher Klasse bzw. in welchen Klassen Ihnen eine Behandlung des Mittelalters am sinnvollsten erschiene, änderte sich an den Angaben der Lehrer/innen im Vergleich zur tatsächlichen Unterrichtssituation nur wenig. Zumindest einige deutsche Lehrer/innen würden eine Behandlung in der Sekundarstufe 1 – bevorzugt in der 2 Klasse – favorisieren, während manche der österreichischen Kollegen zu einer höheren Jahrgangsstufe als bisher tendieren würde, etwaige Mittelalterschwerpunkte also in höheren Klassen für sinnvoller erachten. Sehr deutlich wird dies an den Nennungen zu einer Behandlung in der Sekundarstufe 1: Ihr Anteil sinkt von 44,6% auf 25,6%.

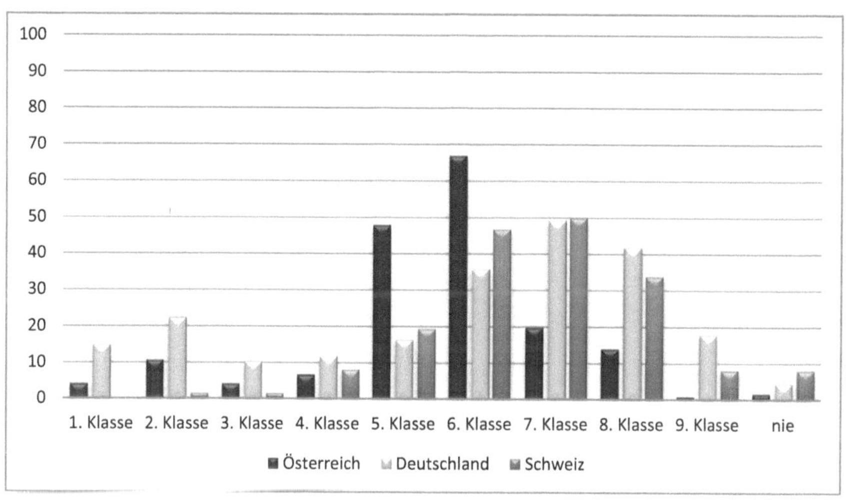

Diagramm 23: Lehrer/innen Wunschklasse(n) für Behandlung des MAL

Innerhalb der österreichischen Stichprobe verringert sich die Anzahl der Gesamtnennungen von durchschnittlich 1,98 auf 1,75 pro Lehrer/in, insgesamt 2 Lehrer/innen würden im Deutschunterricht lieber ganz auf das Thema Mittelalter verzichten. In den anderen beiden Proben lässt sich eine minimale (Deutschland 2,2) bis deutliche Erhöhung (Schweiz 1,67) der Nennungen feststellen. Hier würden einige Lehrer/innen das Mittelalter also gerne zusätzlich noch in einer weiteren Jahrgangsstufe zum Thema machen. Analog dazu sinkt in diesen beiden Gruppen auch der Anteil der Lehrer/innen, die „nie" angeben, also das Mittelalter in keiner Klasse behandeln (würden), von 9% auf 4,5 bzw. von 11,3 auf 8,1%. Von jenen Lehrer/innen, die derzeit das Mittelalter gar nicht (mehr) im Unterricht thematisieren, würden einige die Behandlung doch als sinnvoll erachten.

Um etwas mehr über die Intensität der Mittelalterbehandlung zu erfahren, wurden die Lehrer/innen nach dem durchschnittlichen Unterrichtsstundenaufwand pro Jahrgang gefragt. Zusätzlich zu den einzelnen Angaben, die hier in Diagramm 24 dargestellt sind, wurde auch der Mittelwert berechnet (siehe Diagramm 25).

Insgesamt zeigen die Ergebnisse, dass die Behandlung des Themas Mittelalter in der Schweiz und in Österreich durchschnittlich zeitintensiver ausfällt als in Deutschland. Der höchste Wert errechnet sich in der österreichischen Gruppe: Im Schnitt verwenden Deutschlehrer/innen hier rund 16 Stunden für eine Behandlung des Mittelalters (also doppelt so viel wie in Deutschland und um ein Drittel mehr als in der Schweiz), knapp 35% geben an, mehr als 20 Unterrichtsstunden in das Thema zu investieren. Kaum ein/e Lehrer/in gibt an, weniger als 6 Stunden aufzuwenden.

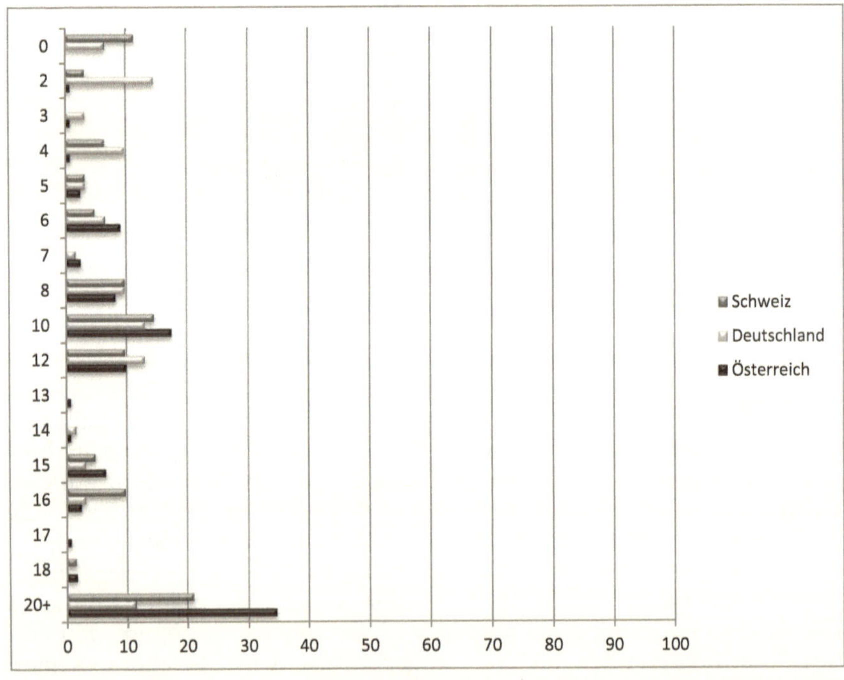

Diagramm 24: Lehrer/innen Stundenaufwand gruppiert

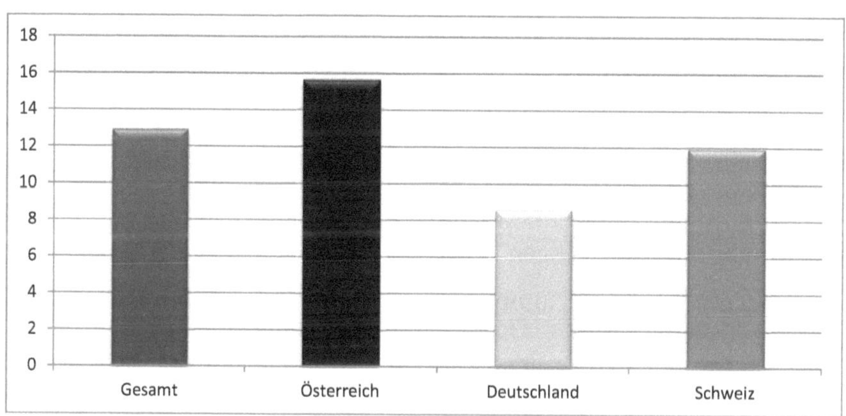

Diagramm 25: Lehrer/innen Stundenaufwand Mittelwert

Während die Angaben der österreichischen und Schweizer Lehrer/innen mit jenen zu Item 25 übereinstimmen – also niemand unter den Österreicher/innen und nur jene 11,3% der Proband/inn/en aus der Schweiz, die meinten, das Mittelalter in keiner Klasse zu behandeln, hier 0 Unterrichtsstunden einträgt, kommt es in der deutschen Stichprobe zu geringfügigen Abweichungen: Von 2 Lehrer/innen, die zwar angaben, das Mittelalter in keiner Klasse behandeln, wurde trotzdem eine Stundenzahl eingetragen, was unter Umständen auf eine unregelmäßige und/oder periphere Thematisierung hindeuten könnte.

1.2.6.1 Autoren, Texte und Themen

Die Ergebnisse der Items 37 bis 39 – die Fragen nach im Unterricht thematisierten mittelalterlichen Autoren und Texten sowie Themen mit Mittelalterbezug – werden im Folgenden in Form von Rankings und Quotienten dargestellt (Diagramme 26 bis 46) und an dieser Stelle nur kurz kommentiert, da sie weitestgehend selbsterklärend sind. Eine genauere Analyse und Interpretation der Ergebnisse erfolgt im Rahmen der Vergleichsauswertungen in Kapitel 1.4.

Die ersten 4 Plätze im Autorenranking stimmen in allen 3 Länderstichproben überein: Der mit Abstand am häufigsten im Unterricht behandelte Autor ist – wenig überraschend – Walther von der Vogelweide. Ihm folgen, allerdings bereits mit deutlichem Abstand, die drei ‚großen Epiker' Wolfram von Eschenbach, Hartmann von Aue und Gottfried von Straßburg. Erst danach machen sich – wie im Folgenden ersichtlich (siehe Diagramm 28 bis 30) – deutlichere nationale Unterschiede bemerkbar.

Niemand unter den österreichischen Lehrer/innen gab an, gar keine mittelalterlichen Autoren im Unterricht zu thematisieren. In der deutschen Stichprobe ist ‚keine' dagegen bereits die vierthäufigste Antwort (allerdings von nur 7,5% der Proband/innen), bei den Schweizer Lehrer/innen geben dies 4,5% an, was Platz 9 im Ranking ergibt. Man kann also davon ausgehen, dass in Österreich 90% der Schüler/innen am Gymnasium mit Walther von der Vogelweide in Berührung kommen, rund 70% lernen (auch) Wolfram von Eschenbach kennen. In den beiden anderen Ländern liegen diese Werte bereits deutlich niedriger: Hier machen jeweils knapp über 70% der Schüler/innen noch die Bekanntschaft Walthers, Wolfram begegnen 34,3% (Deutschland) bzw. 46,8% (Schweiz), damit also weniger als die Hälfte der Schüler/innen.

Die wenigsten (unterschiedlichen) Autoren werden von den deutschen Lehrer/innen angegeben, die meisten von den österreichischen (vgl. hierzu die Autorenquotienten), was auch mit dem angegeben Zeitaufwand für Mittelalterschwerpunkte korrelieren dürfte (ein höherer Stundenaufwand ermöglicht die Behandlung mehrerer Autoren – siehe Item 26).

Bei divergierenden Schreibweisen von Eigennamen (z.B. *Wernher der Gärtner, Wernher der Gartenaere*) wird in allen Diagrammen und Auflistungen stets jene Version angegeben, die auch die Mehrzahl der Proband/inn/en verwendete.

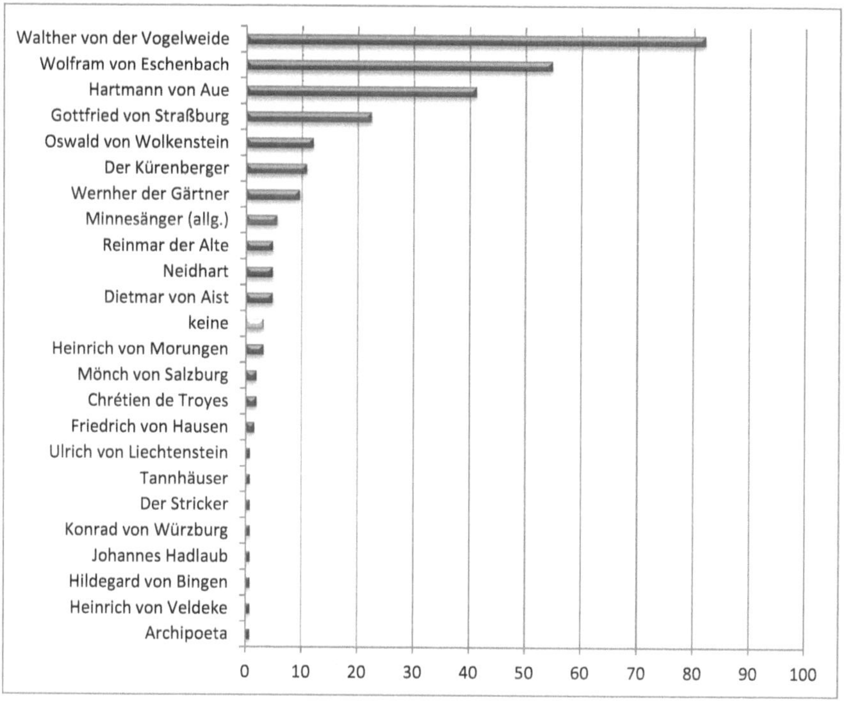

Diagramm 26: Lehrer/innen Autoren (gesamt)

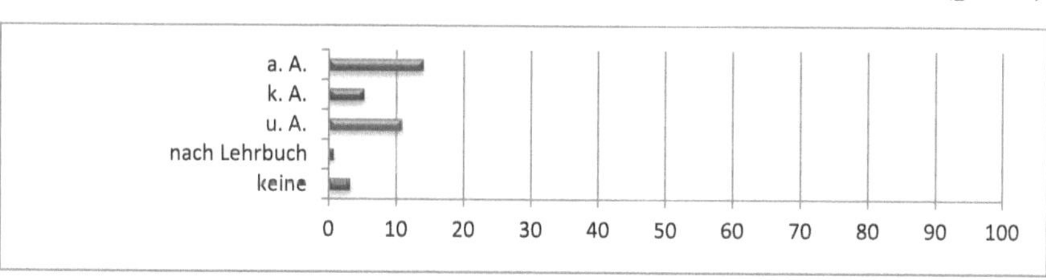

Diagramm 27: Lehrer/innen Autoren (gesamt) Zusatz

Einzelnennungen: Albrecht von Johansdorf; Heinrich der Gleißner; Heinrich von Melk, Heinrich Kaufringer; Herrand von Wildonie; Hrotsvit von Gandersheim, Johannes Tepl; Martin Luther; Notker der Deutsche; Rudolf von Ems

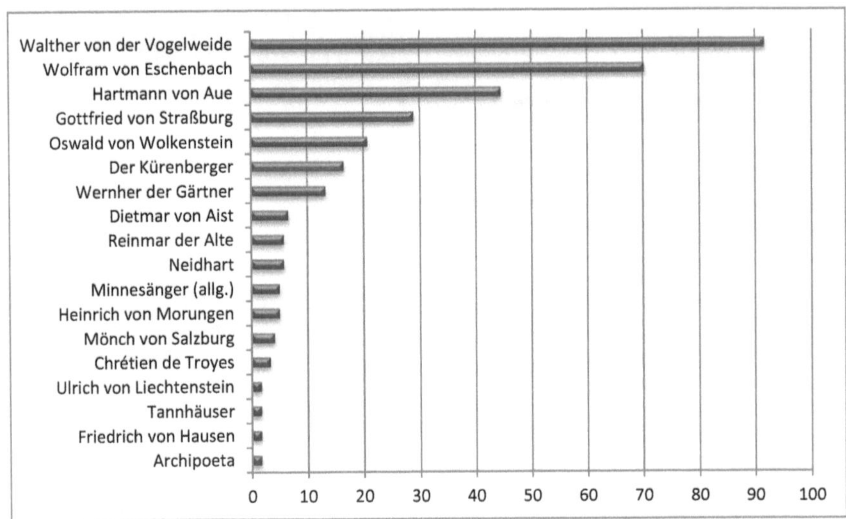

Diagramm 28: Lehrer/innen Autoren (Österreich)

Einzelnennungen: Albrecht von Johansdorf; Heinrich der Gleißner; Heinrich von Melk; Heinrich Kaufringer; Heinrich von Veldeke; Herrand von Wildonie; Hrotsvit von Gandersheim; Rudolf von Ems, Der Stricker

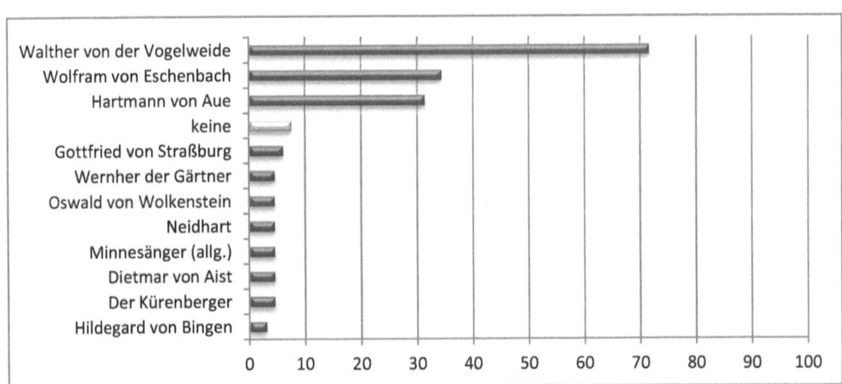

Diagramm 29: Lehrer/innen Autoren (Deutschland)

Einzelnennungen: Friedrich von Hausen; Heinrich von Morungen; Reinmar der Alte

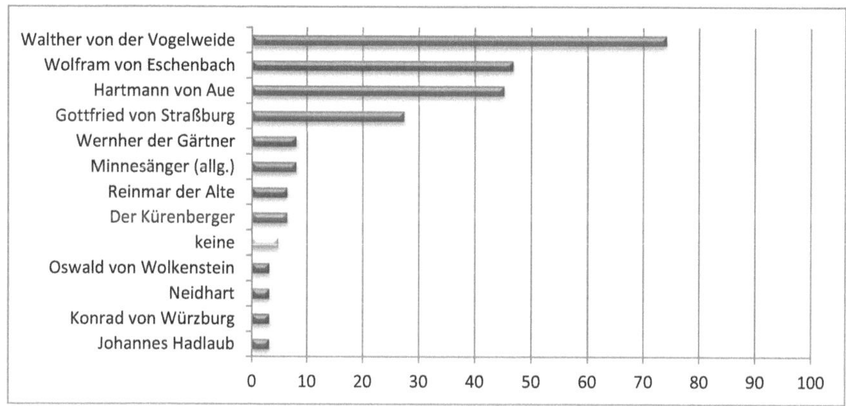

Diagramm 30: Lehrer/innen Autoren (Schweiz)

Einzelnennungen: Chrétien de Troyes; Dietmar von Aist; Friedrich von Hausen; Heinrich von Morungen; Heinrich von Veldeke; Johannes Tepl; Martin Luther; Notker der Deutsche; Der Stricker

Die Fragen nach im Unterricht behandelten Autoren und Texten waren nicht hinsichtlich einer Sprache oder Sprachstufe beschränkt; es sollten hier ganz allgemein jene Autoren und Texte angeführt werden, die im Rahmen des Themas Mittelalter im Fach Deutsch eingesetzt werden. Wenngleich die Mehrheit der Antworten der mittelhochdeutschen Sprachstufe zuzurechnen sind, finden sich daher in den Angaben der Lehrer/innen neben Texten aus den älteren deutschen Sprachstufen (Althochdeutsch, Mittelhochdeutsch und Frühneuhochdeutsch) auch solche anderer (älteren) Sprachen bzw. Sprachstufen, wie etwa die mittellateinische Vagantenbeichte des Archipoeta.

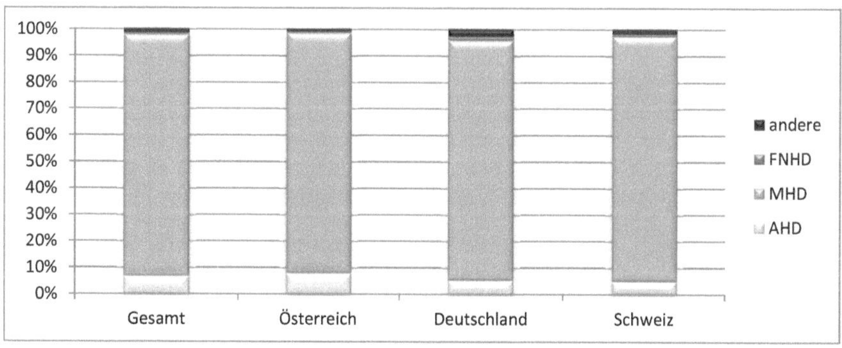

Diagramm 31: Lehrer/innen Texte nach Sprachstufen

Bei divergierenden Schreibweisen und Werksbezeichnungen wurde auch hier stets jene Variante beibehalten, die die Mehrheit der Proband/inn/en verwendet hatte.

Zur übersichtlicheren Darstellung der Ergebnisse wurden die Angaben zu Item 38 in 2 Gruppen unterteilt, die jeweils auch in 2 getrennten Diagrammen gelistet werden: zum einen spezifische Werksbezeichnungen (z.B. „das Nibelungenlied", „Ich hân mîn lehen") und zum anderen allgemeine Angaben (z.B. „verschiedene Minnelieder", „Heldenepik", oder „Texte von Walther von der Vogelweide").

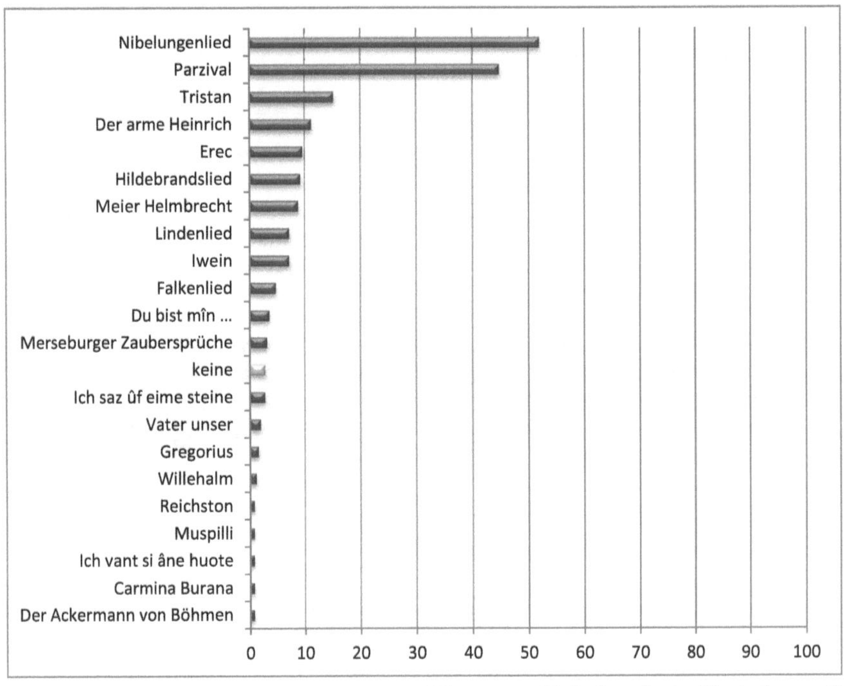

Diagramm 32: Lehrer/innen Texte (gesamt)

Einzelnennungen: Abrogans; Eneasroman; Eulenspiegel; Der fahrende Schüler im Paradeis; Gên disen wihennachten; Heliand; Herzeliebez frouwelîn; Herzmaere; Ich hân mîn lêhen; Ich wirbe umbe allez, daz ein man; memento mori; Mîn herze und mîn lîp diu wellent scheiden; Moriz von Craûn; Owê sol aber mir iemer mê; Palästinalied; Der Pfaffe Amis; Reinhart Fuchs; Salman und Morolf; Saget mir ieman, waz ist minne?; Slâfest du friedel ziere?; Uns ist zergangen der liepliche sumer; Vagantenbeichte; Weinschwelg; Der Welt Lohn; das ‚Zinnenlied'

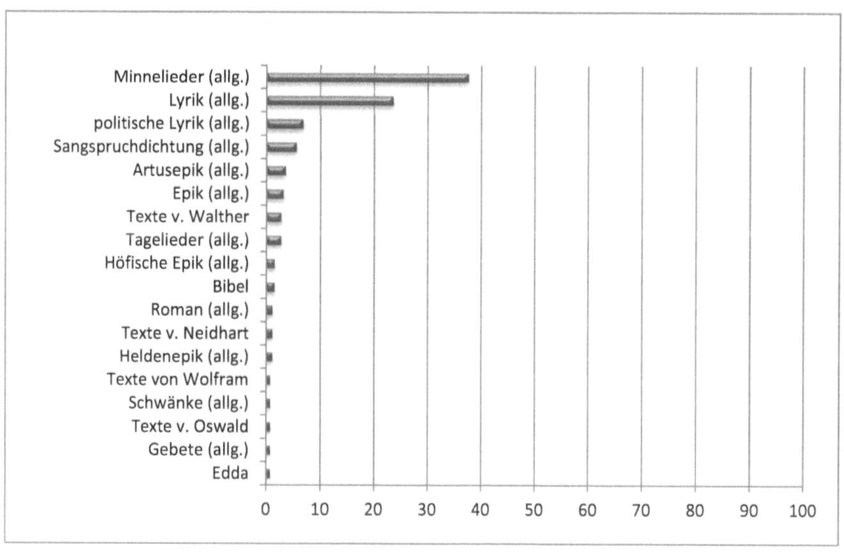

Diagramm 33: Lehrer/innen Texte (gesamt) Zusatz 1

Einzelnennungen: Texte von Hartmann von Aue; Kreuzzugsdichtung (allg.); Reigen (div.); Sachtexte/Chroniken (allg.); Sagen (allg.)

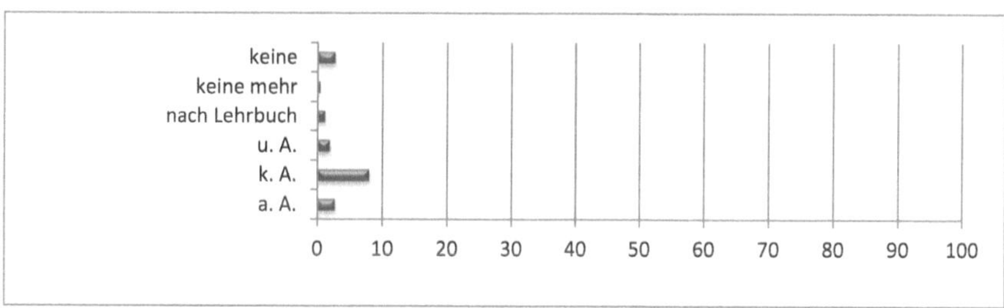

Diagramm 34: Lehrer/innen Texte (gesamt) Zusatz 2

Die am häufigsten im Unterricht behandelten Texte sind laut Angaben der Proband/inn/en das Nibelungenlied und Wolframs Parzival. Ihnen folgen, meist mit größerem Abstand, weitere Artusepen (Tristan, Iwein und Erec). Lediglich in der Schweizer Gruppe belegt das Nibelungenlied nicht den ersten Rang, hier teilt es sich Platz 2 mit Gottfrieds Tristan. Beliebte Unterrichtstexte scheinen daneben die beiden Versnovellen Helmbrecht (Wernher der Gärtner) sowie Der arme Heinrich (Hartmann von Aue) zu sein. Neben diesen eher umfangreicheren Werken, die vermutlich nur äußerst selten als mittelhochdeutscher Ganztext ihren Weg in den Unterricht finden, sondern eher in Form von Auszügen und Nacherzählungen behandelt werden dürften, werden von den Lehrer/innen vor allem diverse Minnelieder bzw. Minnesang und Tagelied als allgemeine Kategorien angegeben. Mehrfach genannte Einzeltitel sind Walthers Lindenlied, das Falkenlied des Kürenbergers sowie das Gedicht ‚Dû bist mîn ich bin dîn' einer unbekannten Autorin. Von Walther werden neben dem Lindenlied noch weitere einzelne Lieder angegeben: Saget mit ieman, waz ist minne?, Herzeliebez frouwelîn, ich saz ûf eime steine, ich hân mîn lehen, der Reichston und das Palästinalied.

Der meistgenannte althochdeutsche Text ist das Hildebrandslied; in der Gruppe der österreichischen wird es sogar von 14% der Proband/inn/en angegeben und stellt damit den am vierthäufigsten genannten Text dar. Als weitere althochdeutsche Texte werden die Merseburger Zaubersprüche, das Muspilli sowie der Abrogans im Unterricht thematisiert.

Kürzere mittelhochdeutsche Verserzählungen, Fabeln, Schwänke, Gebrauchs- und geistliche Literatur scheinen – wie auch frühneuhochdeutsche Texte – nur eine untergeordnete Rolle im Unterricht spielen.

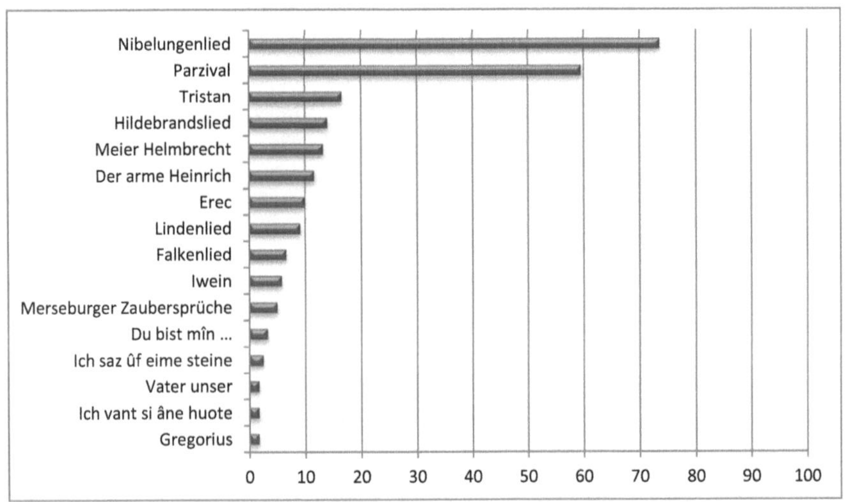

Diagramm 35: Lehrer/innen Texte (Österreich)

Einzelnennungen: Der Ackermann von Böhmen; Carmina Burana; Gên disen wihennachten; memento mori; Muspilli; Owê sol aber mir iemer mê; Palästinalied; Reichston, Reinhart Fuchs; Salman und Morolf; Saget mir ieman, waz ist minne; Uns ist zergangen der liepliche sumer; Vagantenbeichte; Weinschwelg, das ‚Zinnenlied'

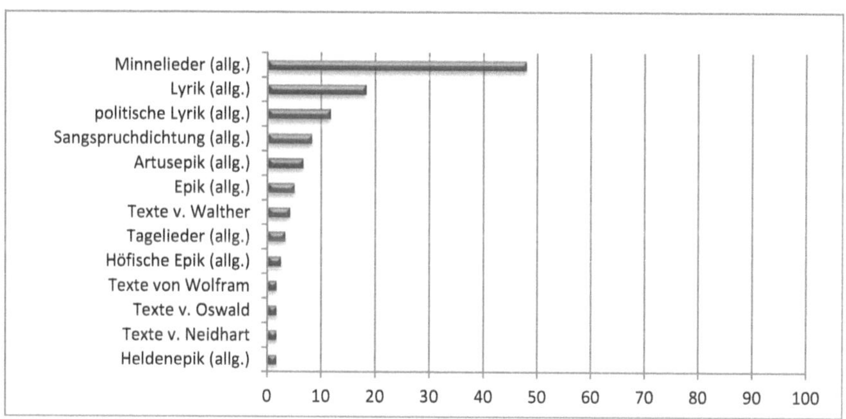

Diagramm 36: Lehrer/innen Texte (Österreich) Zusatz

Einzelnennungen: Bibel; Edda, Gebete (allg.); Texte von Hartmann von Aue; Kreuzzugsdichtung (allg.); Reigen (div.), Roman (allg.); Schwänke (allg.); Sagen (allg.)

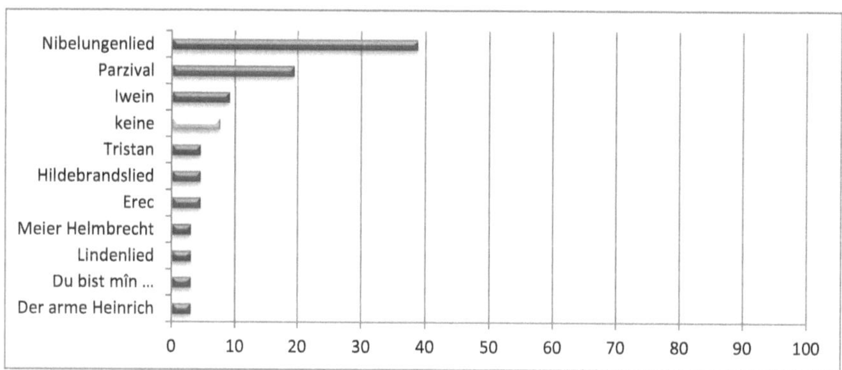

Diagramm 37: Lehrer/innen Texte (Deutschland)

Einzelnennungen: Carmina Burana; Eulenspiegel; Der fahrende Schüler im Paradeis (1550); Falkenlied; Gregorius; Herzeliebez frouwelîn; Ich hân mîn lêhen; Ich saz ûf eime steine; Mîn herze und mîn lîp diu wellent scheiden; Muspilli; Slâfest du friedel ziere?; Willehalm

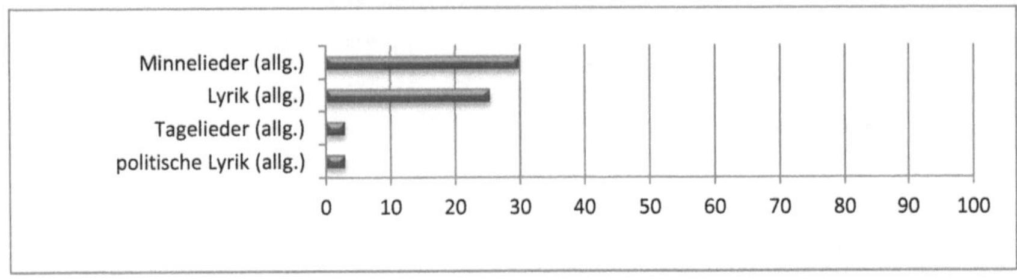

Diagramm 38: Lehrer/innen Texte (Deutschland) Zusatz

Einzelnennungen: Artusepik (allg.); Epik (allg.); Gebete (allg.); Heldenepik (allg.); höfische Epik (allg.); Texte von Neidhart; Roman (allg.); Sangspruchdichtung (allg.); Texte von Walther von der Vogelweide

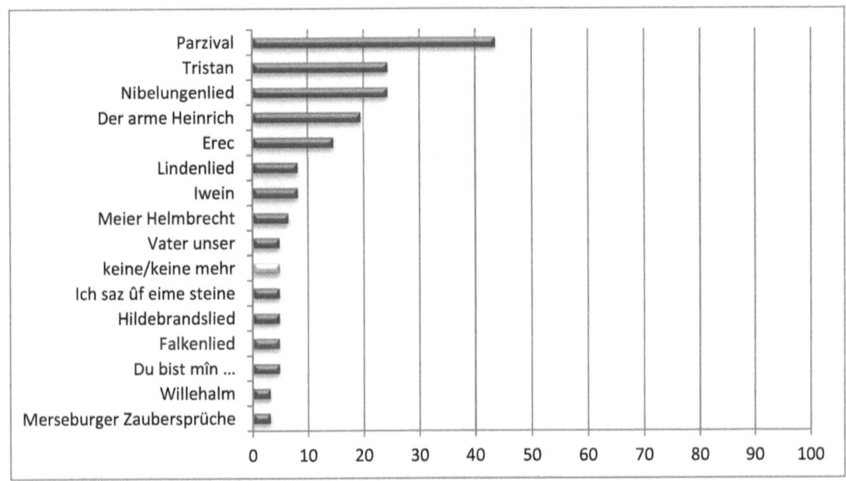

Diagramm 39: Lehrer/innen Texte (Schweiz)

Einzelnennungen: Abrogans, Der Ackermann von Böhmen; Eneasroman; Gregorius; Heliand; Herzmaere; Ich wirbe umbe allez, daz ein man; Moriz von Craûn; Der Pfaffe Amis; Reichston; Der Welt Lohn

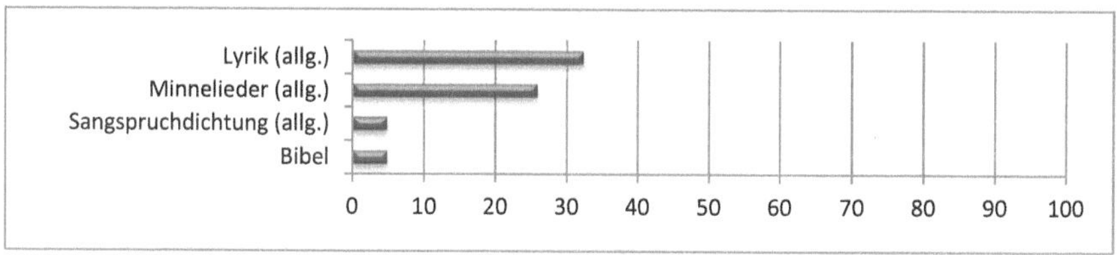

Diagramm 40: Lehrer/innen Texte (Schweiz) Zusatz

Einzelnennungen: Edda; Epik (allg.); politische Lyrik (allg.); Roman (allg.); Schwänke (allg.); Sachtexte/Chroniken; Tagelieder (allg.); Texte von Walther von der Vogelweide

Vergleich von Autoren- und Textquotienten

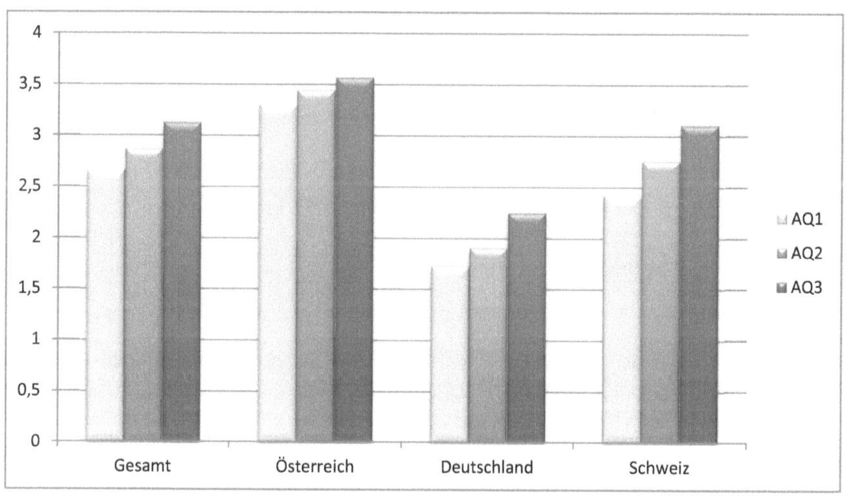

Diagramm 41: Lehrer/innen Autorenquotient

‚Autorenquotient' (= Anzahl der Autorennennungen pro Proband/in):

AQ1 Autorennennungen exklusive allgemeine Angaben / alle Proband/inn/en

AQ2 Autorennennungen inklusive allgemeine Angaben / alle Proband/inn/en

AQ3 Autorennennungen inklusive allgemeine Angaben / Proband/innen, die Angaben zu Autoren gemacht haben (also exkl. jener, die ‚keine' gewählt oder keine Angabe gemacht haben.)

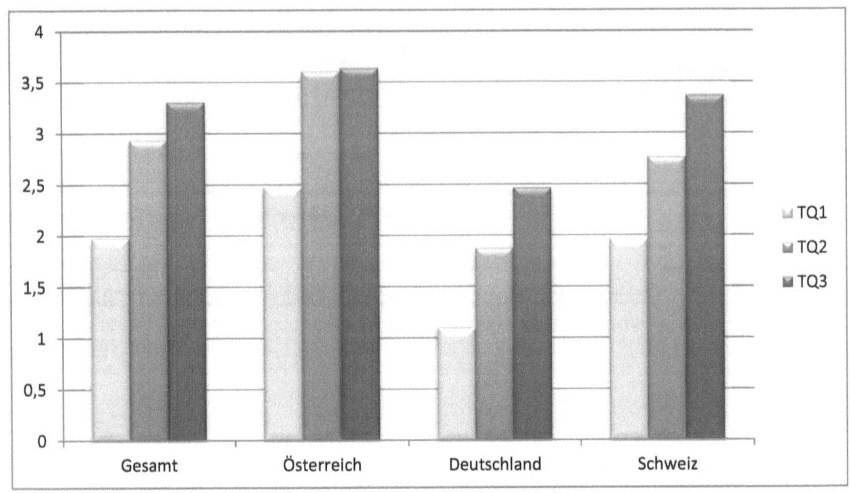

Diagramm 42: Lehrer/innen Textquotient

‚Textquotient' (= Anzahl der Textnennungen pro Proband/in):

TQ1 Textnennungen exklusive allgemeine Angaben / alle Proband/inn/en

TQ2 Textnennungen inklusive allgemeine Angaben / alle Proband/inn/en

TQ3 Textnennungen inklusive allgemeine Angaben / Proband/innen, die Angaben zu Texten gemacht haben (also exkl. jener, die ‚keine' oder „keine mehr" gewählt oder keine Angabe gemacht haben.)

Um die Anzahl der Autoren- und Textnennungen unabhängig von den unterschiedlichen Gruppengrößen vergleichen zu können, wurden je 3 Autoren- und Textquotienten errechnet. Diese geben – bei unterschiedlichen Berechnungsgrundlagen (siehe oben) – jeweils einen Mittelwert, also die durchschnittliche Anzahl von Nennungen pro Proband/in, an.

Der Vergleich von TQ1 und TQ2 zeigt den Anteil von allgemeinen Angaben in den beiden Befragungsfeldern. Es wird ersichtlich, dass in der österreichischen Stichprobe nicht nur kein/e einzige/r Proband/in war, die keine mittelalterlichen Autoren und Texte im Unterricht behandelt, sondern auch, dass es im Vergleich zu den beiden anderen Gruppen kaum Proband/inn/en gab, die bei diesen beiden Items keine Angaben gemacht haben (geringer Unterschied bei AQ2 und 3 sowie TQ2 und 3).

Insgesamt korrelieren die Ergebnisse der Quotienten mit den anderen ‚quantitativen' und ‚qualitativen' Items zur Unterrichtsgestaltungen, bestätigen also die bereits festgestellten nationalen Tendenzen: Österreichische Lehrer/innen scheinen das Mittelalter am relevantesten einzuschätzen, wenden die meisten Unterrichtsstunden dafür auf und behandeln in dieser Unterrichtszeit vergleichsweise mehr (verschiedene) Autoren und Texte, was zumindest zum Teil, aber vermutlich nicht ausschließlich auf die Lehrplansituation zurückzuführen ist, die eine Behandlung mal. Literatur explizit vorsieht,[22] allerdings keine Vorgaben zu Gestaltung und Umfang einer entsprechenden Schwerpunktsetzung macht. Innerhalb der deutschen und Schweizer Stichproben haben wir es mit Proband/inn/en aus jeweils 10 Bundesländern bzw. Kantonen mit föderalen Bildungssystemen zu tun, was bedeutet, dass hier jeweils unterschiedlichste Lehrpläne zum Tragen kommen. Der Einfluss, den die Lehrplanvorgaben auf die tatsächliche Unterrichtsgestaltung haben, lässt sich in diesen Gruppen also vergleichsweise schwer pauschal einschätzen. Wenngleich das Mittelalter nämlich in vielen dieser Lehrpläne überhaupt nicht (mehr) erwähnt wird, zeigen die bisherigen Ergebnisse doch, dass die meisten Lehrer es in der einen oder anderen Form im Unterricht zum Thema machen.

Deutsche Lehrer/innen geben vergleichsweise die wenigsten (unterschiedlichen) Autoren und Texte an, so wie sie auch die geringste Unterrichtszeit für das Mittelalter aufwenden. Die Schweizer Ergebnisse liegen in beiden Bereichen jeweils zwischen jenen der österreichischen und der deutschen Stichprobe. Lediglich bei der Frage nach den Klassen, in denen das Mittelalter zum Thema im Deutschunterricht wird, bildet die Schweiz das Schlusslicht im Länderranking. Schweizer Lehrer/innen wenden zwar mehr Unterrichtszeit auf als ihre deutschen Kolleg/inn/en, behandeln das Mittelalter aber eher nur in einer, nicht in mehreren Jahrgangstufen.

22 Vgl. hierzu Kapitel 2.3.

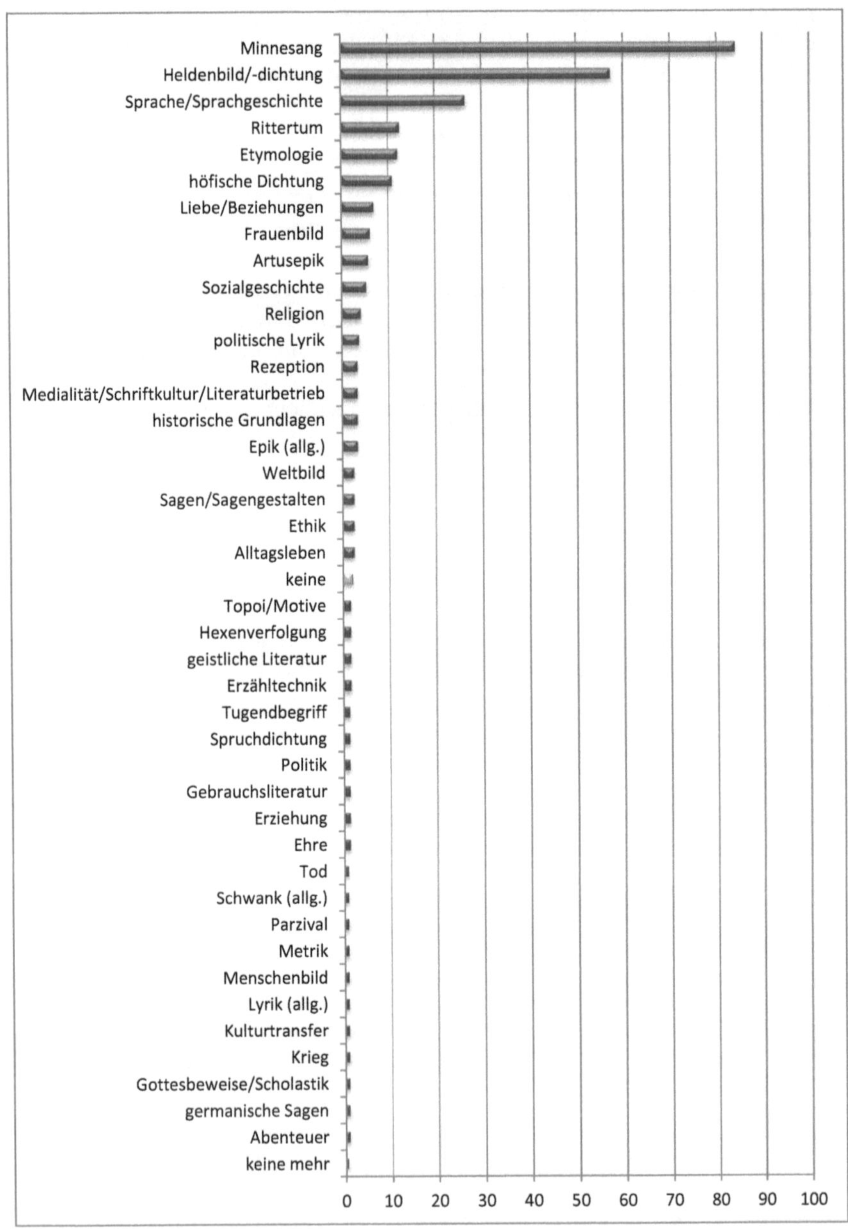

Diagramm 43: Lehrer/innen Themen (gesamt)

Einzelnennungen: Autorität; Baukunst; didaktische Dichtung; Einführung ins wissenschaftliche Arbeit anhand von Texten zum Mittelalter; Entwicklungsroman; Fabeln (allg.); Geschlechterrollen; Gesundheitswesen/Medizin; Handschriften; Ideale der höfischen Gesellschaft; Kreuzzugslyrik; Literaturgeschichte; Literatur und bildende Kunst; Manessische Liederhandschrift; Parodie; Poetologie; Rache; Schelmenroman, Schönheitsvorstellungen; Vagantenlyrik; Vergleich von Mittelalter und Moderne

Die beliebtesten Unterrichtsthemen in Verbindung mit mediävistischen Inhalten sind in allen drei Länderstichproben identisch: Minnesang, Heldendichtungen (mit besonderer Berücksichtigung des Heldenbildes) und Sprache bzw. Sprachgeschichte. Letzteres schließt die Betrachtung der unterschiedlichen Sprachstufen (Althochdeutsch, Mittelhochdeutsch, Frühneuhochdeutsch sowie fallweise auch Mittelniederdeutsch), ihre Nähe zu Dialekten und Fremdsprachen, Lautverschiebungen und Lautwandelerscheinungen sowie diverse, damit zusammenhängende, grammatische Phänomene ein. Ein verwandtes Thema, das in dieser Untersuchung getrennt erfasst wurde, ist die Etymologie. Gemeinsam scheinen diese beiden sprachbetrachtenden Schwerpunkte eine wichtige Rolle im Deutschunterricht in Verbindung mit dem Mittelalter zu spielen. Die größte Bedeutung kommt ihnen dabei in der Schweiz zu (siehe Diagramm 46), die vergleichsweise geringste in Österreich, wo beide Themen noch etwas seltener genannt werden als in der deutschen Stichprobe (siehe Diagramme 44 und 45) – und das bei durchschnittlicher doppelter Stundenanzahl, die für das Mittelalter aufgewandt wird.

Vermutlich stärker als im Zusammenhang mit jeder anderen Epoche bestimmen ‚realgeschichtliche' Themenschwerpunkte den ‚Mittelalter-Unterricht'. Anders gesagt, die Befragungsergebnisse legen nahe, dass bei der Behandlung mittelalterlicher Texte vielfach der Fokus auf das historische Mittelalter gelegt wird, also über die Literatur ein Zugang zu Geschichte und Alltagsleben gesucht wird.

Einen – überraschenderweise – sehr geringen Stellenwert scheinen jene Aspekte einzunehmen, die unter den Überbegriffen ‚Medialität, Schriftkultur und Literaturbetrieb' zu einer Kategorie zusammengefasst wurden. Hier wären etwa Situation der Literaturschaffenden (freie Dichter/Sänger, Auftragsarbeiten, Mäzene, Klöster etc.), die Autorfrage, das Verhältnis von Oralität und Literalität, Überlieferung, Reproduktion (Handschriften, frühe Drucke), Buchherstellung und -kunst u.v.m. zu nennen. Diese durchaus für den Unterricht prädestiniert und ergiebig erscheinenden Themenbereiche werden nur vereinzelt von den Lehrer/innen genannt, in der deutschen Stichprobe sogar nur ein Mal.[23]

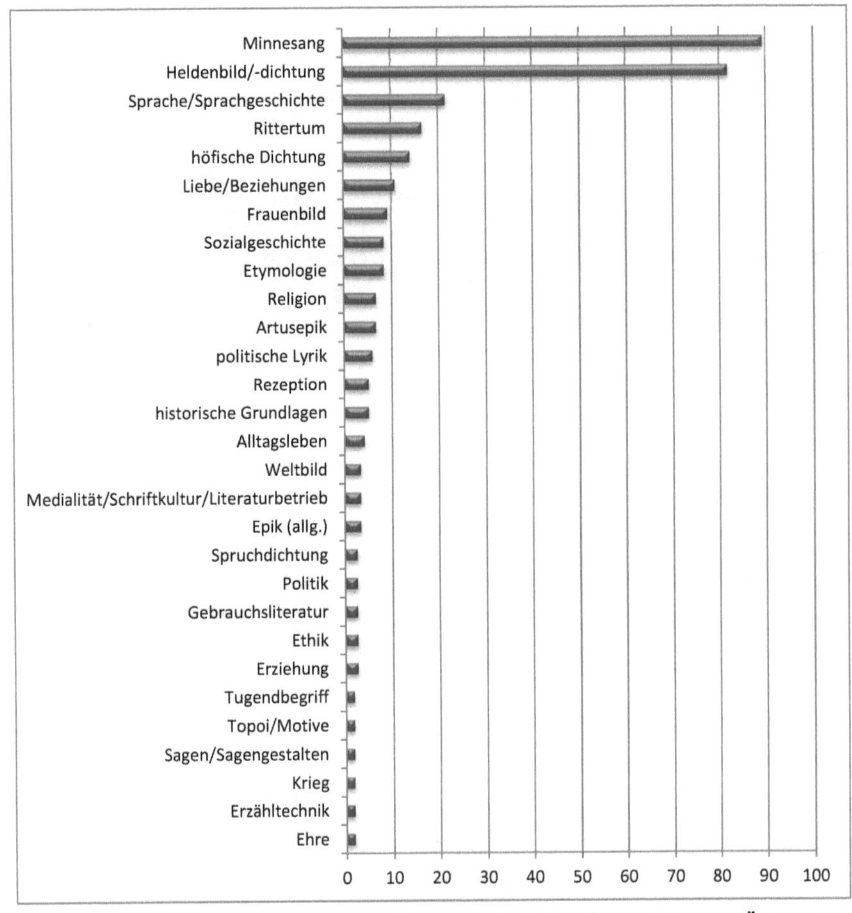

Diagramm 44: Lehrer/innen Themen (Österreich)

Einzelnennungen: Autorität; Baukunst; didaktische Dichtung; Geschlechterrollen; Gesundheitswesen/Medizin; Handschriften; Kreuzzugslyrik; Lyrik (allg.); Menschenbild; Parodie; Parzival; Rache; Schönheitsvorstellungen; Tod; Vagantenlyrik; Vergleich von Mittelalter und Moderne

[23] Vgl. hierzu auch Kapitel 2.3.

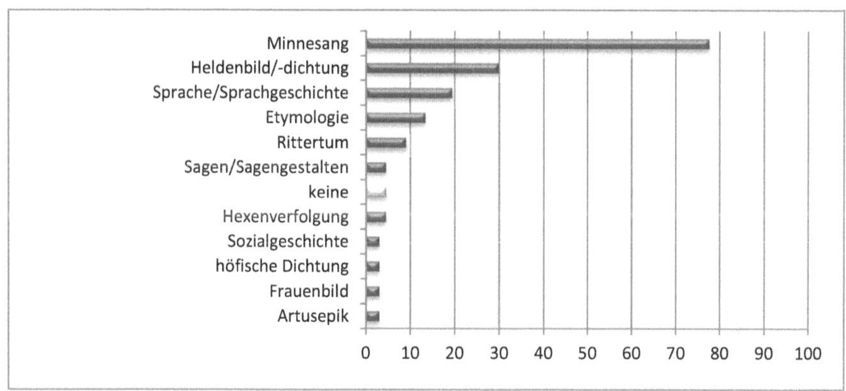

Diagramm 45: Lehrer/innen Themen (Deutschland)

Einzelnennungen: Abenteuer; Einführung ins wissenschaftliche Arbeiten anhand von Texten zum Mittelalter; Epik (allg.); Erzähltechnik; Ethik; Fabeln (allg.); germanische Sagen; historische Grundlagen; Kulturtransfer; Liebe/Beziehungen; Medialität/Schriftkultur/Literaturbetrieb; Poetologie; politische Lyrik; Religion; Rezeption; Schwank (allg.); Topoi/Motive; Tugendbegriff; Weltbild

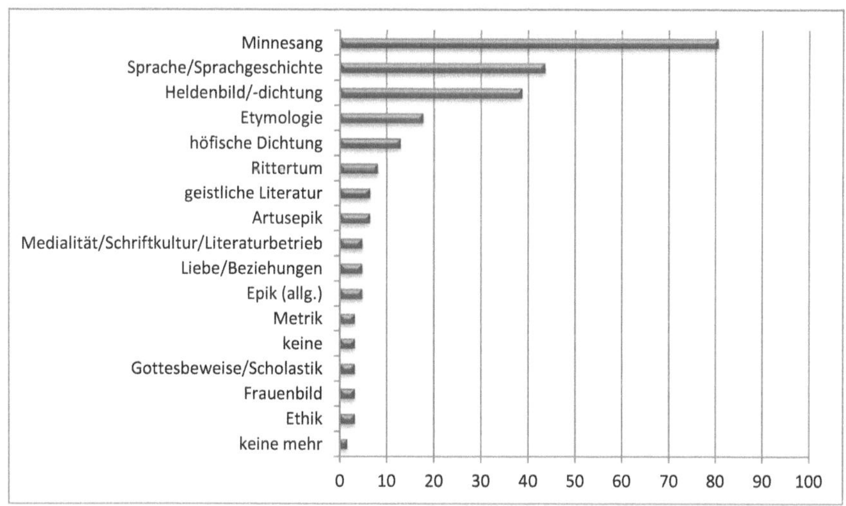

Diagramm 46: Lehrer/innen Themen (Schweiz)

Einzelnennungen: Abenteuer; Alltagsleben; Ehre; Entwicklungsroman; Erzähltechnik; germanische Sagen; Hexenverfolgung; historische Grundlagen; Ideale der höfischen Gesellschaft; Kulturtransfer; Literaturgeschichte; Literatur und bildende Kunst; Lyrik (allg.); Manessische Liederhandschrift; Menschenbild; Parzival; politische Lyrik; Religion; Rezeption; Sagen/Sagengestalten; Schelmenroman; Schwank (allg.); Sozialgeschichte; Tod; Topoi/Motive; Weltbild

1.2.6.2 Mittelhochdeutsch und Althochdeutsch im Unterricht

Neben den unterschiedlichen mittelalterlichen Werken, die ihren Weg in den Unterricht finden, schien auch der Einsatz von Originaltexten der althochdeutschen und mittelhochdeutschen Sprachstufe interessant. Die meisten der befragten Deutschlehrer/innen geben an, mittelhochdeutsche Texte im Unterricht zu verwenden; ein relativ großer Anteil tut dies offensichtlich bisweilen auch, ohne eine Übersetzung oder (altersgerechte) Nacherzählung mit einzubeziehen.

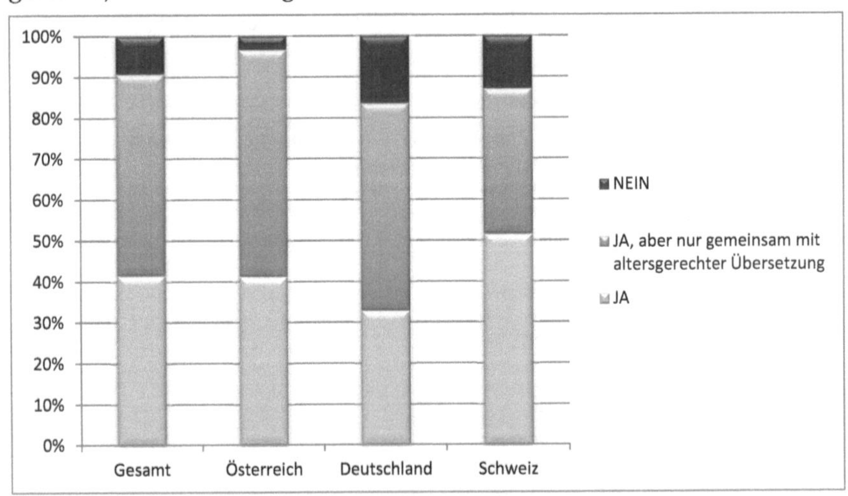

Diagramm 47: Lehrer/innen Mittelhochdeutsche Texte im Unterricht

Obwohl Sprache und Sprachbetrachtung in der österreichischen Stichprobe vergleichsweise seltener als eigenständige Themen angeführt wurden (vgl. Item 39), dürfte vor allem das Mittelhochdeutsche eine große Rolle im Unterricht spielen: 96,7% der österreichischen Lehrer/innen geben an, mittelhochdeutsche Originaltexte im Unterricht einzusetzen, knapp über 40% auch ohne eine begleitende neuhochdeutsche Fassung. In der deutschen und Schweizer Stichprobe liegen diese Werte etwas niedriger, erreichen aber dennoch deutlich über 80%. Der Einsatz mittelhochdeutscher Texte im Deutschunterricht scheint also – allen Unkenrufen zum Trotz – nach wie vor an der Tagesordnung zu stehen.

Auch althochdeutsche Literatur findet offenbar noch ihren Weg in die Schule: Über 70% der österreichischen und Schweizer Lehrer, sowie die Hälfte ihrer deutschen Kolleg/inn/en setzen zumindest fallweise Hildebrandslied, Merseburger Zaubersprüche und einzelne andere Textzeugnisse in Form von Originaltexten im Unterricht ein.

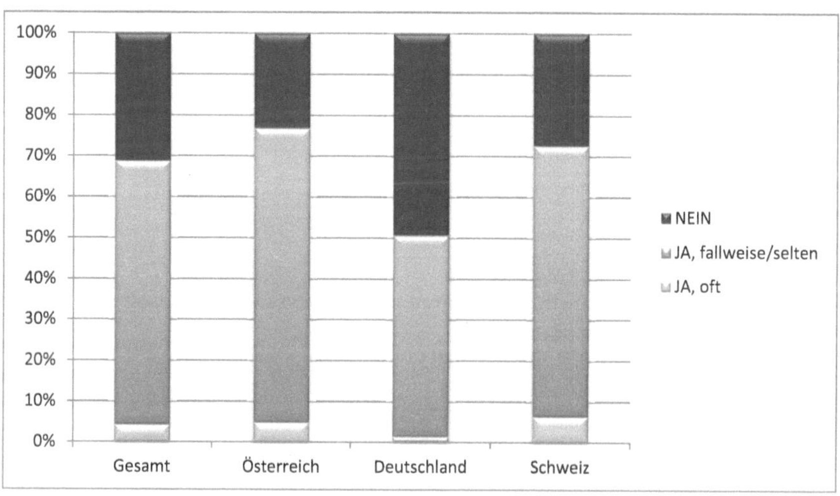

Diagramm 48: Lehrer/innen Althochdeutsche Texte im Unterricht

1.2.6.3 Regionale Schwerpunkte zum Thema Mittelalter

Zwischen 85% (Deutschland) und rund 90% (Österreich, Schweiz) der Deutschlehrer/innen geben an, regionale Themen und Schwerpunkte im Deutschunterricht behandeln. Ein relativ großer Teil dieser Lehrer/innen (insgesamt etwas mehr als die Hälfte) hat auch schon zumindest einmal einen regionalen Schwerpunkt zum Thema Mittelalter im Deutschunterricht gestaltet.

Am weitesten verbreitet scheinen regionale Mittelalterschwerpunkte in Österreich zu sein, wobei hier unter Umständen auch der Altersunterschied bzw. die unterschiedliche lange Berufserfahrung[24] in den jeweiligen Probandengruppen eine Rolle spielen dürfte, was in weiter Folge noch einer näheren Betrachtung unterzogen wird.

Am seltensten geben die Deutschlehrer/innen der Schweiz an, diesbezügliche Regionalschwerpunkte zu setzen, obwohl die generelle Bereitschaft regionale Themen in den Deutschunterricht einzubeziehen hier sogar geringfügig stärker ausgeprägt ist als in den anderen beiden Gruppen (Vgl. Diagramme 49 und 50).

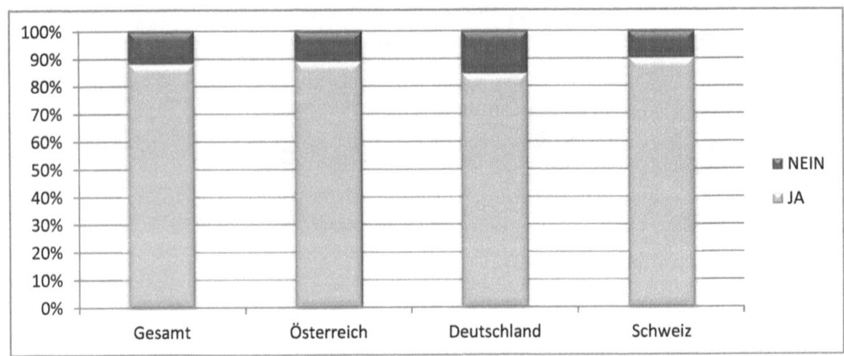

Diagramm 49: Lehrer/innen Regionalschwerpunkte

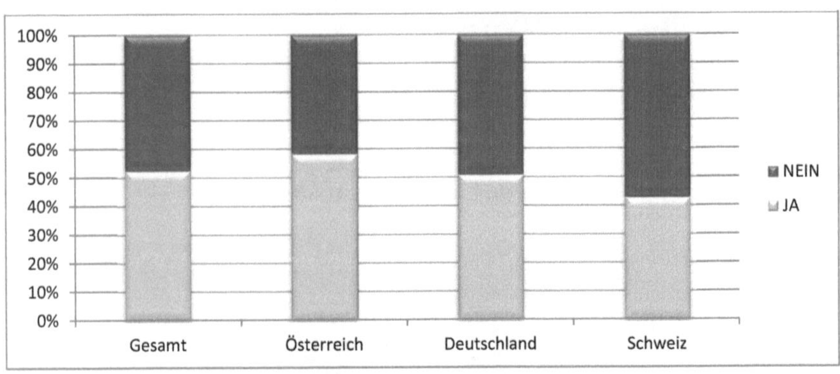

Diagramm 50: Lehrer/innen Regionalschwerpunkte: davon zum Thema MAL

24 Vgl. hierzu die allgemeinen Angaben bzw. Stichprobenvergleiche am Beginn des Kapitels: Die Lehrer/innen der österreichischen Stichprobe waren vergleichsweise älter und hatten bereits eine größere Anzahl von Dienstjahren hinter sich - und damit durchschnittlich mehr Gelegenheit unterschiedliche regionale Schwerpunkte umzusetzen.

1.2.6.4 Fächerübergreifender Unterricht zum Thema Mittelalter

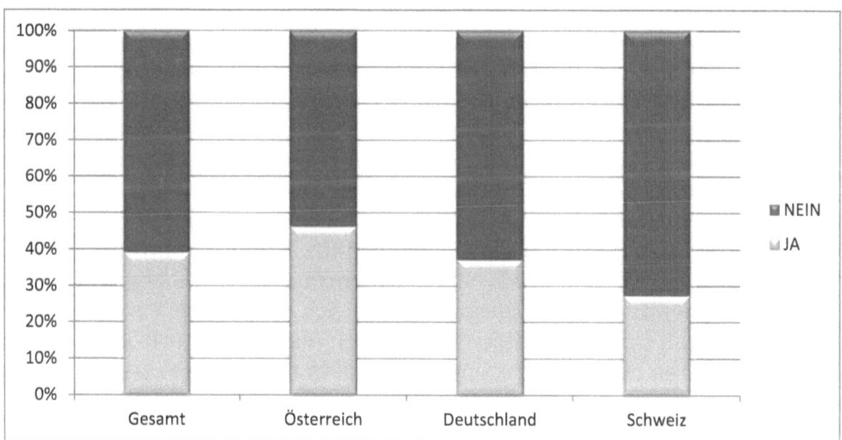

Diagramm 51: Lehrer/innen Fächerübergreifender Unterricht zum Thema MAL

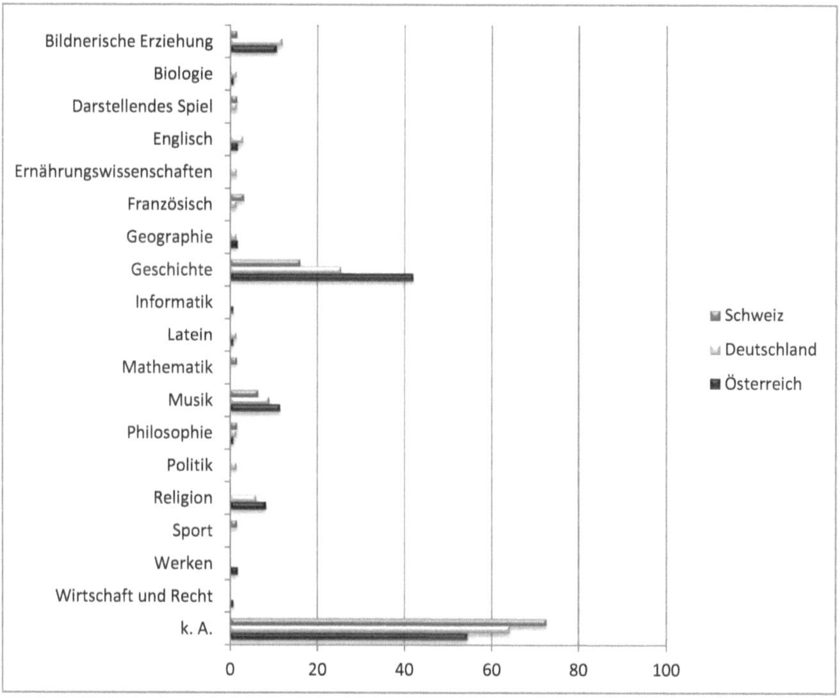

Diagramm 52: Lehrer/innen Fächerübergreifender Unterricht nach Fächern

Die Items 30 bis 32 widmeten sich Fragen zu fächerübergreifendem bzw. -verbindendem Unterricht in Bezug auf das Mittelalter. Zwischen 27% und 46% der Deutschlehrer/innen gaben an, bereits (mindestens) einmal fächerübergreifenden Unterricht zum Thema Mittelalter abgehalten zu haben. Jene Proband/inn/en, die diese Fragen mit „Ja" beantwortet hatten, wurden gebeten, die Fächer anzugeben, mit denen der übergreifende Unterrichtsschwerpunkt durchgeführt wurde. Die Ergebnisse sind in Diagramm 52 dargestellt. In den meisten Fällen wurde das Mittelalter gemeinsam im Deutsch- und Geschichteunterricht behandelt. Abgesehen davon, dass dies natürlich eine naheliegende Kombinationsmöglichkeit darstellt, unterrichten viele Deutschlehrer/innen gleichzeitig auch Geschichte, wodurch sich diesbezügliche Schwerpunkte vermutlich oft am einfachsten umsetzen lassen – also auch ohne sich mit Kollleg/inn/en zu koordinieren oder in fachfremde Bereich einlesen zu müssen.

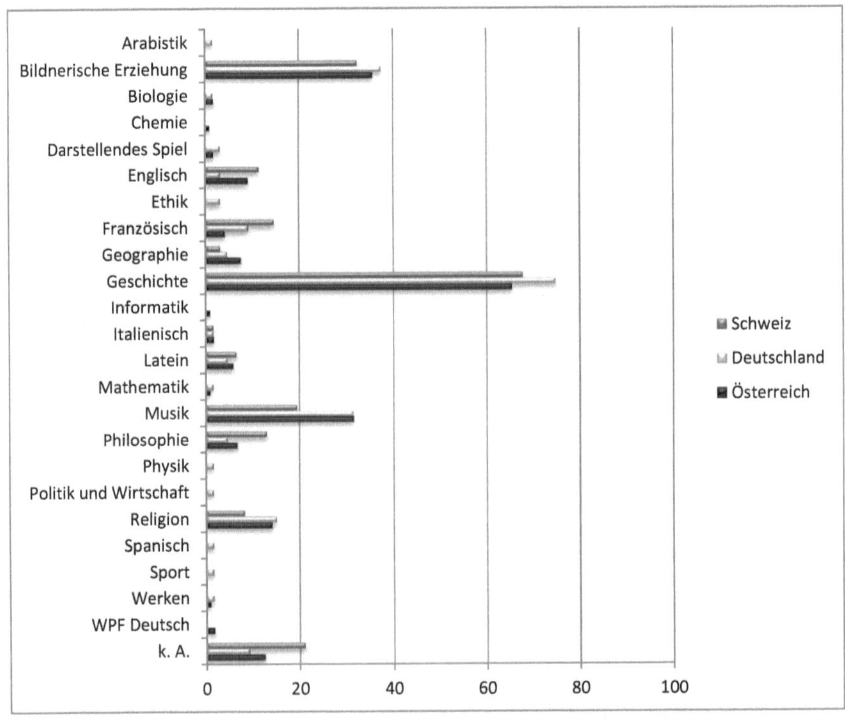

Diagramm 53: Lehrer/innen Fächerübergreifender Unterricht Wunschfächer

Alle Teilnehmer/innen, also auch jene Lehrer/innen, die bislang noch nie fächerübergreifenden Unterricht zum Thema Mittelalter gestaltet hatten, wurden zusätzlich nach jenen Fächern gefragt, mit denen sie gerne einmal einen solchen Schwerpunkt setzen würden. Die vielen unterschiedlichen Angaben zu den ‚Wunschfächern' lassen darauf schließen, dass in diesem Bereich von Lehrer/innenseite durchaus Potential – auch für ungewöhnlichere Kombinationen – gesehen wird. Es wäre interessant zu wissen, woran es im Detail liegt, dass vergleichsweise so wenige dieser potentiellen fächerverbindenen Schwerpunkte auch in der Praxis umgesetzt werden. Mögliche Hinderungsgründe könnten etwa Lehrpläne, schulinterne Vorgaben, mangelndes Interesse von Kolleg/inn/en, fehlendes Material oder der hohe Arbeitsaufwand sein.

1.2.6.5 Projektorientierter Unterricht und spezielle Unterrichtsformen

Etwas häufiger als fächerübergreifende Schwerpunkte wurden von den befragten Lehrer/innen spezielle Unterrichtseinheiten und Projekte in Verbindung mit dem Mittelalter umgesetzt (siehe Diagramm 54). Unter diesem Punkt wurden neben Schulstunden mit ‚besonderer' Methodik (z.B. Stationenbetrieb, ‚Jigsaw-Classroom', Gruppenarbeiten) und Medieneinsatz (Musik-, Hörspiel- oder Filmvorführungen) auch Ausflüge (z.B. Besichtigung von Burgen oder anderen historisch bedeutsamen Orten), Museums-, Bibliotheks- oder Veranstaltungsbesuche (Konzerte, Theateraufführungen, Kino, Vorträge, Märkte etc.), die Einladung von Expert/inn/en an die Schule (z.B. Autor/inn/en, Wissenschaftler/inne/n, Handwerker/inne/n) und diverse Schwerpunktprojekte (Gestaltung von Internetauftritten, (Wand-)Zeitungen, Kurzfilmen, Schulfesten, Theaterstücken, Portfolios/Readern; u.Ä.) zusammengefasst.

In allen Länderstichproben am öftesten angegeben wird der Einsatz von Medien im Unterricht, gefolgt von speziellen Unterrichtsstunden, Ausflügen und Museums- oder Bibliotheksbesuchen sowie in Österreich dem Besuch einschlägiger Veranstaltungen. Vergleichsweise selten scheinen umfangreichere Schwerpunktprojekte und die Möglichkeit, Expert/inn/en an die Schule zu holen, zu sein. Letzteres wurde in der Schweizer Stichprobe kein einziges Mal angegeben. Die meisten (unterschiedlichen) Angaben machen auch hier die österreichischen Lehrer/innen, die wenigsten – analog zum durchschnittlichen Stundenaufwand – ihre deutschen Kolleg/inn/en.

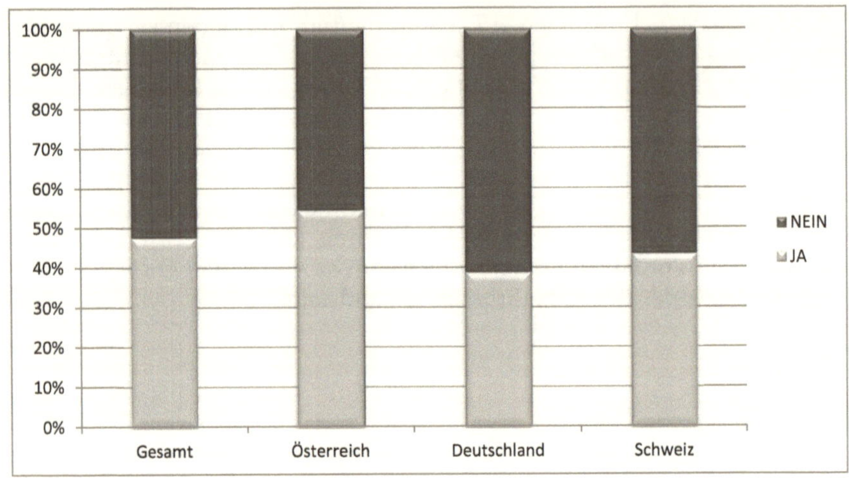

Diagramm 54: Lehrer/innen Projekte zum Thema MAL

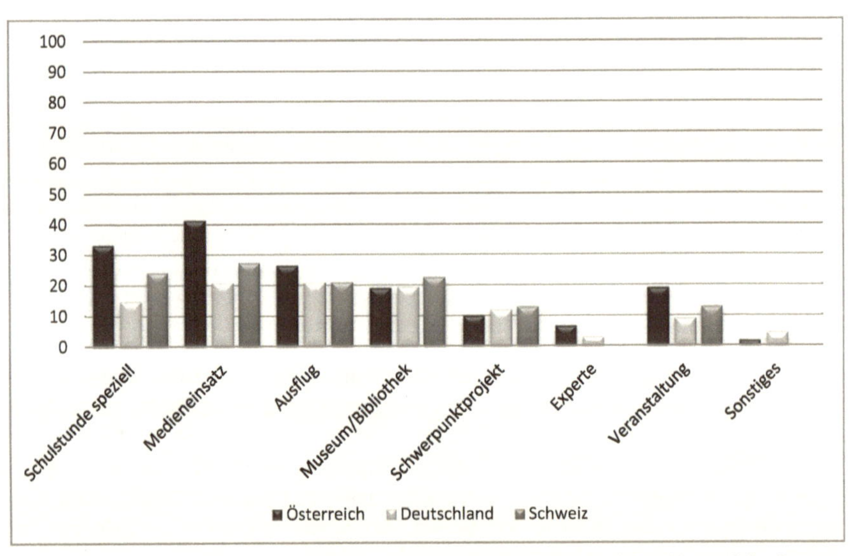

Diagramm 55: Lehrer/innen Projekte Unterrichtsformen

1.2.6.6 Prüfungsthema

Der wohl deutlichste Unterschied zwischen den drei Länderstichproben wird bei den Angaben zum Mittelalter als Prüfungsthema sichtbar. Während rund 90% der österreichischen Deutschlehrer/innen und etwa die Hälfte ihrer Kolleg/inn/en in der Schweiz mittelalterliche Sprache und Literatur in ihrem Unterricht zum Prüfungsthema machen, tun dies in Deutschland offenbar die wenigsten (4,5%).

Neben den unterschiedlichen Lehrplänen dürften diese Ergebnisse auch auf eine andere Wahrnehmung bzw. einen anderen Stellenwert des Mittelalters im Unterricht hinweisen.

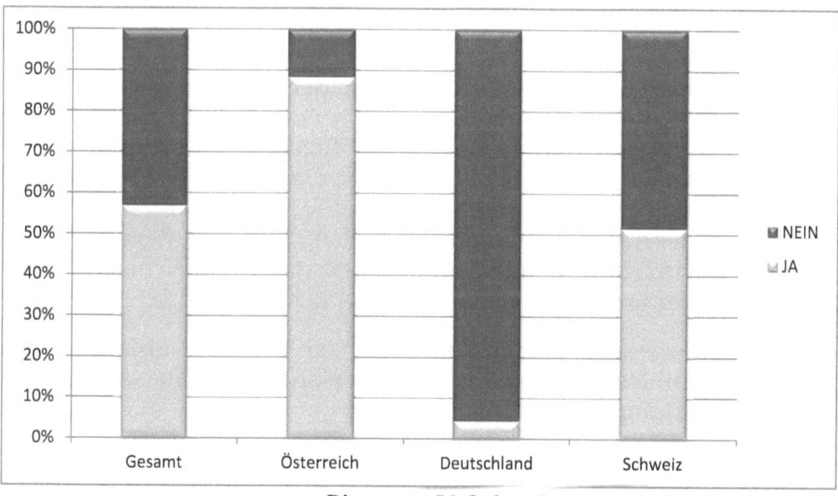

Diagramm 56: Lehrer/innen MAL als Prüfungsthema

1.3 MIDU Studierende

Die Befragung für Lehramtsstudierende wurde nach erfolgreicher Testphase mit der Software Limesurvey für die Onlinenutzung aufbereitet und war von November 2010 bis Juni 2011 unter folgendem Link erreichbar: http://midulehrer.limequery.com/95154/lang-de.

Die Pretests (Paper&Pencil) fanden im Juni 2010 im Rahmen von 3 fachdidaktischen Lehrveranstaltungen an der Karl-Franzens-Universität Graz statt. An diesen Vorerhebungen nahmen 21 Studierende teil, die sich zum Zeitpunkt der Befragung mindestens im 5. Studiensemester befanden. Das Format des Papierfragebogens entsprach bereits in groben Zügen der späteren Onlineaufbereitung: Jedes Blatt wurde später auf einer eigenen ‚Bildschirmseite' dargestellt (siehe Tabelle 4: Die Schattierung der Frageblöcke entspricht jeweils einer Papier- bzw. Bildschirmseite).

Um unerwünschte Beeinflussungen der Proband/inn/en zu vermeiden, wurde die Untersuchung sowohl bei den Pretests als auch in der Online-Beschreibung bzw. Einladung zur Teilnahme stets nur als ‚Befragung zum Deutschunterricht' angekündigt. Da sich in den Pretests keine Schwierigkeiten ergeben hatten, konnte der Fragebogen fast unverändert in die Onlineversion übernommen werden. Lediglich item 33 wurde nachträglich hinzugefügt und fehlt daher bei den 18 Fällen[25] aus den Pretests, die in der Ergebnis-Datenbank berücksichtigt wurden.

In der nachfolgenden Tabelle findet sich eine Übersicht über die in der Befragung enthaltenen Items, von denen jedoch nicht alle detailliert in diese Auswertung miteinbezogen wurden:

Nr.	Item	Antwortformat	Skalierung
1	Geschlecht	dichotom	nominal (kodiert)
2	Geburtsjahr	frei (numerisch)	Intervall
3	Land	gebunden	nominal (kodiert)
4	In welchem Bundesland/Kanton studieren Sie?	frei (string)	nominal (kodiert)
5	Zweitfach/Zweitfächer	gebunden (Mehrfachantworten möglich)	nominal (kodiert)
6	Universität(en), an der/denen Sie studieren/studiert haben	frei (string)	nominal (kodiert)

25 Bei 3 Probandinnen aus den Pretests handelte es sich um Austauschstudierende (Erasmusprogramm); sie wurden daher nicht in die Datenbank übernommen.

7	In welchem Semester Ihres Studiums befinden Sie sich derzeit?	frei (numerisch)	Intervall
8	Bisherige Unterrichtspraxis in Wochen	frei (numerisch)	Intervall
9	Geplante Diplom- bzw. Abschluss-arbeit aus dem Bereich …	gebunden (Mehrfachantworten möglich)	nominal (kodiert)
10	Wie sehen Sie rückblickend Ihre eigene Schulzeit?	Ratingskala[26]	ordinal (kodiert)
11	Wie empfinden Sie bisher ihr Germanistik bzw. Deutschstudium?	Ratingskala	ordinal (kodiert)
12	Welche germanistische Teildisziplin sagt Ihnen im Studium am meisten zu?	gebunden	nominal (kodiert)
13	Welche am wenigsten?	gebunden	nominal (kodiert)
14	Wie schätzen Sie die Qualität des heutigen Lehramtsstudiums im Vergleich zu einem Studium vor 20 Jahren ein?	bipolare Ratinskala	ordinal (kodiert)
15	Wie schätzen Sie das derzeitige Schulsystem in Ihrem Land ein?	Ratingskala	ordinal (kodiert)
16	Sehen Sie sich selbst eher als zukünftige/r ... (Germanist/in oder Lehrer/in)	dichotom	nominal (kodiert)
17	Empfinden Sie sich eher als … (Pädagoge/in oder Fachexperte/in)	dichotom	nominal (kodiert)
18	Wie schätzen Sie die durchschnitt-liche 'Deutschkompetenz' (Lese-, Schreib- und Sprachkompetenz) heutiger Schüler/innen im Vergleich zu jener der Schüler/innen während Ihrer eigenen Schulzeit ein?	bipolare Ratingskala	ordinal (kodiert)
19	Wenn Sie während der gesamten Sekundarstufe 2 mit Ihren Schüler/innen im Deutschunterricht neben der Gegenwartsliteratur nur 2 literarische Epochen behandeln könnten, welche beiden wären dies?	frei (string), 2 Felder	nominal (kodiert)
20	Haben Sie in Ihrer eigenen Schulzeit im Deutschunterricht etwas über mittelalterliche Literatur und Sprache gelernt?	gebunden	nominal (kodiert)
21	Wenn ja: Hat es Sie interessiert?	gebunden	nominal (kodiert)

26 Sofern nicht anders angegeben, handelt es sich um unipolare Skalen.

22	Würden Sie die Streichung älterer historischer Epochen wie des Mittelalters aus den Rahmenlehrplänen zugunsten aktuellerer Inhalte befürworten?	gebunden	ordinal (kodiert)
23	In welcher/n Klasse(n) wären die Behandlung mittelalterlicher Sprache und Literatur im Deutschunterricht Ihrer Meinung nach am sinnvollsten?	gebunden	ordinal (kodiert)
24	Wie viele Unterrichtsstunden würden Sie für die Behandlung mittelalterlicher Sprache und Literatur im Durchschnitt aufwenden?	frei (numerisch)	Intervall
25	Können Sie sich vorstellen, später einmal Unterrichtsprojekte zum Thema Mittelalter zu gestalten?	gebunden	ordinal (kodiert)
26	Welche mittelalterlichen Autoren werden Sie in Ihrem Unterricht behandeln?	frei (string) 5 Felder	nominal (kodiert)
27	Welche mittelalterlichen Texte werden Sie in Ihrem Unterricht behandeln?	frei (string) 5 Felder	nominal (kodiert)
28	Welche Themen/Schwerpunkte mit Mittelalterbezug werden Sie in Ihrem Unterricht behandeln?	frei (string) 5 Felder	nominal (kodiert)
29	Werden Sie mittelhochdeutsche Texte in Ihren Unterricht einbeziehen?	gebunden	ordinal (kodiert)
30	Werden Sie althochdeutsche Texte in Ihren Unterricht einbeziehen?	gebunden	ordinal (kodiert)
31	Werden Sie das Mittelalter als Epoche zum Prüfungsthema machen?	dichotom	nominal (kodiert)
32	Wie schätzen Sie das Interesse heutiger Schüler/innen in Bezug auf mittelalterliche Themen ein?	Ratingskala	ordinal (kodiert)
33	*Bei welchem Geschlecht ist Ihrer Meinung nach das Interesse an mittelalterlichen Themen größer?*	*gebunden*	*nominal (kodiert)*

Tabelle 5 Studierende Fragenkatalog

1.3.1 Allgemeine Daten

Insgesamt nahmen im Erhebungszeitraum 390 Studierende an 26 verschiedenen Universitäten aus Deutschland, Österreich und der deutschsprachigen Schweiz an der Befragung teil.

Bis zum Stichtag 18.6.2011, an dem die Online-Umfrage deaktiviert wurde, lagen aus Österreich 128, aus Deutschland 245 und aus der deutschsprachigen Schweiz 17 vollständige Datensätze vor. Die Schweizer Ergebnisse wurden zwar in die Gesamterhebung miteinbezogen und werden auch bei einzelnen Items graphisch dargestellt, für eine länderspezifische Auswertungen können sie aufgrund der vergleichsweise geringen Anzahl von Fällen sowie dem völligen Fehlen männlicher Probanden aber nicht als aussagekräftig gewertet werden. Sie wurden daher in weiterer Folge auch nicht auf ihre Signifikanz bezüglich der Grundgesamtheit[27] untersucht.

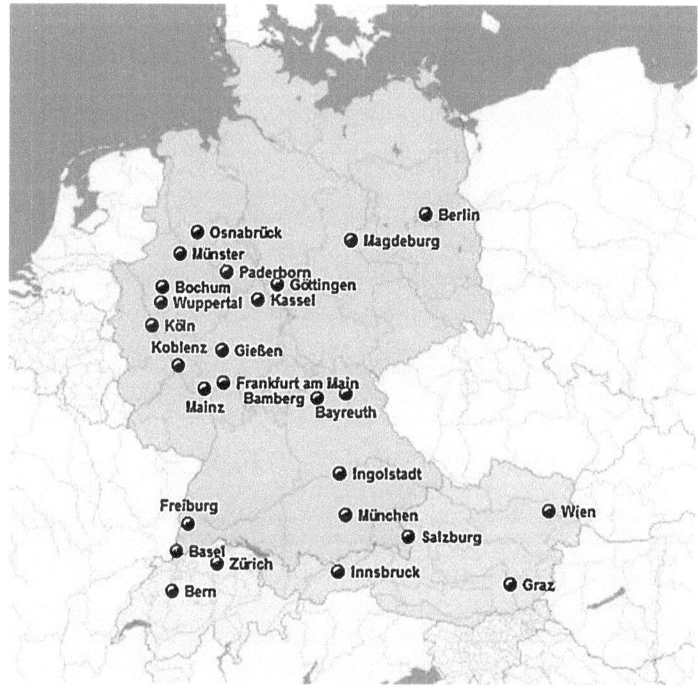

Abbildung 2: Studierende Universitäten

27 Hier ist die Grundgesamtheit der Schweizer Lehramtsstudierenden mit Unterrichtsfach Deutsch gemeint.

Neben Geschlecht, Universität und Herkunftsland wurden zur besseren Beschreibung und Kategorisierung der Stichprobe noch Geburtsjahr, Bundesland bzw. Kanton, in dem studiert wird, Studiensemester, Unterrichtspraxis (in Wochen) sowie das im Rahmen des Lehramtsstudiums gewählte Zweit- bzw. in einigen Fällen auch Drittfach erhoben.

Insgesamt waren 85,9% der Teilnehmer/innen weiblich und 14,1% männlich, was in etwa auch der Aufteilung in der österreichischen und deutschen Stichprobe entspricht. Die 17 Datensätze aus der Schweiz stammen alle von Studentinnen.

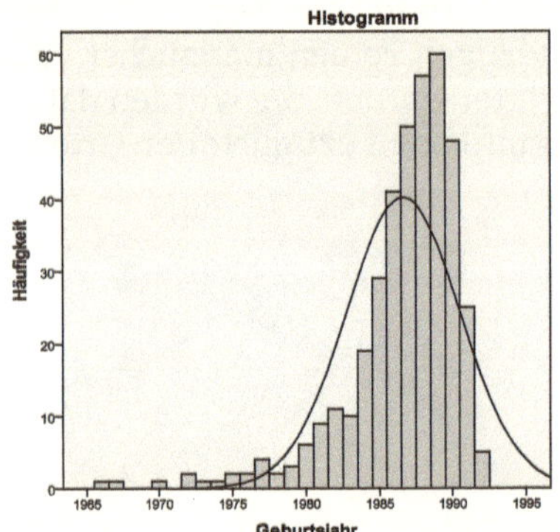

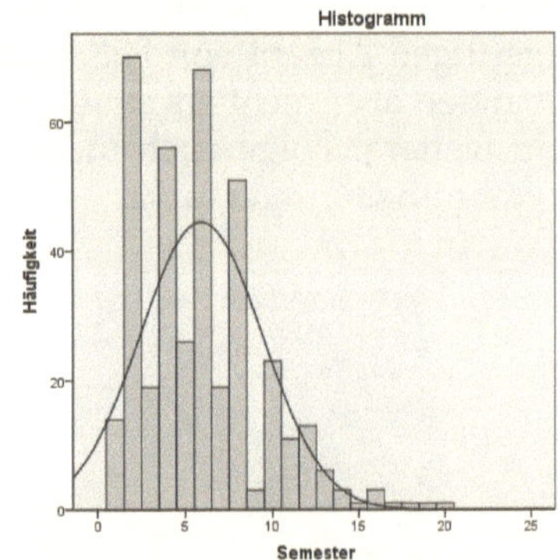

Diagramm 57: Studierende Geburtsjahr und Semester

Die Proband/inn/en wurden zwischen 1966 und 1992 geboren und waren zum Zeitpunkt der Befragung im Schnitt 25 Jahre alt. Bei einer festgestellten Standardabweichung von 3,9 Jahren bedeutet dies, dass über 80% der Teilnehmer/innen zwischen 1982 und 1990 geboren wurden und daher zwischen 21 und 29 Jahren alt waren, als sie den Fragebogen ausfüllten.

Wie in Diagramm 57 ersichtlich, befanden sich die teilnehmenden Studierenden im Befragungszeitraum durchschnittlich im 6. Semester ihres Lehramtsstudiums. Da ein Großteil der Fragebögen im Laufe des Sommersemesters 2011 ausgefüllt wurde und ein Studium im Regelfall im Wintersemester begonnen wird, ist hier eine starke Gewichtung hinsichtlich einer geraden Anzahl von Studiensemestern deutlich. Die errechnete Standardabweichung beträgt rund 3,5 Semester, was bedeutet, dass sich die durchschnittliche Studiendauer zum Befragungszeitraum zwischen 2 und 10 Semestern bewegte. Lediglich 10,5% der Proband/inn/en erklärten, bereits länger als 10 Semester zu studieren.

Rund 29% der Befragten gaben an, über noch keine Unterrichtspraxis zu verfügen. Insgesamt 5,4% der Probanden nannten hier Werte von über 20 Wochen, in 8 Fällen sogar über 40 Wochen – was (bei näherer Betrachtung der Fälle auch hinsichtlich des jeweiligen Studiensemesters und Geburtsjahres)[28] ungewöhnlich hoch erscheint und daher eine missverständliche bzw. fehlerhafte Bearbeitung des Items durch diese Teilnehmer/innen zumindest nahelegt (z.B. die Verwechslung der Kategorien Wochen, Wochenstunden und Tage oder Bezugnahme auf eine andere Ausbildung als jene für das Lehramt im UF Deutsch am Gymnasium). Dadurch ergibt sich ein (irreführender) Mittelwert von 8,9 Wochen bei einer Standardabweichung von 18,6.

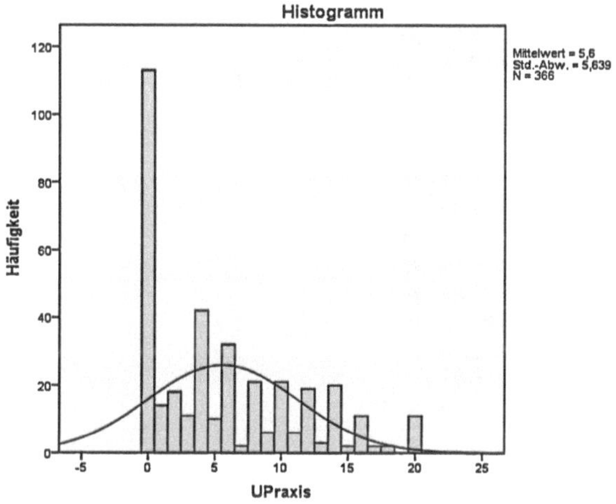

Diagramm 58: Studierende Unterrichtspraxis (gesamt)

Für eine weitere Analyse wurden daher 366 Fälle ausgewählt, die Werte zwischen 0 und 20 Wochen angaben. In dieser Probandengruppe ergab sich ein Mittelwert von 5,6 Wochen Unterrichtspraxis bei einer Standardabweichung von ebenfalls 5,6. Das heißt, dass von jenen 94,6% der Probanden, die in die Auswertung einbezogen wurden, ein Großteil laut eigenen Angaben bis zum Zeitpunkt der Befragung zwischen 0 und 11 Wochen Unterrichtspraxis absolviert hat (siehe Diagramm 58).

Diagramm 59 zeigt die von den Studierenden gewählten Zweitfächer im Rahmen des Lehramtsstudiums. Das mit Abstand beliebteste Kombina-

28 So scheint es beispielsweise sehr unrealistisch, dass eine 1989 geborene Studentin, die sich derzeit im 4 Semester der Lehramtsausbildung befindet, bereits über 100 Wochen Unterrichtserfahrung im Fach Deutsch am Gymnasium verfügt.

tionsfach ist Geschichte, gefolgt von Englisch und Religion. Insgesamt belegen 27% der Studierenden eine Sprache, 20% Geschichte und 13% ein sogenanntes MINT-Fach (Mathematik, Informatik, Naturwissenschaften, Technik) zusätzlich zu ihrem Germanistikstudium, rund 40% entfallen auf weitere Fächer.

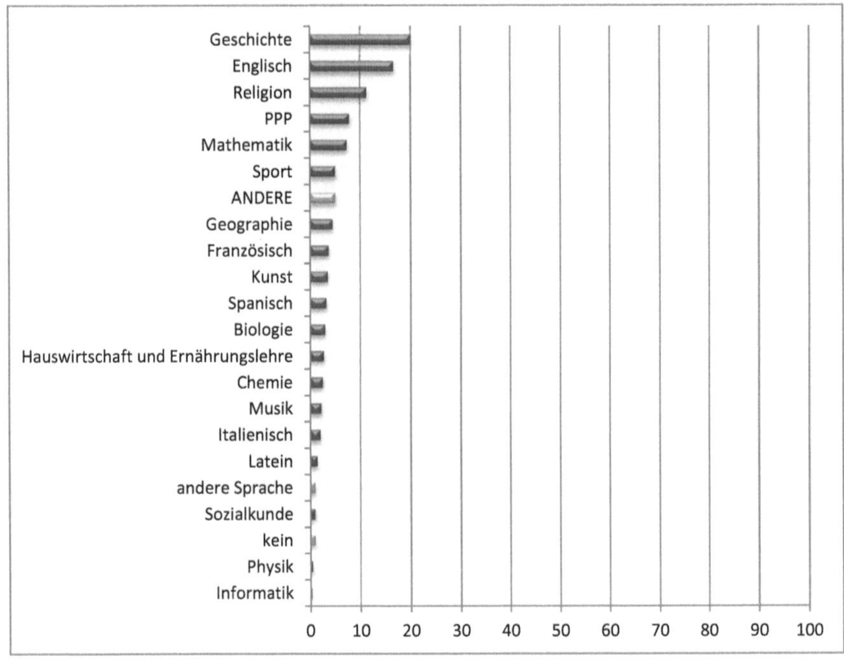

Diagramm 59: Studierenden Zweitfach

1.3.2 D-A-CH Ländervergleich – Beschreibung der einzelnen Stichproben

Da die 390 Proband/inn/en nicht einzeln ausgewählt wurden, sondern über Multiplikatoren und sogenannte Cluster Samples[29] an der Untersuchung teilgenommen haben, ergeben sich in den nationalen Stichproben nicht exakt dieselben Merkmalsausprägungen. So sind die Proband/inn/en aus Österreich im Schnitt etwas jünger und haben in der Regel auch weniger Unterrichtspraxis als ihre deutschen Kolleg/inn/en. Diese Unterschiede fallen jedoch nicht so gravierend aus, dass sie die Vergleichbarkeit der Stichproben in Frage stellen.[30] Es ist zum Beispiel nicht anzunehmen, dass ein zukünftiger Lehrer, der im Jahr 1987 geboren wurde, nur aufgrund seines Geburtsdatums ein grundlegend anderes Verhältnis zur germanistischen Mediävistik hat als ein Kollege, der ein Jahr früher oder später zur Welt kam, oder dass es wesentlichen Einfluss auf die Gesamtauswertung nimmt, dass in Österreich prozentual mehr Studierende im 6. Studiensemester und weniger im 8. Semester an der Befragung teilgenommen haben, während sich dies in der deutschen Stichprobe genau gegenläufig verhält. Andere Unterschiede könnten jedoch durchaus zu Verzerrungen führen. So wäre es etwa naheliegend, davon auszugehen, dass sich die Gelegenheit, einmal selbst vor einer Klasse zu stehen, also z.B. ein mehrwöchiges Unterrichtspraktikum absolviert zu haben, auf die Vorstellungen der späteren Unterrichtsgestaltung und somit auch auf die Meinung zur Behandlung mittelalterlicher Sprache und Literatur auswirkt.

Um derartige Verzerrungen in Zusammenhang mit einzelnen Items zu vermeiden, wurden mittels statistischer Testverfahren Merkmalsausprägungen ausfindig gemacht, die signifikanten Einfluss auf die Bewertung anderer Items zu haben scheinen, sodass beim Vorhandensein von Unterschieden in den Stichprobenzusammensetzungen gegebenenfalls zusätzliche Vergleiche von Probandengruppen unter Gleichschaltung wesentlicher Merkmale durchgeführt werden können. Das heißt, es kann, wo Verzerrungen befürchtet werden müssen, anhand einzelner Fälle getestet werden, ob sich die nationalen Unterschiede bei identischer Merkmalsausprägung nivellieren und damit zumindest zum Teil den unterschiedlichen Stichprobenzusammensetzungen geschuldet sind oder trotz Merkmalsgleichheit bestehen bleiben. Wobei natürlich einige Merkmale an sich wiederum durch nationale Spezifika mitbestimmt werden (beispielsweise die jeweiligen Studien- und Lehrpläne,

29 in diesem Fall Mailverteiler von Lehrveranstaltungsleiter/innen und Seminargruppen.

30 Ein solcher gravierender Unterschied wäre etwa, wenn 80% der österreichischen Probanden Studienanfänger wären und ein Großteil der deutschen Studierenden bereits kurz vor dem Abschluss des Studiums stünde.

die darauf Einfluss nehmen, wann welches Ausmaß an Unterrichtspraxis zu absolvieren ist oder ob schulische Erfahrungen mit mittelalterlicher Sprache und Literatur gemacht wurden).

Das Geschlechterverhältnis ist in den beiden Stichproben aus Österreich und Deutschland ähnlich: 86,7% (Österreich) bzw. 84,5% (Deutschland) Studentinnen stehen 13,3% bzw. 15,5% Studenten gegenüber.

(Die Werte in den nachfolgenden Diagrammen 60-62 sind zur besseren Darstellung in Probandenzahlen statt in Prozent angeben.)

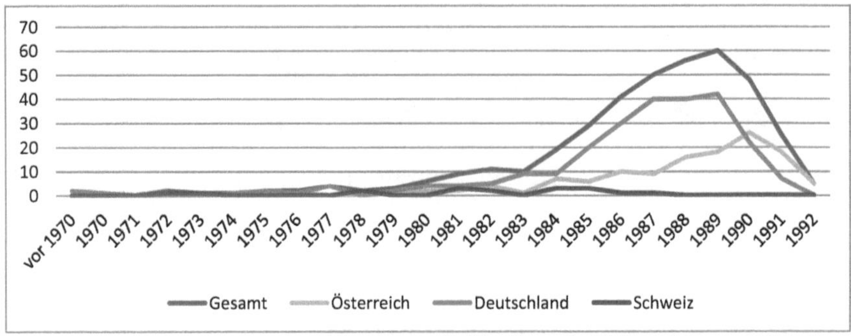

Diagramm 61: Studierende Geburtsjahr nach Ländern

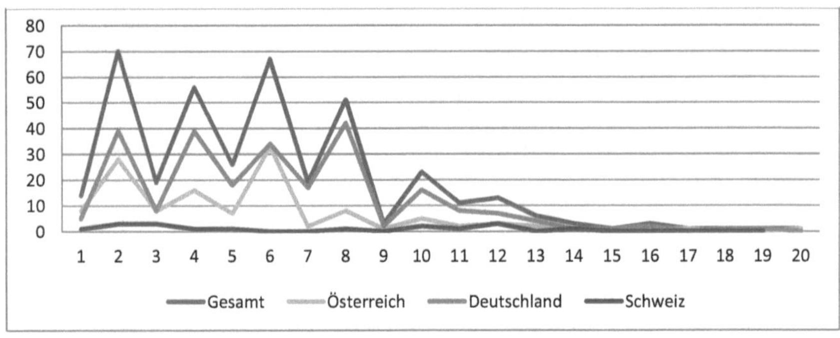

Diagramm 60: Studierende Studiensemester nach Ländern

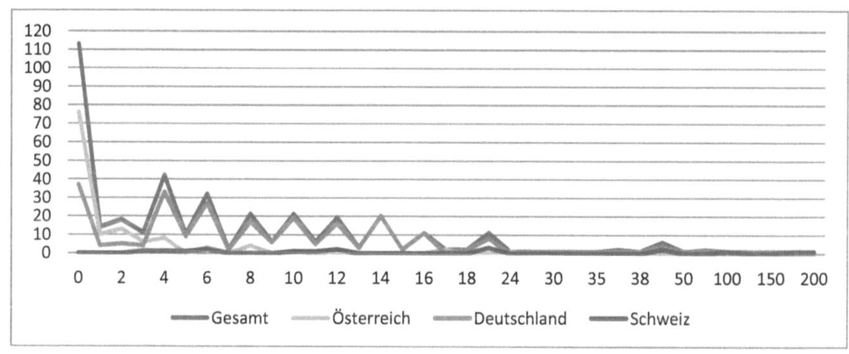

Diagramm 62: Studierende Unterrichtspraxis nach Ländern

Für den Vergleich der Probandengruppen aus Österreich und Deutschland wurden die hinsichtlich der Angaben zur Unterrichtspraxis ausgewählten 366 Fälle als Basis herangezogen.

Im Schnitt sind die deutschen Proband/inn/en um 1,45 Jahre älter als ihre österreichischen Kolleg/inn/en. Gerundet ergeben sich als Mittelwerte die Geburtsjahre 1988 (Österreich) und 1987 (Deutschland) bei einer vergleichbaren Standardabweichung von 3,3 bzw. 3,8 Jahren. Dieser Trend ist auch beim Vergleich der Angaben zum Studiensemester ersichtlich: Durchschnittlich befanden sich die österreichischen Studierenden im 5., die deutschen im 6. Semester, mit einer Standardabweichung von jeweils etwas über 3 Semestern.

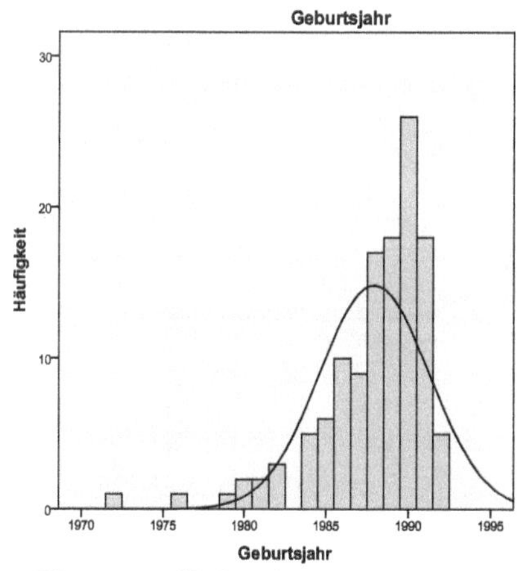

Diagramm 64: Studierende Geburtsjahr (Österreich)

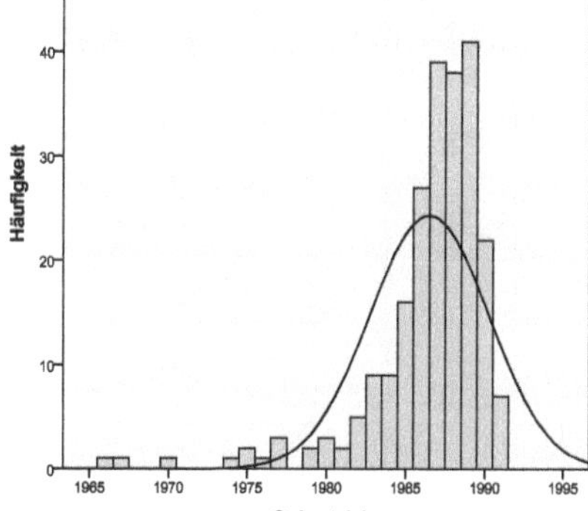

Diagramm 63: Studierende Geburtsjahr (Deutschland)

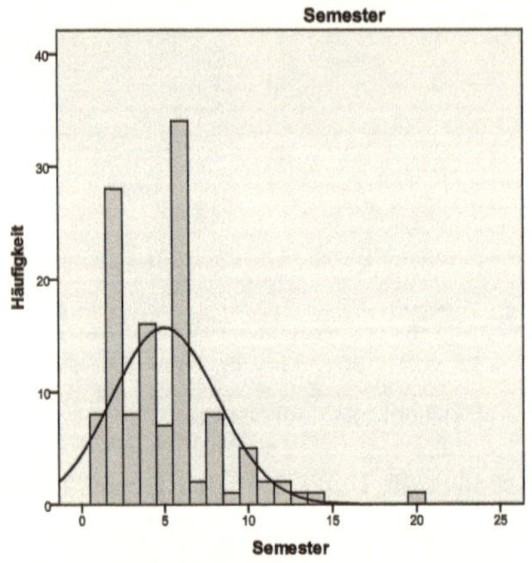

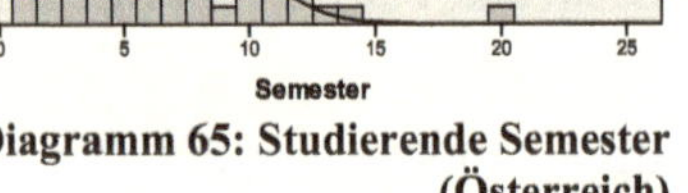

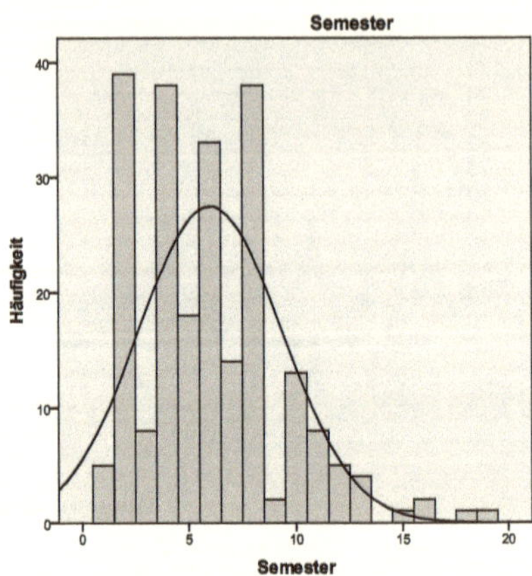

Diagramm 65: Studierende Semester (Österreich)

Diagramm 66: Studierende Semester (Deutschland)

Hinsichtlich der Merkmale Geburtsjahr bzw. Alter und Studiensemester verhalten sich die beiden Stichproben also zwar nicht ident, aber relativ gut vergleichbar. Deutlichere Unterschiede werden bei Betrachtung der bereits absolvierten Unterrichtspraxis sichtbar. Während die deutschen Studierenden im Schnitt bereits 7,5 Wochen Praxiserfahrungen gesammelt hatten, kommen die österreichischen Studierenden hier lediglich auf 1,5 Wochen. Rund 61% der Proband/inn/en aus Österreich hatten zum Befragungszeitpunkt noch überhaupt keine Unterrichtserfahrung, in der deutschen Stichprobe waren dies lediglich 16%, was vor allem durch die unterschiedlichen Studienpläne bedingt wird.

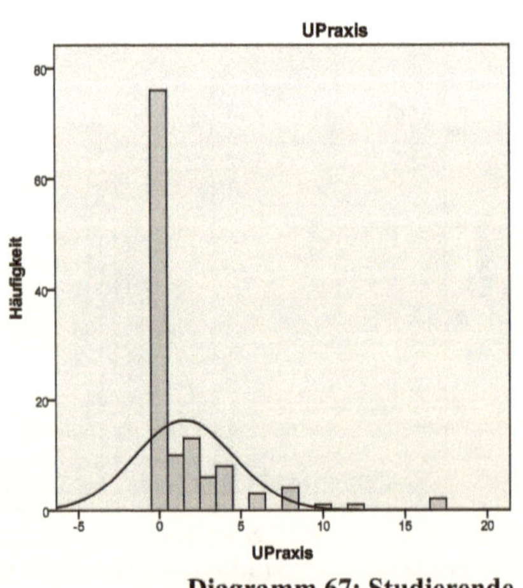

Diagramm 67: Studierende Unterrichtspraxis (Österreich)

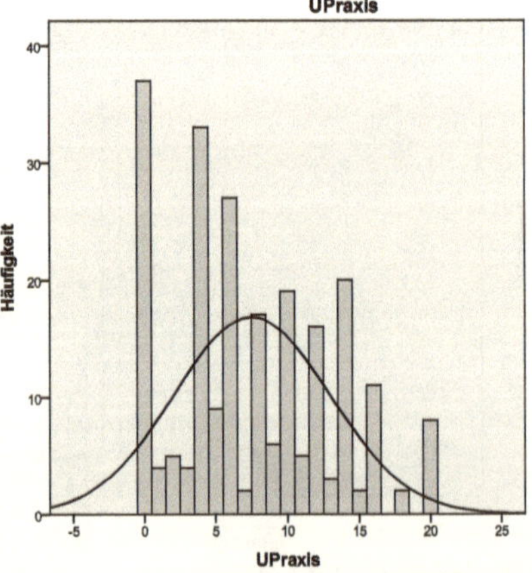

Diagramm 68: Studierende Unterrichtspraxis (Deutschland)

Auch was die Wahl des Zweitfaches anbelangt, unterscheiden sich die Stichproben der einzelnen Länder. Besonders beliebte Zweitfächer sind Geschichte und eine oder mehrere Fremdsprachen, wobei diese Kombinationen in der österreichischen Stichprobe häufiger auftreten als in der deutschen. Insgesamt kombinieren nur 12,6% der Studierenden Deutsch mit einem sogenannten MINT-Fach; in Deutschland sind es immerhin rund 16%, in Österreich lediglich knappe 8%. Wie Diagramm 69 zeigt, werden bei der Studienwahl auch Geschlechterunterschiede deutlich: Während Frauen eher zu Fremdsprachen tendieren, favorisieren männliche Studierende das Unterrichtsfach Geschichte. Auch die MINT-Fächer werden traditionell eher von Männern belegt, wobei die Diskrepanz mit 16,4% zu 11,9% weniger stark ausfällt, als zu erwarten gewesen wäre.

In der Schweizer Stichprobe, die ja nur aus Studentinnen besteht, hatte keine einzige Probandin ein MINT-Fach belegt.

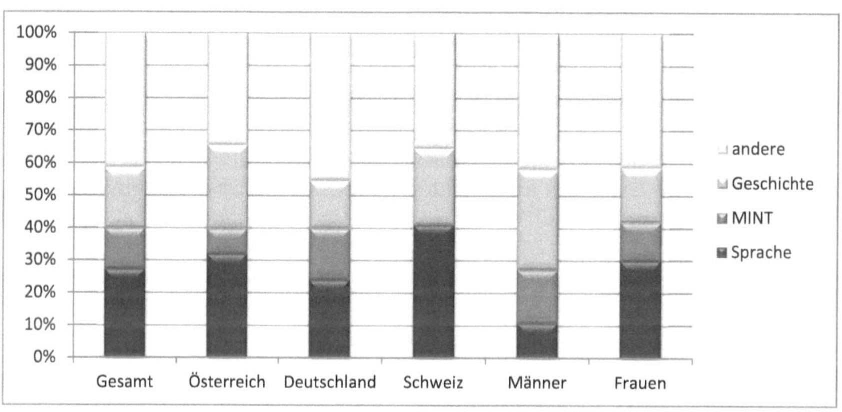

Diagramm 69: Studierende Zweitfach nach Kategorie

1.3.3 Mediävistik im Studium

Um eine Untersuchung des Zusammenhanges zwischen den Studienerfahrungen und den Vorstellungen von der späteren Unterrichtsgestaltung zu ermöglichen, wurde jeweils nach dem beliebtesten und dem am wenigsten beliebten Teilbereich im Germanistikstudium (Items 12 und 13) sowie nach jenem Teilfach, in dem sich das Thema der Abschlussarbeit ansiedelt (Item 9), gefragt. Daneben wurden noch die allgemeine Studienzufriedenheit (Item 11) sowie die Einschätzung der Qualität des Lehramtsstudiums im Vergleich zu einem Studium vor 20 Jahren (Item 14) erhoben.

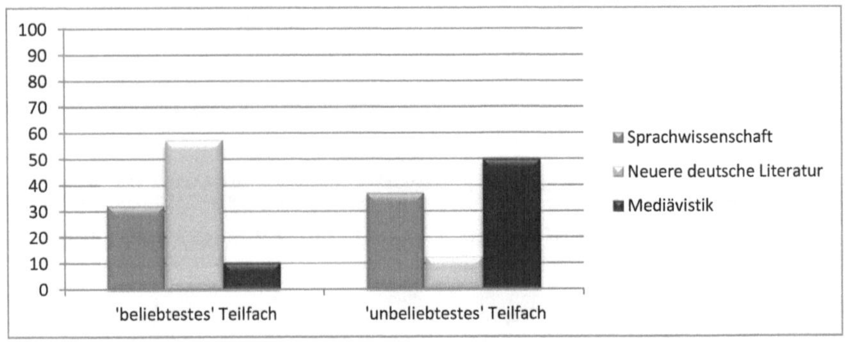

Diagramm 70: Studierende Wahrnehmung der Fachbereiche

Die Ergebnisse fallen relativ eindeutig aus: Die Germanistische Mediävistik dürfte Lehramtsstudierende generell nicht sonderlich ansprechen, wobei hier teilweise große Unterschiede zwischen den einzelnen Ländern und Universitäten festgestellt werden können, auf die zu einem späteren Zeitpunkt noch näher eingegangen wird. Nur rund 10% der Proband/inn/en nennen die Germanistische Mediävistik als jenen Teilbereich, der sie im Studium am meisten interessiert. Für etwas mehr als die Hälfte der Befragten stellt sie hingegen die unbeliebteste Fachrichtung dar.

Noch am beliebtesten scheint die Mediävistik bei den österreichischen Studierenden zu sein: In dieser Gruppe geben immerhin 17,2% an, dass sie dieser Teilbereich im Studium am meisten anspricht. Unter den deutschen Studierenden tun dies lediglich 6,5%, sowie 2 der Schweizer Probandinnen, was aufgrund der geringen Stichprobengröße einem Anteil von 11,8% entspricht (vgl. Diagramm 71). Auch bei der Frage nach der am wenigsten ansprechenden Fachrichtung im Studium schneidet die GM unter den Studierenden in Österreich etwas besser ab als in Deutschland, wobei sie in beiden Gruppen deutlich den unbeliebtesten Teilbereich darstellt. Lediglich unter den 17 Schweizer Probandinnen führt die Sprachwissenschaft das ‚Negativ-Ranking' an (vgl. Diagramm 72).

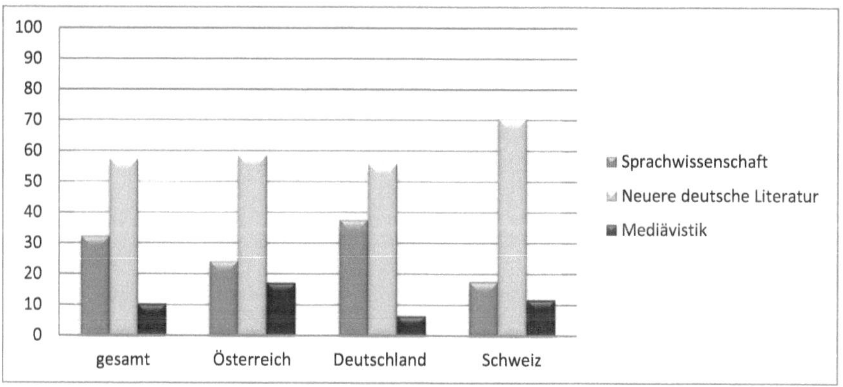

Diagramm 71: Studierende ansprechendster Fachbereich

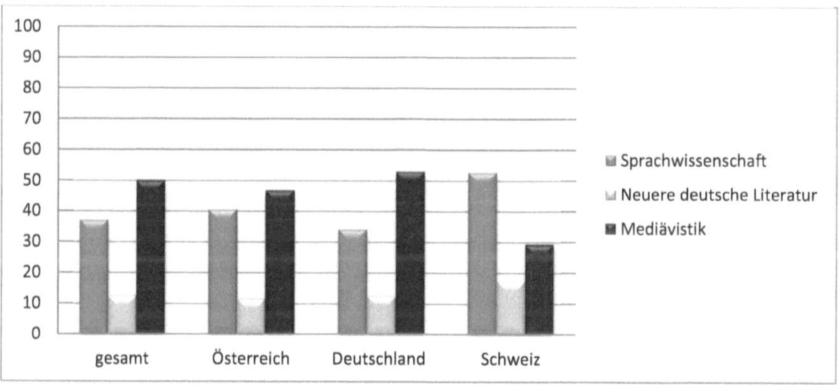

Diagramm 72: Studierende am wenigsten ansprechender Fachbereich

Dementsprechend gering ausgeprägt ist auch die Bereitschaft, eine Diplom- bzw. Abschlussarbeit in diesem Bereich zu verfassen. Auch hier rangiert die Mediävistik – mit großem Abstand – auf dem letzten Platz (siehe Diagramm 73), wobei natürlich auch die unterschiedlichen Betreuungskapazitäten an den einzelnen Instituten eine Rolle spielen dürften.

Da es sich bei den Items 12 und 13 um Ranking-Antworten handelt, bedeuten die Ergebnisse natürlich nicht zwingend, dass die GM von den Studierenden durchwegs als negativ empfunden wird bzw. auf reines Desinteresse stößt. Die Tatsache, dass die Ergebnisse quer durch (fast) alle Probandengruppen[31] so eindeutig für bzw. in diesem Fall ‚gegen' die GM im Vergleich zu den anderen beiden Teilbereichen ausfallen, sollte

31 Vgl. hierzu Kapitel 1.4: Universitäten im Vergleich, Grazer Ergebnisse

jedoch zu denken geben. Der Schluss liegt nahe, dass die Mediävistik Lehramtsstudierenden vergleichsweise (zu) wenig zu bieten hat.

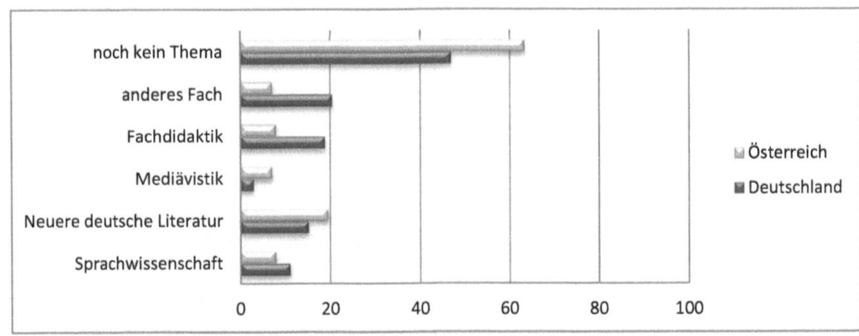

Diagramm 73: Studierende (geplante) Diplomarbeit nach Fachbereichen

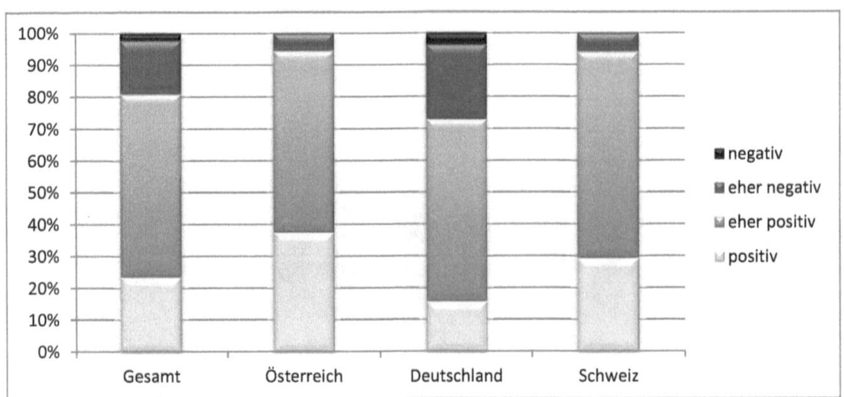

Diagramm 74: Studierende Wahrnehmung Studium allgemein

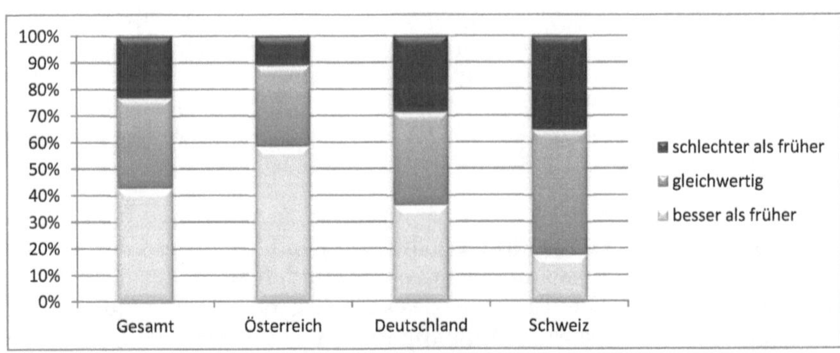

Diagramm 75: Studierende Qualität des Lehramtsstudiums

Grundsätzlich empfindet ein Großteil der Proband/inn/en das Germanistikstudium als positiv, auch die Qualität der Ausbildung wird von vielen als „besser als früher" oder zumindest „etwa gleichwertig" eingeschätzt. Am höchsten dürfte den Angaben zu Folge die Studienzufriedenheit[32] in Österreich sein: 94,5% empfinden ihr Studium im Fach Germanistik positiv oder eher positiv; nur 10,9% der Studierenden glauben, dass die Qualität des Lehramtsstudiums früher besser war.

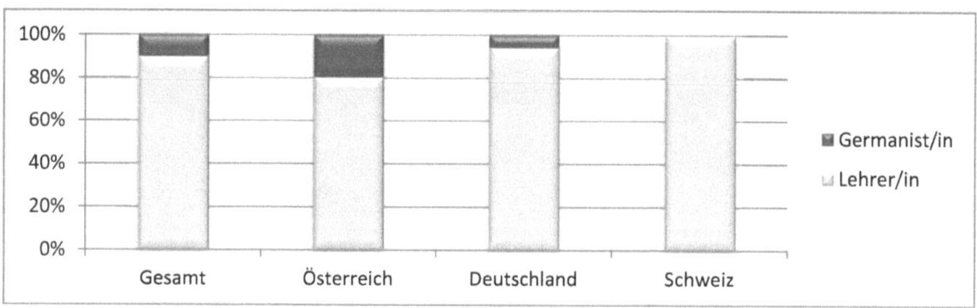

Diagramm 76: Studierende Selbsteinschätzung 1

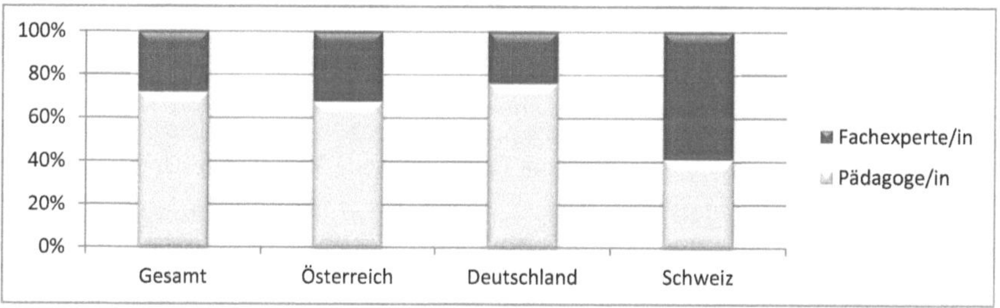

Diagramm 77: Studierende Selbsteinschätzung 2

Laut eigenen Angaben sehen sich die wenigsten Lehramtsstudierenden als zukünftige Germanist/inn/en (siehe Diagramm 76). Für die meisten Proband/inn/en dürfte in ihrem zukünftigen Beruf die erzieherische Komponente vorrangig sein; die Rolle als wissenschaftlich/fachliche Expert/inn/en scheint vergleichsweise eher marginale Bedeutung zu haben (vgl. auch Diagramm 77).

32 Sofern man die beiden Items zur Wahrnehmung des Germanistikstudiums und zur Einschätzung der Qualität der Lehramtsausbildung als Indikatoren für die allgemeine Studienzufriedenheit annimmt.

1.3.4 Eigene Schulerfahrungen mit mittelalterlicher Literatur und Sprache und Einschätzung des Interesses heutiger Schüler/innen

Neben einem möglichen Zusammenhang zwischen Studienerfahrungen und der späteren Unterrichtsgestaltung galt es – analog zur Befragung der Deutschlehrer/innen – auch die eigene Schulerfahrung mit dem Mittelalter zu erheben. Im Vergleich mit den unterschiedlichen Altersgruppen der Lehrer/innen vermag dieses Item auch Aufschluss über ein mögliches, sukzessives Verschwinden mittelalterlicher Inhalte aus dem Deutschunterricht im Laufe der letzten Jahre bzw. Jahrzehnte geben.

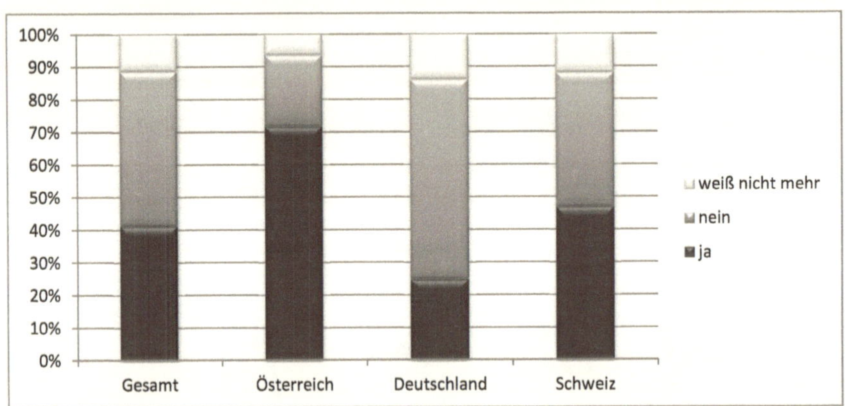

Diagramm 78: Studierende MAL in der eigenen Schulzeit

Insgesamt können sich nur rund 41% der Studierenden daran erinnern, in ihrer eigenen Schulzeit etwas über mittelalterliche Literatur und Sprache gelernt zu haben. In Österreich, wo eine Behandlung mittelalterliche Literatur zumindest im AHS-Bereich in der Sekundarstufe 2 im Lehrplan vorgesehen ist, sind es rund 72%, wobei natürlich zu bedenken ist, dass nicht alle Studierenden ihre Studienberechtigung durch eine AHS-Laufbahn erlangen.

Jene Studierenden, die angaben, in ihrer Schulzeit etwas über mittelalterliche Sprache und Literatur gelernt zu haben, wurden auch nach ihrem Interesse am Thema Mittelalter im Unterricht gefragt. Während ein Großteil der österreichischen Studierenden und jener der kleinen Schweizer Stichprobe angeben, sich für das Mittelalter im Deutschunterricht interessiert zu haben, sind es unter ihren deutschen Kolleg/inn/en nur etwas weniger als die Hälfte. Auch der Anteil jener Proband/inn/en, die meinten, sich nicht erinnern zu können, ob mittelalterliche Sprache und Literatur für sie von Interesse waren, ist hier mit über 10% am höchsten.

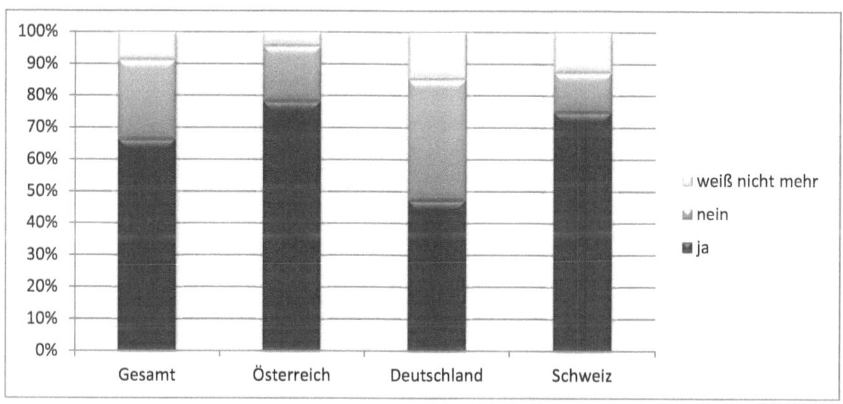

Diagramm 79: Studierende Interesse am MAL in der eigenen Schulzeit

Nach dem Interesse heutiger Schüler/innen gefragt, sind die zukünftigen Lehrer/innen eher skeptisch: Nur die wenigsten Studierenden glauben, in heutigen Schulklassen am Mittelalter interessierte Schüler/innen vorzufinden. Rund 40% der österreichischen und mehr als die Hälfte der deutschen Studierenden meinen, dass geringes bis gar kein Interesse vorherrscht. „Sehr großes Interesse" wird überhaupt nur ein einziges Mal (in der deutschen Stichprobe) angeben und ist daher im unten stehenden Diagramm kaum ersichtlich. Wenngleich österreichische Studierende, die im Schnitt ihre eigenen Schulerfahrungen mit mittelalterlicher Sprache und Literatur positiver einschätzen, auch ein geringfügig höheres Interesse bei heutigen Schüler/innen vermuten, wird von ihnen offenbar nicht zwingend von den eigenen Vorlieben in der Schulzeit auf jene heutiger Schüler/innen geschlossen:[33] Ein großer Teil der Befragten (jeweils über 40%) schätzt das Schülerinteresse vorsichtig nur mit „mittelmäßig" ein.

33 Die Angaben zum Interesse der Studierenden können natürlich nicht direkt auf Schüler/innen ihrer Jahrgänge umgelegt werden, da die Wahl eines Germanistikstudiums eine überdurchschnittlich ausgeprägte Affinität zu Literatur und Sprache bereits während der Schulzeit nahelegt. Trotzdem können die Diskrepanzen zwischen dem durchaus großen eigenen Interesse und der vergleichsweise niedrigen Einschätzung des allgemeinen Schülerinteresses zumindest als auffällig gelten.

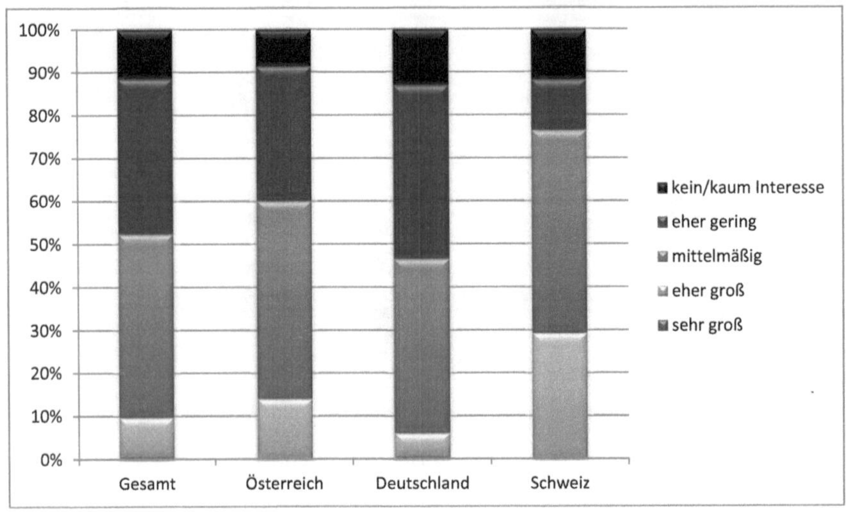

Diagramm 80: Studierende Einschätzung Schülerinteresse

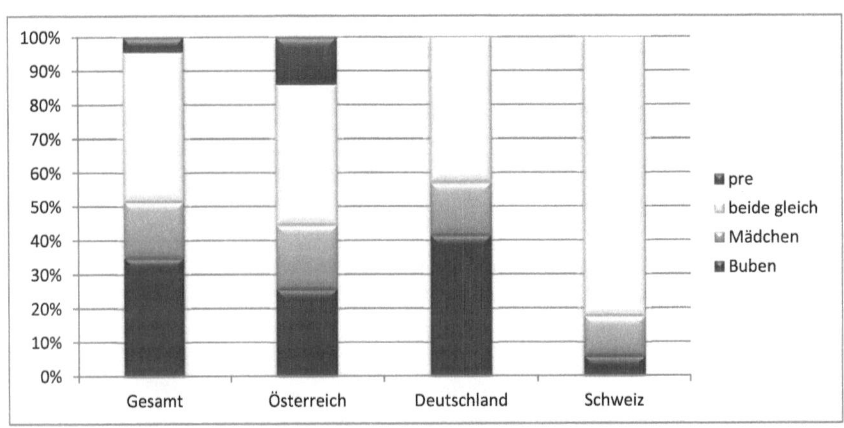

Diagramm 81: Studierende Einschätzung Schülerinteresse nach Geschlecht

Zusätzlich zur allgemeinen Einschätzung des Interesses heutiger Schüler/innen wurden die Studierenden auch danach gefragt, bei welchem Geschlecht ihrer Meinung nach das Interesse an mittelalterlicher Sprache und Literatur ausgeprägter ist: Rund 25% der österreichischen und über 40% der deutschen Proband/inn/en glauben, das Interesse von Buben wäre vergleichsweise größer. Deutlich weniger, nämlich 18,8% der österreichischen und 15,5% der deutschen Studierenden, votieren hingegen für ein höheres Interesse bei Mädchen. Jeweils etwas über 40% schätzen das Interesse bei beiden Geschlechtern gleich ein.

Vergleicht man die Ergebnisse dieser Geschlechtereinschätzung mit den eigenen Angaben zum Interesse in der Schulzeit der Studierenden (siehe Diagramm 87) wird der Trend zum größeren Interesse bei männlichen Schülern nicht bestätigt: Das Interesse von weiblichen Studierenden war offenbar etwa gleich stark (Deutschland) oder sogar deutlich stärker ausgeprägt – zumindest in der rückblickenden Beurteilung.

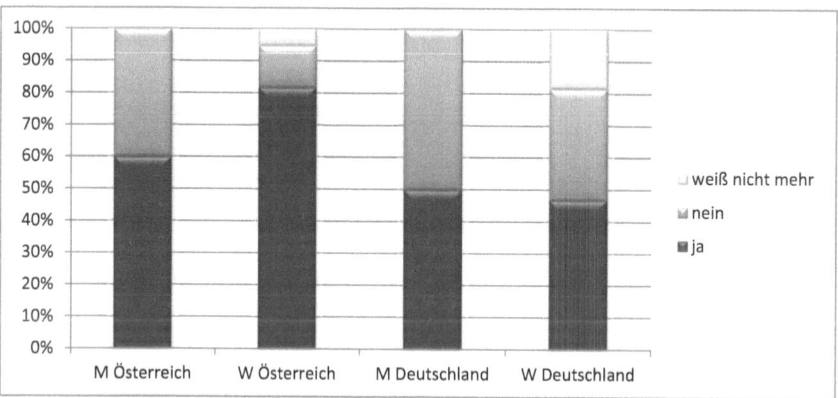

Diagramm 82: Studierende MAL-Interesse eigene Schulzeit nach Geschlecht

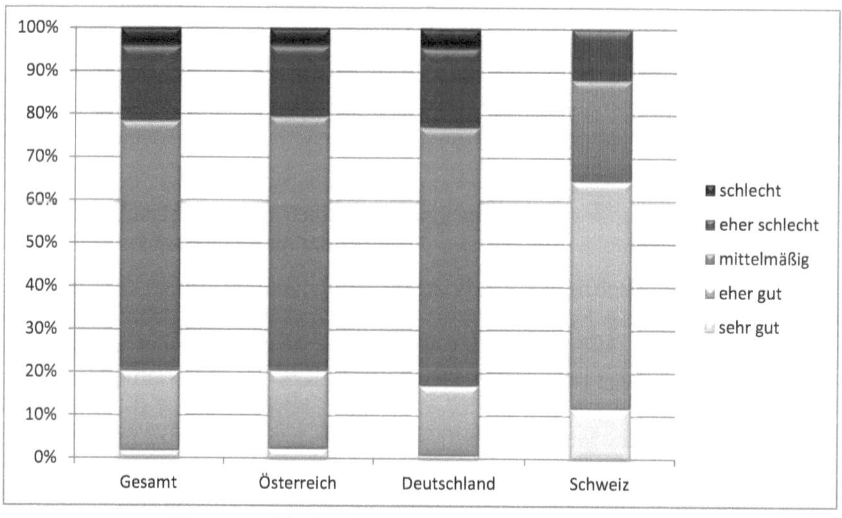

Diagramm 83: Studierende Qualität des Schulsystems im eigenen Land

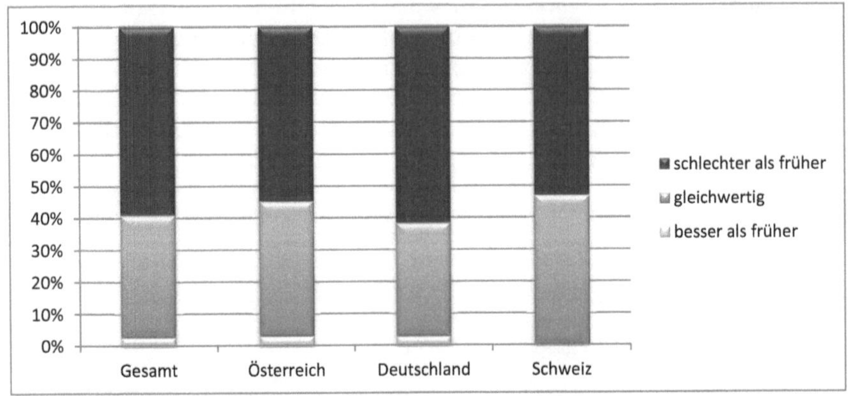

Diagramm 84: Studierende Einschätzung der Deutschkompetenz von Schüler/innen

Im Rahmen der allgemeinen Angaben zu Schule und Studium wurden die Studierenden auch gebeten, das jeweilige Schulsystem des eigenen Landes sowie die Deutschkompetenz heutiger Schüler/innen im Vergleich zu ihrer eigenen Schulzeit zu beurteilen. Die Auswertung der beiden Items ist hier der Vollständigkeit halber in den Diagrammen 83 und 84 dargestellt. Da sich im Rahmen der Analysen keine Zusammenhänge mit dem Proband/inn/enverhalten hinsichtlich mittelalterlicher Sprache und Literatur im Unterricht ergaben, werden diese Ergebnisse an späterer Stelle nicht noch einmal aufgegriffen.

1.3.5 Einschätzung der Relevanz germanistisch-mediävistischer Inhalte im Unterricht

Analog zu den Lehrer/innen wurden auch die Studierenden gefragt, welche literarischen Epochen sie in der Sekundarstufe 2 behandeln würden, könnten Sie (neben der Gegenwartsliteratur) nur zwei auswählen, und wie sie zu einer Streichung des Mittelalters aus den Lehrplänen stehen, um – gemeinsam mit anderen Items – Hinweise auf die Einschätzung der Relevanz mittelalterlicher Sprache und Literatur im Deutschunterricht zu erhalten.

Insgesamt landet das Mittelalter im Epochenranking auf Platz 5, es ist also die am 5-häufigsten genannte Epoche und wurde in Summe von 12,1% der Studierenden angegeben. Vergleicht man die einzelnen Länderstichproben, werden deutliche Unterschiede sichtbar: So wird das Mittelalter von mehr als einem Viertel der österreichischen Studierenden

(26,6%) angegeben und ist damit – nach der Klassik – die am zweithäufigsten genannte Epoche (siehe Diagramm 87). In der deutschen Stichprobe landet es hingegen nur auf Platz 10 (dies entspricht einer Nennung von 4,1% der Proband/inn/en), unter den 17 Schweizer Studentinnen immerhin auf Platz 4.

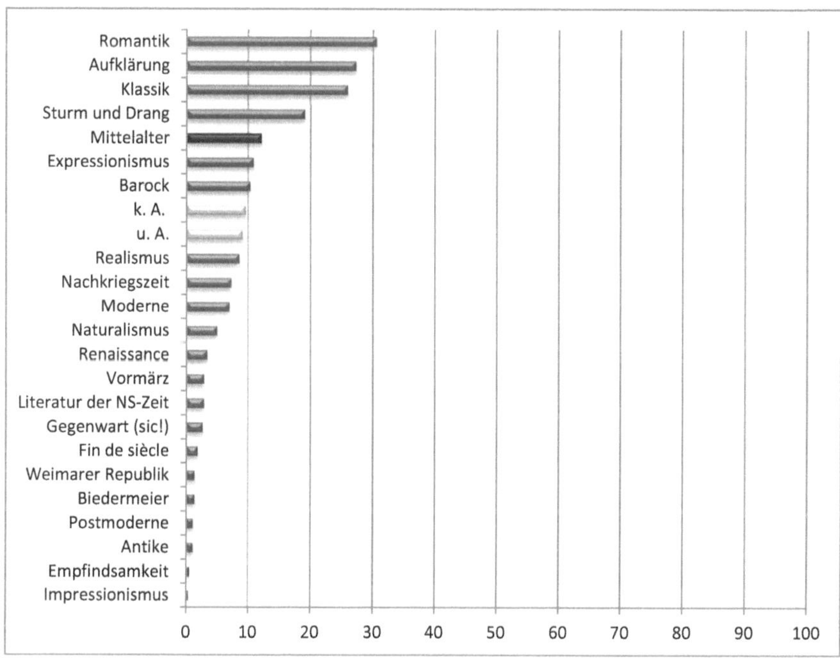

Diagramm 85: Studierende Epochen (gesamt)

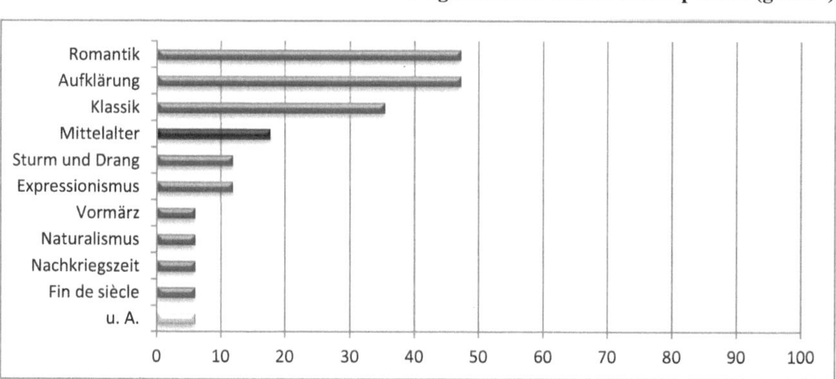

Diagramm 86: Studierende Epochen (Schweiz)

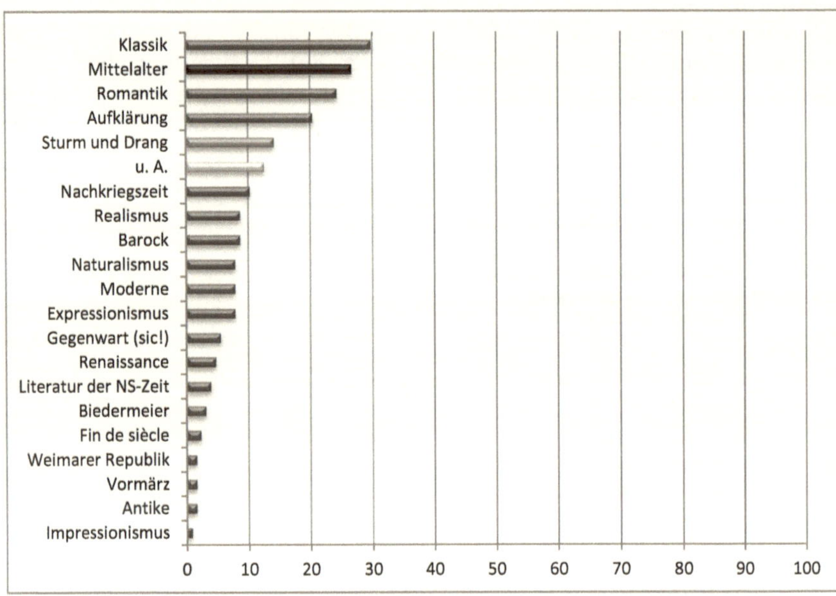

Diagramm 87: Studierende Epochen (Österreich)

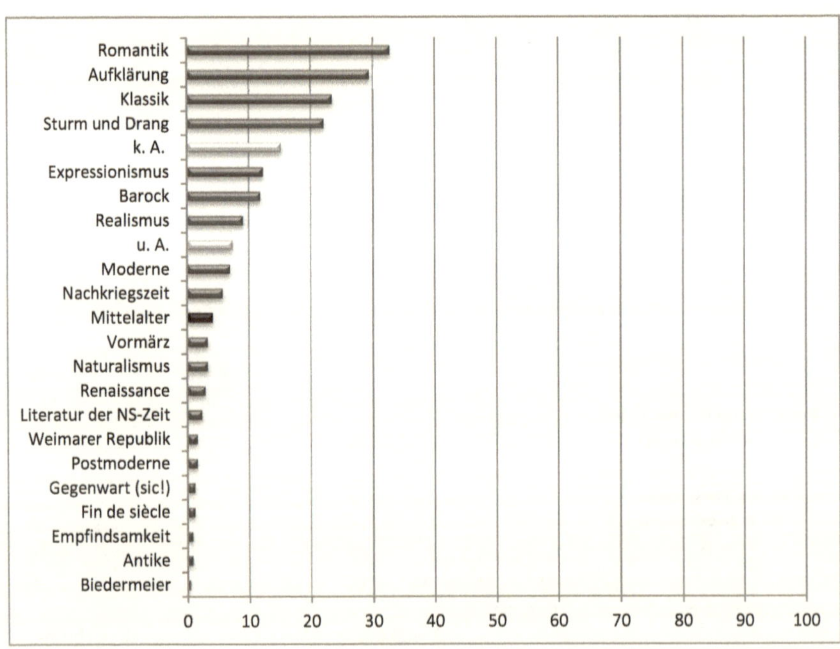

Diagramm 88: Studierende Epochen (Deutschland)

Für eine unbedingte Streichung des Mittelalters aus den Deutsch-Lehrplänen sprechen sich nur wenige Studierende aus; etwas mehr als die Hälfte würde aber eine Streichung zumindest unter gewissen Umständen befürworten. Die wenigsten Studierenden geben in der deutschen Stichprobe an, dezidiert gegen eine Streichung zu sein, die meisten unter den 17 Schweizer Teilnehmer/innen. In der österreichischen Gruppe lehnen 46,9% der Proband/innen eine Streichung generell ab.

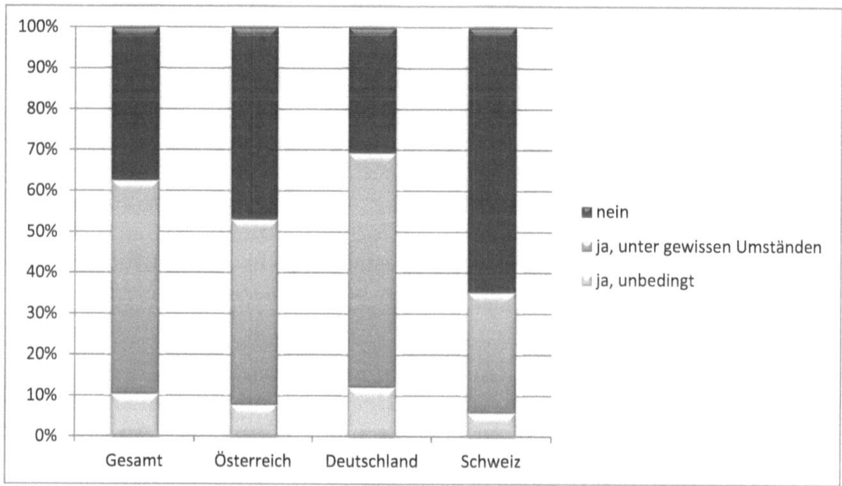

Diagramm 89: Studierende Streichung des MAL aus den Lehrplänen

Zusätzliche Rückschlüsse auf die Einschätzung der Relevanz mediävistischer Inhalte im Deutschunterricht erlauben die Items 23, 24 und 31 sowie 26 bis 28. So kann z. B. die Tatsache, dass zwar unter Umständen geplant ist, mediävistische Inhalte durchzunehmen, diese aber aus Sicht der Studierenden nicht als Prüfungsthema (Item 31) in Frage kommen, als Indiz gedeutet werden, dass diesen Themen vergleichsweise weniger Bedeutung beigemessen wird. Man möchte schließlich in der Regel jene Wissens- bzw. Kompetenzbereiche (über-)prüfen, die man als wichtig für die (Aus-)Bildung der Schüler und Schülerinnen einstuft.

1.3.6 Mittelalterliche Literatur und Sprache in der späteren Unterrichtsgestaltung

Die Items 23 bis 31 betrafen Vorstellungen zur späteren Unterrichtsgestaltung. So wurden die Studierenden etwa gefragt, in welchen Klassen sie das Mittelalter behandeln würden, wie viele Unterrichtsstunden sie aufwenden würden, welche Autoren, Texte und Themen sie verwenden würden, ob sie planen, althochdeutsch und mittelhochdeutsche Texte einzusetzen, oder ob sie sich vorstellen können, einmal Unterrichtprojekte bzw. spezielle Themenschwerpunkte mit ‚Mittelalterbezug' zu gestalten. Die Fragstellungen zur Unterrichtsgestaltung waren analog zur Befragung der Deutschlehrer/innen angelegt. Das heißt, wo die Lehrer/innen zu ihrer tatsächlichen Unterrichtspraxis gefragt wurden, sollten die Studierenden angeben, wie sie sich derzeit die Unterrichtsgestaltung bezüglich mittelalterlicher Sprache und Literatur vorstellen.[34] Inwieweit sich Studienanfänger und fortgeschrittene Studierende hinsichtlich ihrer Vorstellungen zur Gestaltung des Deutschunterrichts unterscheiden, wird in weiterer Folge noch untersucht werden (siehe Kapitel 1.4).

Aufgrund der unterschiedlichen Stichprobengrößen und zur besseren Vergleichbarkeit mit der Befragung der Deutschlehrer/innen wurden auch im Rahmen der Auswertung der Items 26 und 27 (Autoren und Texte) wieder Quotienten errechnet.[35]

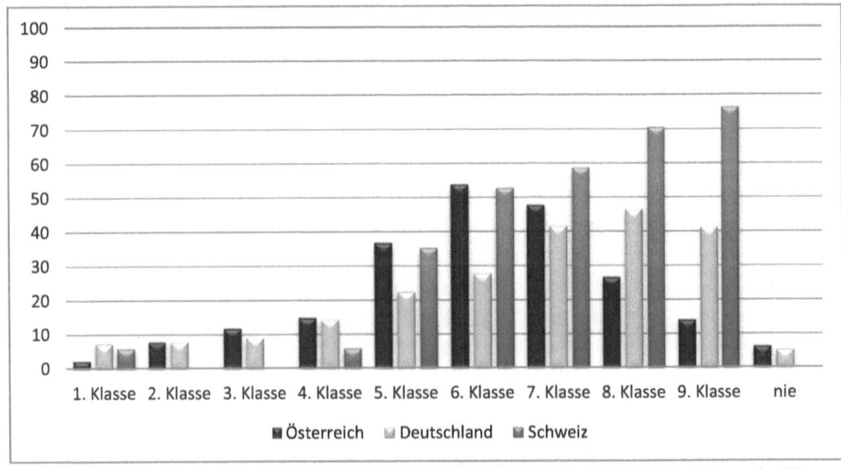

Diagramm 90: Studierende Behandlung des Mittelalters in Klasse

34 Zur Konzeption der Items und Quotienten siehe auch Kapitel 1.3 MIDU Lehrer/innen

35 Vgl. ebda.

Die meisten Studierenden würden das Mittelalter eher in der Sekundarstufe 2 behandeln, wobei die österreichischen Proband/innen (konform zu den derzeit in Österreich geltenden Lehrplänen) zu einer Behandlung am Beginn der Oberstufe tendieren, während die deutschen und Schweizer Studierenden eher höhere Klassen angeben. Die meisten Teilnehmer/innen geben hier mehrere Klassen an: Im Schnitt würden deutsche und österreichische Studierende das Mittelalter 2,3 Mal pro Jahrgang, die teilnehmenden Schweizer Kolleginnen 3 Mal pro Jahrgang behandeln. Nur 5,3% (Deutschland) bzw. 6,3% (Österreich) der Studierenden geben bei dieser Frage an, das Mittelalter in keiner Klasse behandeln zu wollen. Allerdings meinen rund 11% der deutschen Studierenden, dass sie für die Behandlung des Mittelalters keine Unterrichtsstunden aufwenden würden (vgl. Diagramm 90 und 91).

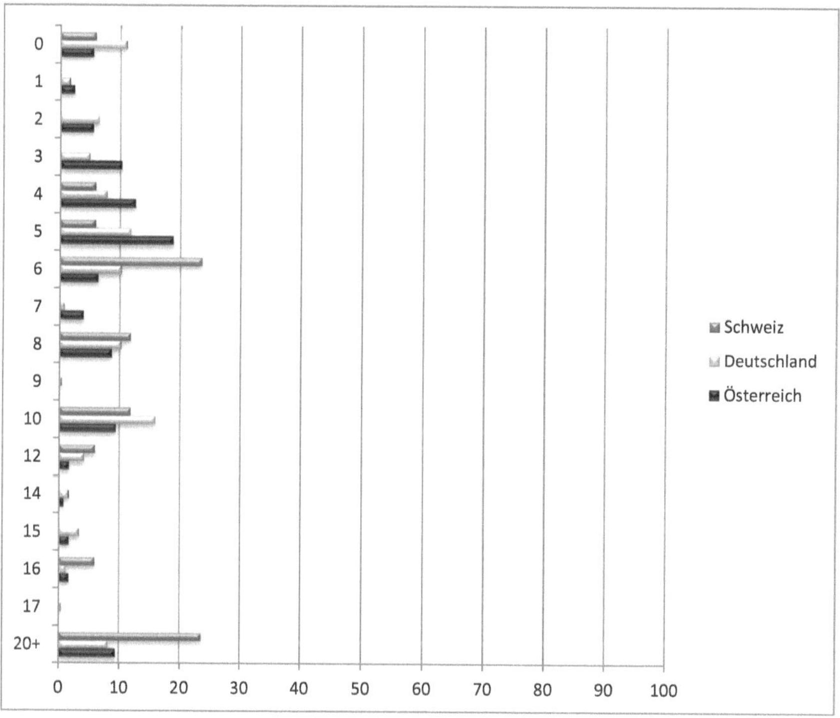

Diagramm 91: Studierende Stundenaufwand gruppiert

Durchschnittlich würden österreichische und deutsche Studierende knapp 8 Stunden für eine Behandlung des Mittelalters veranschlagen, nur in der kleinen Schweizer Gruppe liegt dieser Wert mit rund 12 Stunden etwas höher.

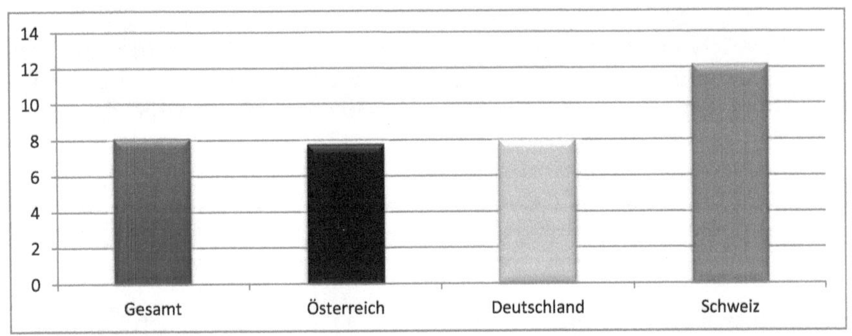

Diagramm 92: Studierende Stundenaufwand Mittelwert

1.3.6.1 Autoren, Texte und Themen

Die Items 26, 27 und 28 befassten sich mit mittelalterlichen Autoren und Texten sowie Themen rund um das Mittelalter, die im Unterricht aufgegriffen werden könnten. Die Proband/inn/en wurden also gefragt, welche Autoren, Texte und Themen sie im Deutschunterricht behandeln würden. Für die Antworten standen ihnen je 5 Freitextfelder zur Verfügung, wobei in das letzte Feld mehrere Angaben (getrennt durch Kommata) gemacht werden konnten. Jene Teilnehmer/innen, die später keine mittelalterlichen Autoren, Texte oder Themen im Unterricht behandeln wollen, waren aufgefordert „keine" ins erste Feld einzutragen und anschließend mit der Befragung fortzufahren. So sollte eine Abgrenzung zwischen jenen Proband/inn/en, die keine diesbezüglichen Unterrichtsschwerpunkte setzen möchten, und jenen, die hier einfach – aus welchen Gründen auch immer – keine Angabe machen wollten, ermöglicht werden.

Wie bei allen Fragen die Unterrichtsgestaltung betreffend gilt es auch hier zu bedenken, dass es sich bei den Angaben der Studierenden um ‚Momentaufnahmen' handelt – also um Vorstellungen, die sie zum Befragungszeitpunkt von ihrer zukünftigen Unterrichtstätigkeit hatten. Diese können sich im Laufe des Studiums sowie während ihrer späteren Berufspraxis natürlich noch verändern. Auch ist davon auszugehen, dass vor allem jene Studierende, die noch einige Studienjahre vor sich haben, unter Umständen in Zukunft weiteren – ihrer Meinung nach für den Unterricht geeigneten – Autoren und Texten begegnen, die ihnen zum Untersuchungszeitpunkt nicht bekannt waren.

Aufgrund der unterschiedlichen Stichprobengrößen wurden zusätzlich zu den jeweiligen Rankings auch Autoren- und Textquotienten errechnet, die anzeigen, wie viele gültige Angaben zu den beiden Items von den Studierenden im Schnitt gemacht wurden. Diese Quotienten geben also an, wie viele unterschiedliche Autoren und Texte die Studierenden der jeweiligen Länderstichprobe im Unterricht behandeln würden.

Bei divergierenden Schreibweisen von Eigennamen wird in allen Diagrammen, Tabellen und Auflistungen stets jene Version angegeben, die auch von der Mehrzahl der Proband/inn/en verwendet wurde.

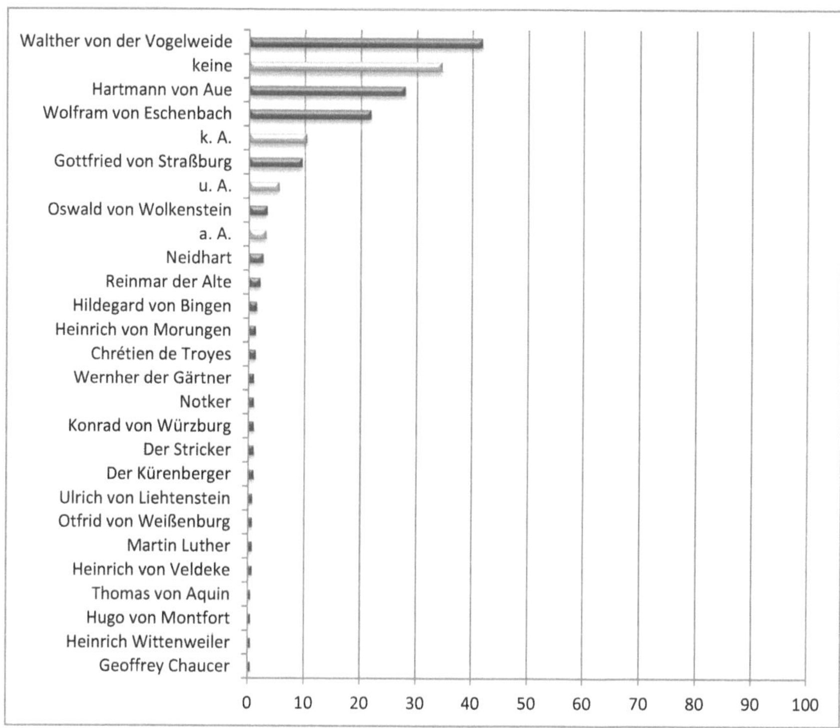

Diagramm 93: Studierende Autoren gesamt

Einzelnennungen: Heinrich der Gleißner; Heinrich Seuse; Johannes Tauler; Heinrich von dem Türlin; Der Pfaffe Konrad; Herrand von Wildonie; Mechthild von Magdeburg; Albrecht von Johansdorf; Heinrich Kaufringer; Meister Eckhart; Boccaccio

Von etwas über 40% der Studierenden angegeben, ist Walther von der Vogelweide mit großem Abstand der am häufigsten genannte Autor, den die Proband/inn/en im Unterricht behandeln würden. Er dürfte wohl auch (nicht nur) unter den Studierenden der bekannteste mittelalterliche Autor generell sein. Ihm folgen Hartmann von Aue, Wolfram von Eschenbach und – bereits mit deutlichem Abstand – Gottfried von Straßburg. Alle anderen Autoren wurden jeweils von weniger als 4% der Proband/inn/en genannt.

Rund ein Drittel der Studierenden geben an, später gar keine mittelalterlichen Autoren im Unterricht behandeln zu wollen; „keine" ist damit die zweithäufigste Antwort. Weitere 10,3% der Studierenden machten keine Angabe, etwas über 5% der Antworten mussten als ungültig (u.A.) gewertet werden, da es sich nicht um mittelalterliche Autoren handelte. Unter allgemeine Angaben (a.A.), die 3,1% ausmachen, wurden Antworten wie „die Wichtigsten", „die bekanntesten Dichter" etc. zusammengefasst.

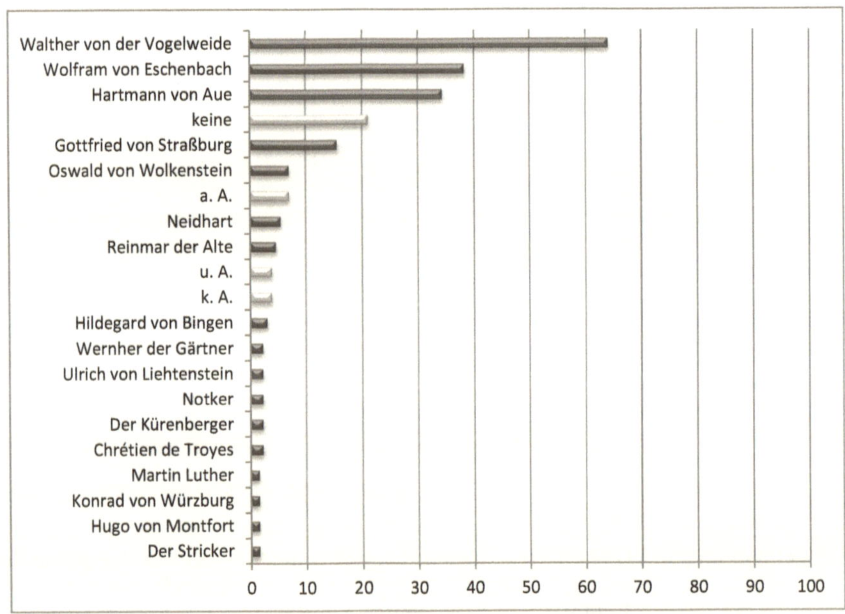

Diagramm 94: Studierende Autoren (Österreich)

Einzelnennungen: Heinrich der Gleißner; Heinrich von Veldeke; Heinrich Seuse; Otfrid von Weißenburg; Johannes Tauler; Heinrich von dem Türlin; Der Pfaffe Konrad; Mechthild von Magdeburg; Thomas von Aquin; Albrecht von Johansdorf

Über 40% der deutschen Studierenden geben an, gar keine mittelalterlichen Autoren im Unterricht behandeln zu wollen – „keine“ ist in dieser Gruppe damit die häufigste Antwort. In der österreichischen und der kleinen Schweizer Stichprobe wird diese Antwort weitaus seltener gewählt (knapp über bzw. unter 20%). Die jeweils meistgenannten Autoren (Walther, Hartmann, Wolfram und Gottfried) entsprechen mit kleinen Reihungsunterschieden im Wesentlichen der Gesamtauswertung.

Bereits auf den ersten Blick und ohne den Quotientenvergleich (siehe Diagramm 106) wird ersichtlich, dass die österreichischen Studierenden nicht nur insgesamt insgesamt mehr Autoren nennen, sondern auch mehr unterschiedliche Autoren anführen als ihre Kolleg/inn/en aus der deutschen Stichprobe (und das obwohl letztere fast doppelt so groß ist). Inwieweit diese Ergebnisse nun tatsächlich auf die Vorstellungen zur späteren Unterrichtsgestaltung umzulegen sind, lässt sich natürlich nur schwer sagen, da diese erheblichen Unterschiede eventuell auch darauf hindeuten könnten, dass österreichische Studierende im Laufe ihres Studiums oder bereits in der Schulzeit einfach mehr (unterschiedliche) Autoren kennenlernen und daher an dieser Stelle auch mehr Namen präsent haben (unabhängig von der Einschätzung ihrer Eignung für den Einsatz im Unterricht).

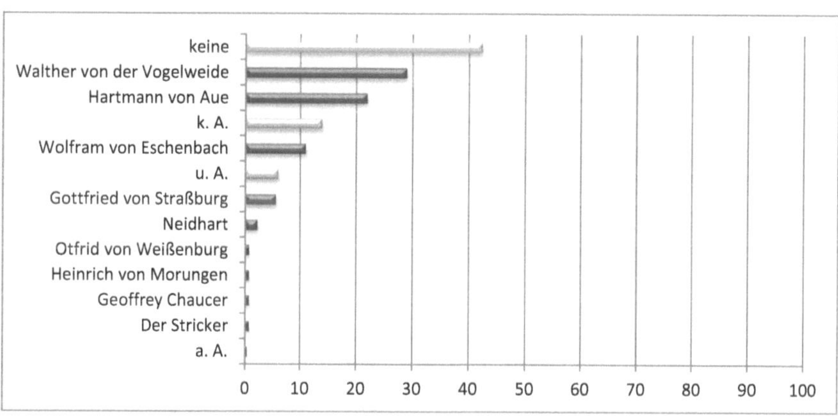

Diagramm 95: Studierende Autoren (Deutschland)

Einzelnennungen: Chrétien de Troyes; Der Kürenberger; Heinrich von Veldeke, Martin Luther; Wernher der Gärtner, Hildegard von Bingen; Konrad von Würzburg; Reinmar der Alte; Notker, Thomas von Aquin; Heinrich Wittenweiler; Heinrich Kaufringer, Meister Eckhart; Boccaccio

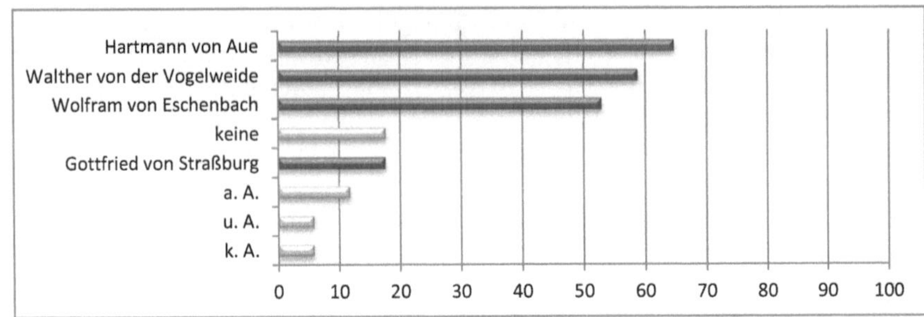

Diagramm 96: Studierende Autoren (Schweiz)

Einzelnennungen: Chrétien de Troyes; Heinrich von Morungen; Heinrich von Veldeke; Oswald von Wolkenstein; Hildegard von Bingen; Konrad von Würzburg; Reinmar der Alte; Herrand von Wildonie; Heinrich Wittenweiler;

Die Antworten auf die Frage nach den Texten, die Studierende im Unterricht behandeln würden, konnten in Freitextfelder eingetragen werden. Zur besseren Übersichtlichkeit wurden die Angaben im Zuge der Auswertung in 2 Gruppen (allgemeine Angaben und Titelangaben, also konkrete Werksbezeichnungen) unterteilt. Der Wortlaut und die Schreibweise der Einzelnennungen[36] wurden – bereinigt um etwaige Tippfehler – im Wesentlichen beibehalten. Wie in Diagramm 98 ersichtlich, handelt es sich bei einem Großteil der genannten Beispiele um mittelhochdeutsche Texte. Vereinzelt wurden auch althochdeutsche, frühneuhochdeutsche und Texte anderer Sprachen angegeben.

Der meistgenannte Text ist das Nibelungenlied[37] gefolgt von Parzival, Erec, Tristan und Iwein. Wie schon bei der Frage nach den mittelalterlichen Autoren ist „keine" auch hier in der deutschen Stichprobe die häufigste Antwort. Rund 36% der deutschen Studierenden würden also (auch) keine mittelalterlichen Texte im Unterricht behandeln, der Wert liegt damit etwas unter jenem bei der Frage nach den Autoren (42,4%). Neben den großen epischen Texten werden auch einzelne Minnelieder (Falkenlied, Lindenlied u.a.) bzw. „Minnelieder"[38] als allgemeine Kategorie angegeben. Die meistgenannten althochdeutschen Textbeispiele sind das Hildebrandslied und die Merseburger Zaubersprüche; sie werden vor allem von österreichischen Studierenden genannt.

36 Nennungen, die jeweils nur von einem Probanden bzw. einer Probandin gemacht wurden.

37 Mit Ausnahme unter den 17 Schweizer Studentinnen (siehe Diagramm 104)

38 Analog zur Befragung der Lehrer/innen wurden Minnelieder und Tagelieder als getrennte Kategorien erfasst (siehe hierzu auch S. Kapitel 1.1).

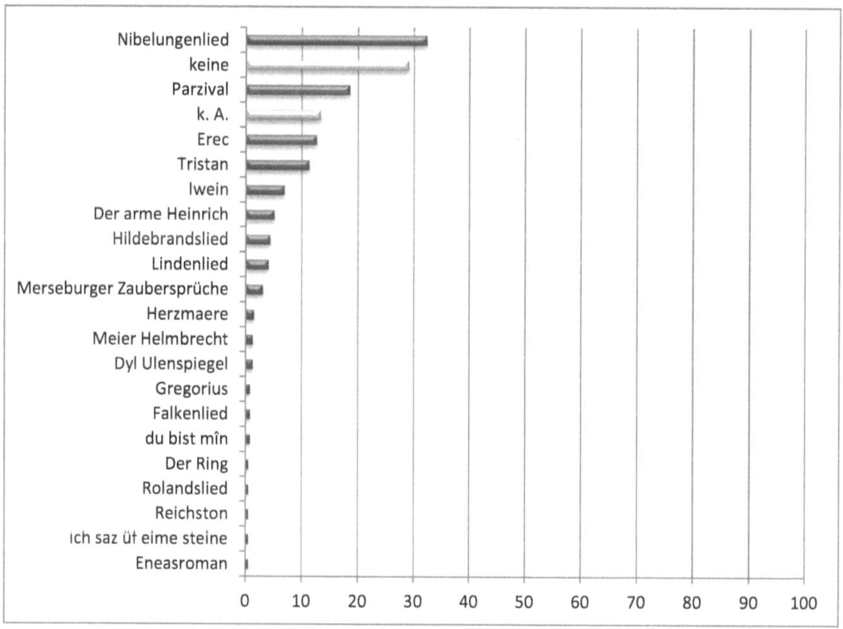

Diagramm 97: Studierende Texte (gesamt)

Einzelnennungen: Der Ackermann von Böhmen; Die Nachtigall; herzeliebes frouwelîn; nemt, frouwe, disen kranz; Reinhart Fuchs; Reynke de Vos; Sommerlied 23; Alexanderroman; Annolied; Fortunatus; Frauendienst; Frauenbuch; Heliand; König Rother; Otfrids Evangelienbuch; Stand auff, Maredel; Willehalm; Der betrogene Gatte; Der Pfaffe Amis; Evangelienharmonie; Physiologus; Herzog Ernst; Beowulf; die krone; Kudrun; Ring; Sendbrief vom Dolmetschen; Wulfilabibel; An den christlichen Adel deutscher Nation; beati pauperes spiritu; Carmina Burana; Titurel, Liber (h)ymnorum

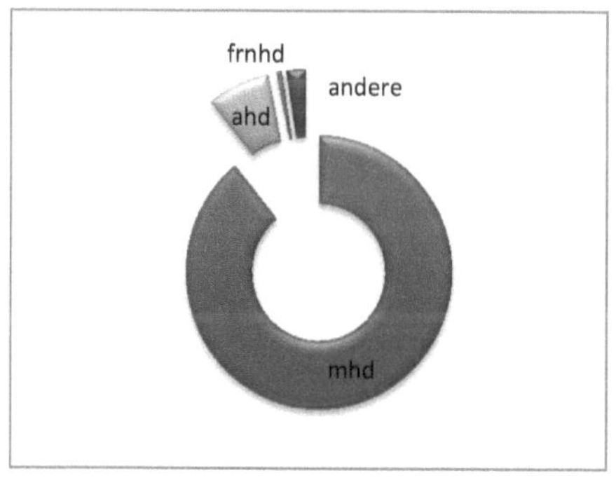

Diagramm 98: Studierende Texte nach Sprachstufen

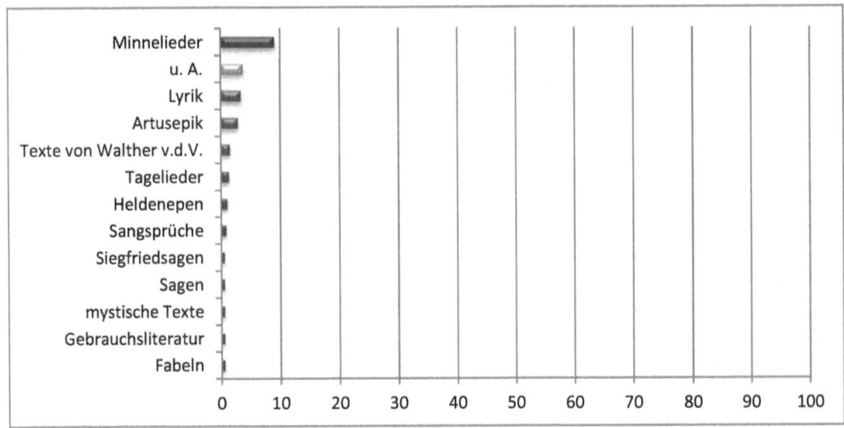

Diagramm 99: Studierende Texte (gesamt) Zusatz

Einzelnennungen: satirische Texte; Texte vom Stricker; Turnierbeschreibungen; Heilswissen; Texte von Heinrich Kaufringer; komische und anstößige Märe; Texte der Walther und Reinmar Fehde; bîspeln; Texte aus dem Sagenkreis um Dietrich von Bern; Texte von Chaucer; Gesetzestexte; politischer Lieder; Texte, die Lebenswelt und Geisteshaltung beschreiben; Texte von Hildegard von Bingen; Neidhart Lieder; Texte von Oswald von Wolkenstein; Codex Manesse

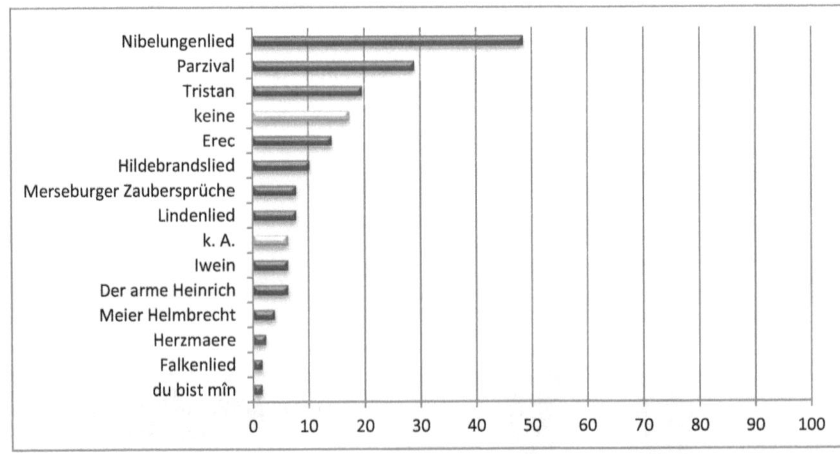

Diagramm 100: Studierende Texte (Österreich)

Einzelnennungen: Der Ackermann von Böhmen; Die Nachtigall; herzeliebes frouwelîn; Nemt, frouwe, disen kranz; Reichston; Reinhart Fuchs; Reynke de Vos; Rolandslied; Sommerlied 23; Annolied; Frauendienst; Frauenbuch; Stand auff, Maredel; Evangelienharmonie; Physiologus; Beowulf; die Krone; Sendbrief vom Dolmetschen; Wulfilabibel; An den christlichen Adel deutscher Nation; Titurel; Liber hymnorum

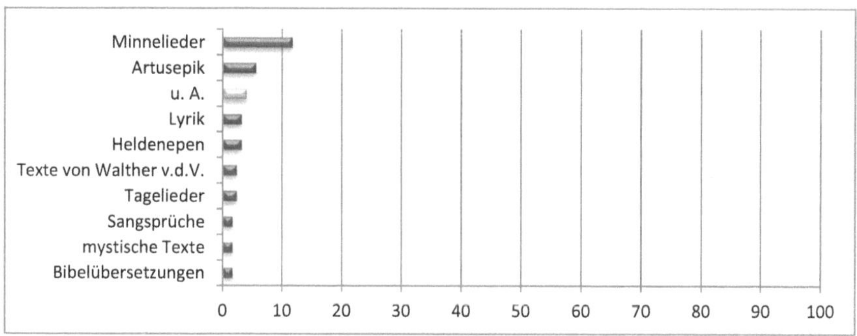

Diagramm 101: Studierende Texte (Österreich) Zusatz

Einzelnennungen: Gebrauchsliteratur; Turnierbeschreibungen; Texte aus dem Sagenkreis um Dietrich von Bern; politische Lieder; Texte, die Lebenswelt und Geisteshaltung beschreiben; Texte von Hildegard von Bingen; Neidhart Lieder; Texte von Oswald von Wolkenstein; Codex Manesse

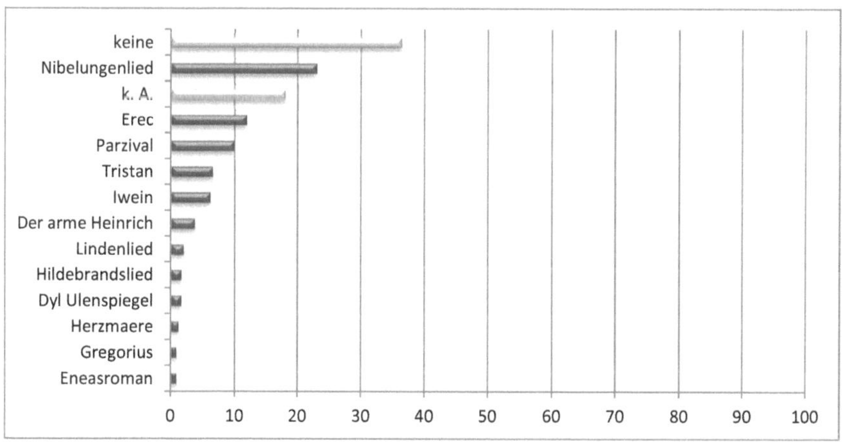

Diagramm 102: Studierende Texte (Deutschland)

Einzelnennungen: du bist mîn…; Falkenlied; ich saz ûf eime steine; Merseburger Zaubersprüche; Reichston; Rolandslied; Alexanderroman; Fortunatus; Heliand; König Rother; Otfrid Evangelienbuch; Willehalm; Der Pfaffe Amis; Kudrun; Der Ring; beati pauperes spiritu

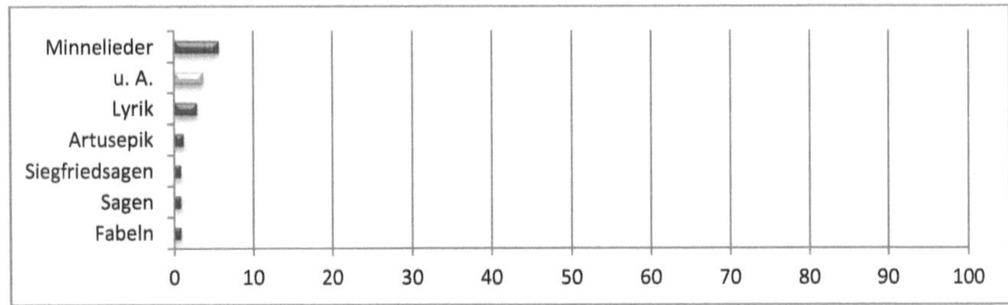

Diagramm 103: Studierende Texte (Deutschland) Zusatz

Einzelnennungen: Gebrauchsliteratur; Texte von Walther von der Vogelweide; Tagelieder; satirische Texte; Texte vom Stricker; Texte von Heinrich Kaufringer; komische und anstößige Märe; Sangsprüche; bîspeln; Gesetzestexte

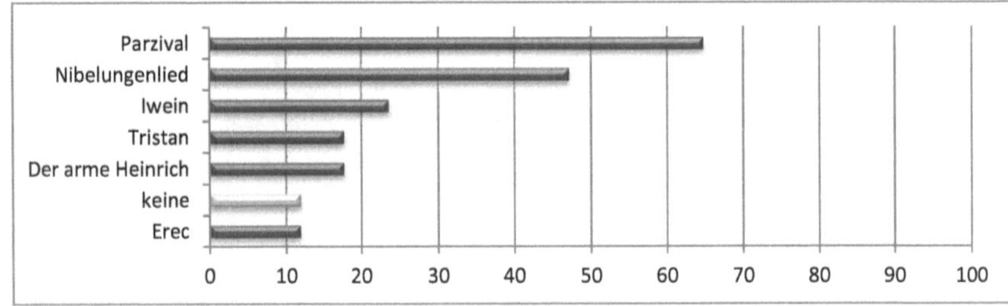

Diagramm 104: Studierende Texte (Schweiz)

Einzelnennungen: Dyl Ulenspiegel; Gregorius; ich saz ûf eime steine; Lindenlied; Merseburger Zaubersprüche; Der betrogene Gatte; Chaucer; Herzog Ernst; Der Ring; Carmina Burana

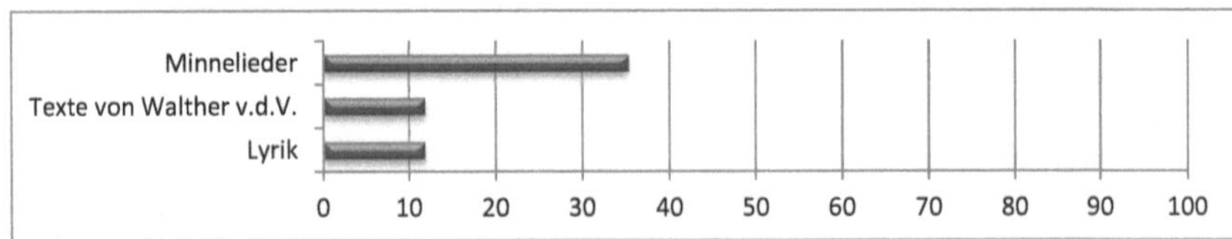

Diagramm 105: Studierende Texte (Schweiz) Zusatz

Einzelnennungen: Artusepik; Tagelieder; Heilswissen; Texte der Walther/Reinmar Fehde

Autoren- und Textquotienten

Zur besseren Vergleichbarkeit der einzelnen Stichproben wurden zusätzlich zu den auf den vorhergehenden Seiten dargestellten Rankings noch sogenannte Quotienten errechnet, die die durchschnittliche Anzahl der Nennungen pro Proband/in angeben.

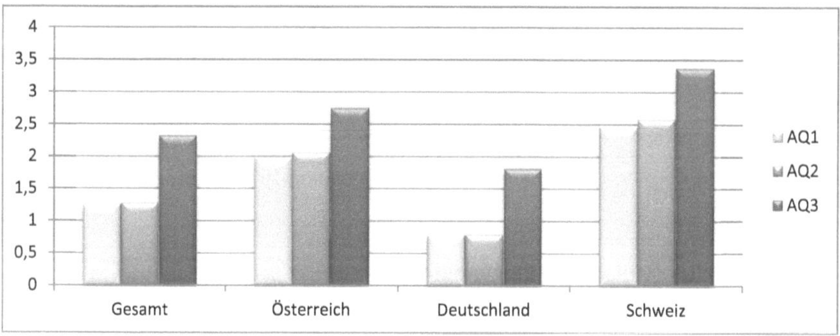

Diagramm 106: Studierende Autorenquotient

‚Autorenquotient' (Anzahl der Autorennennungen pro Proband/in):

AQ1 Autorennennungen exklusive allgemeine Angaben / alle Proband/inn/en

AQ2 Autorennennungen inklusive allgemeine Angaben / alle Proband/inn/en

AQ3 Autorennennungen inklusive allgemeine Angaben / Proband/innen, die Angaben zu Autoren gemacht haben (also exkl. jener, die ‚keine' gewählt oder keine Angabe gemacht haben.)

Die meisten unterschiedlichen Angaben – sowohl bei den Autoren als auch bei den Texten – machten die 17 Schweizer Studentinnen, die wenigsten die deutschen Studierenden. In dieser Gruppe ist auch der Anteil jener Proband/inn/en am höchsten, die „keine" angaben oder keine Angaben machten, was sich im Unterschied zwischen AQ2 und 3, bzw. TQ 2 und 3 ausdrückt. Die österreichischen Ergebnisse liegen jeweils zwischen jenen der Schweizer und der deutschen Stichprobe. Demnach würden österreichische Studierende im Schnitt 2,8 Autoren und 2,9 Texte im Unterricht behandeln (AQ3 und TQ3).

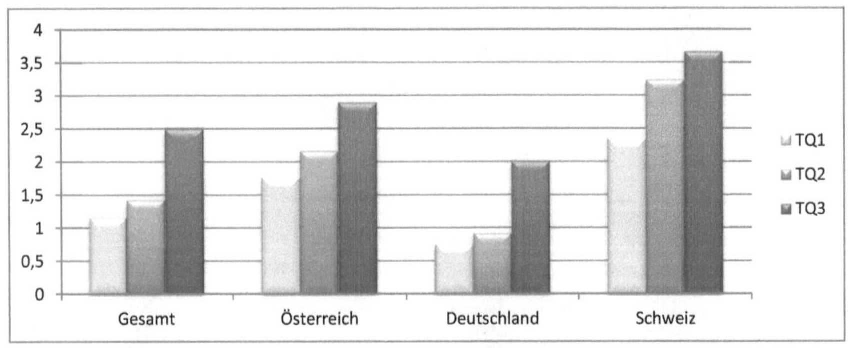

Diagramm 107: Studierende Textquotient

‚Textquotient'(Anzahl der Textnennungen pro Proband/in):

TQ1 Textnennungen exklusive allgemeine Angaben / alle Proband/inn/en

TQ2 Textnennungen inklusive allgemeine Angaben / alle Proband/inn/en

TQ3 Textnennungen inklusive allgemeine Angaben / Proband/innen, die Angaben zu Texten gemacht haben (also exkl. jener, die ‚keine' oder „keine mehr" gewählt oder keine Angabe gemacht haben.)

Unterrichtsthemen rund um das Mittelalter

Wie auch bei der Befragung der Lehrer/innen stand bei der Auswertung der Frage nach den Unterrichtsthemen das Bemühen um größtmögliche Authentizität bei der Wiedergabe der Antworten im Vordergrund. Kategorielle Zuordnungen wurden daher so behutsam wie möglich getroffen und richteten sich im Einzelnen nach den Angaben der Proband/inn/en. Sie stimmen daher auch nicht notwendigerweise exakt mit jenen Kategorien der Lehrerbefragung in Kapitel 1.2 überein. Wurden eng verwandte Themen von mehreren Proband/inn/en als getrennte Bereiche angegeben und damit offenbar auch so wahrgenommen, wurden sie auch als eigene Kategorien erfasst. So wurden etwa die beiden Kategorien „Herrschaft/Lehenswesen/Stände" und „Gesellschaft" nicht (analog zur diesbezüglichen Kategorie der Lehrerbefragung) zu einer Großkategorie „Sozialgeschichte" zusammengezogen, sondern einzeln dargestellt.

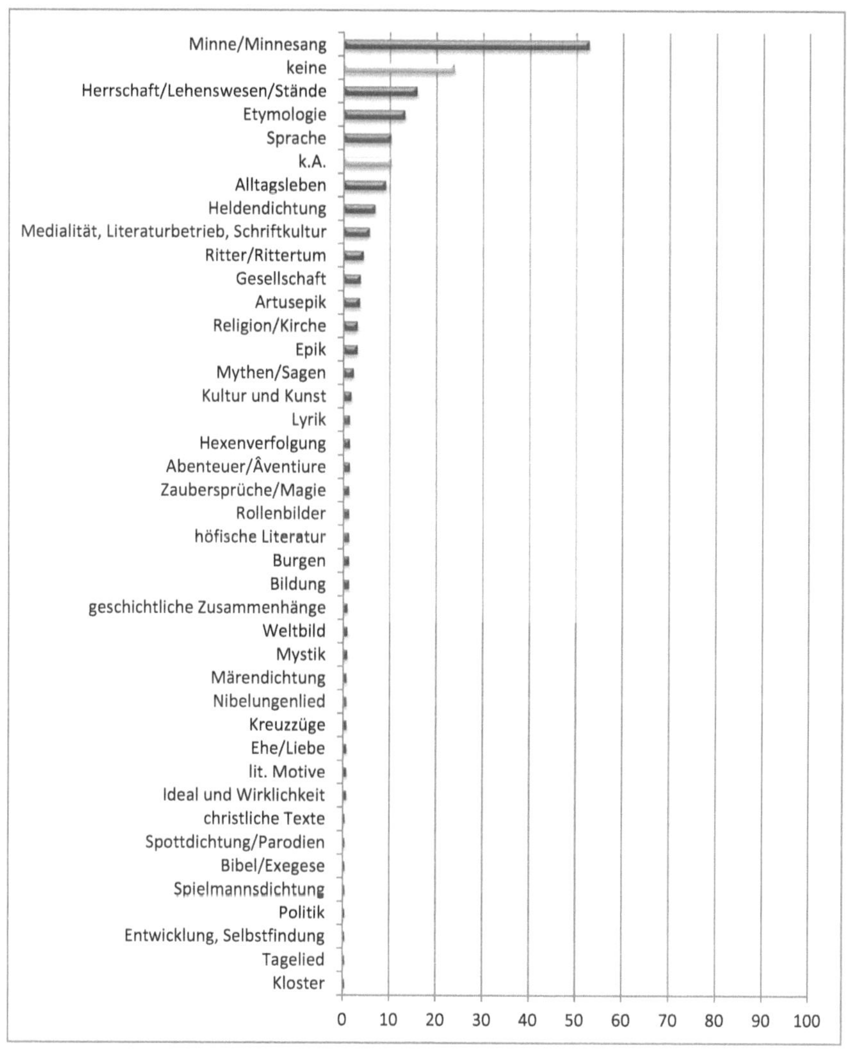

Diagramm 108: Studierende Themen (gesamt)

Einzelnennungen Alterität; Humanismus; Metrik; Reformation; Sachkunde; Sangspruchdichtung; Erbfolgestreit; Musik; Rechtstexte; Reisen; Reisebereichte; Volksbuch; Entdeckung Amerikas; Frage der Ehre; Memorialdichtung; Naturkunde; Sprichwörter/Redensarten; Briefe; die 7 Künste; geschichtlicher Kontext der Texte;

Gralsthematik; Investiturstreit; Pest; Krieg und Frieden, Ritterroman; Wissenschaft; Schwank; Symbolik; Trinklieder

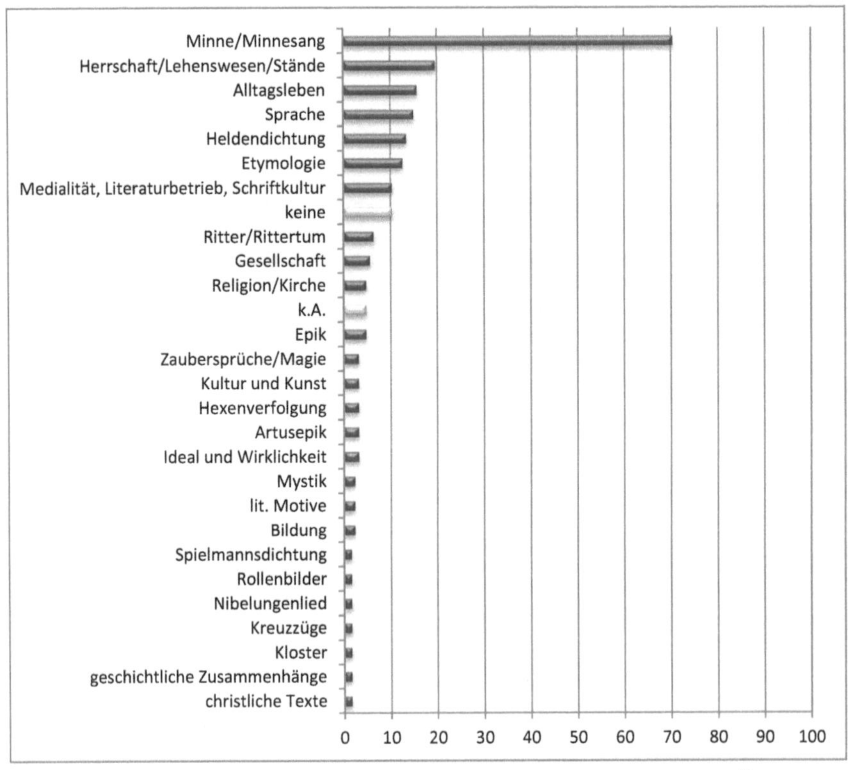

Diagramm 109: Studierende Themen (Österreich)

Einzelnennungen: Burgen; Lyrik; Metrik; Mythen/Sagen; Sachkunde; Selbstfindung/ Entwicklung; Erfindungen; höfische Literatur; Rechtstexte, Reiseberichte; Bibel/Exegese; Entdeckung Amerikas; Naturkunde; Spottdichtung/ Parodien; Kontext der Texte; Gralsthema; Investiturstreit; Pest; Ritteroman; Reisen; Krieg und Frieden;

Die Antwort „keine" wurde bei der Frage nach Themen rund um das Mittelalter, die sie im Unterricht einsetzen würden, seltener gewählt als bei der Frage nach den Autoren und Texten. Das bedeutet also, viele Studierende, die sich (derzeit) nicht vorstellen können, mittelalterliche Autoren und Texte im Unterricht zu behandeln, würden das Mittelalter doch in der einen oder anderen Form thematisieren wollen.

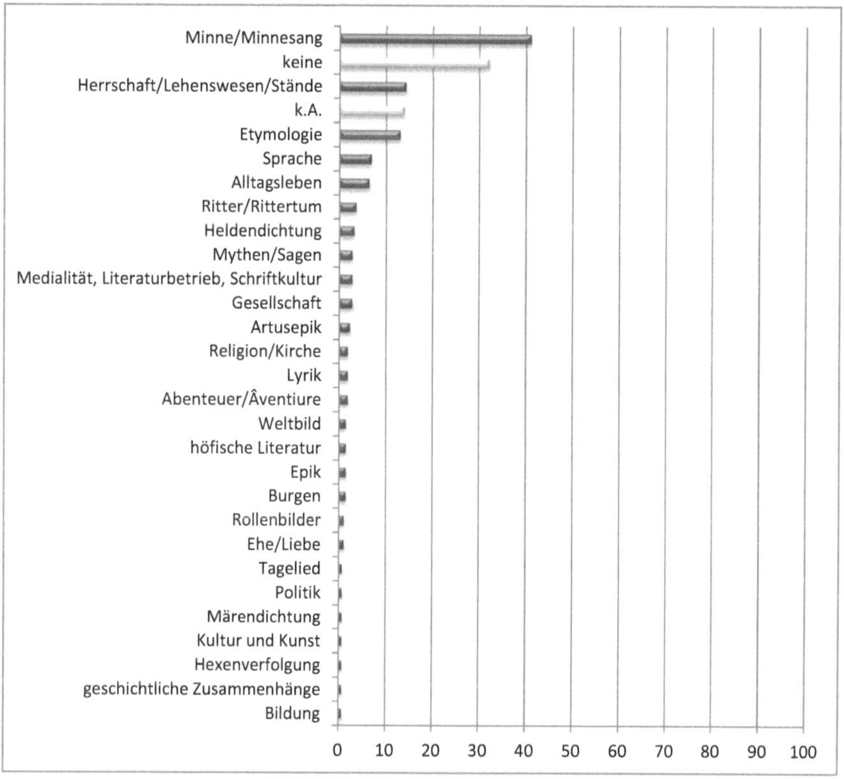

Minne/Minnesang
keine
Herrschaft/Lehenswesen/Stände
k.A.
Etymologie
Sprache
Alltagsleben
Ritter/Rittertum
Heldendichtung
Mythen/Sagen
Medialität, Literaturbetrieb, Schriftkultur
Gesellschaft
Artusepik
Religion/Kirche
Lyrik
Abenteuer/Âventiure
Weltbild
höfische Literatur
Epik
Burgen
Rollenbilder
Ehe/Liebe
Tagelied
Politik
Märendichtung
Kultur und Kunst
Hexenverfolgung
geschichtliche Zusammenhänge
Bildung
0 10 20 30 40 50 60 70 80 90 100

Diagramm 110: Studierende Themen (Deutschland)

Einzelnennungen: Adlermotiv; Alterität; Humanismus; Reformation; Sangspruchdichtung; Zaubersprüche/Magie; Selbstfindung/Entwicklung; Erbfolgestreit; Kreuzzüge; Musik; Nibelungenlied; Volksbuch; Bibel/Exegese; Frage der Ehre; Memorialdichtung; Briefe; die 7 Künste; Schwank;

Minne/Minnesang
Sprache
Etymologie
Artusepik
Medialität, Literaturbetrieb, Schriftkultur
Herrschaft/Lehenswesen/Stände
Heldendichtung
Epik
keine
0 10 20 30 40 50 60 70 80 90 100

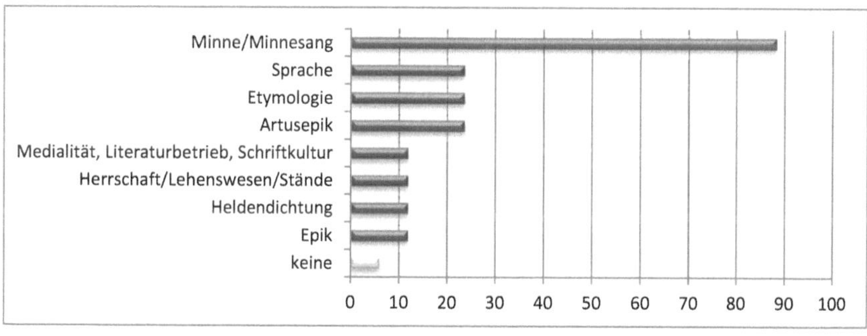

Diagramm 111: Studierende Themen (Schweiz)

Einzelnennungen: Gesellschaft; Kunst und Kultur; Mystik; Mythen/Sagen; Âventiure/Abenteuer; Kirche/Religion; Märendichtung; Spottdichtung/Parodien; Sprichwörter/Redensarten; Wissenschaft; Symbolik; Trinklieder

Neben Minnesang, Sprache und Etymologie stehen für die Studierenden vor allem realhistorische Themen im Vordergrund (etwa Sozialgeschichtliches und Alltagsleben). Vergleichsweise selten werden Bereiche genannt, die direkt mit den in Items 26 und 27 genannten Autoren und Werken korrespondieren, was die Annahme nahelegt, dass die Vorstellungen zur späteren Unterrichtspraxis bei vielen Studierenden noch eher vage und unreflektiert sind. Obwohl offenbar viele Studierende Parzival, Erec, Iwein und Tristan im Unterricht einsetzen würden, finden sich beispielsweise unter den Angaben zu den Themen eher wenige Bereiche, die in offensichtlichem Zusammenhang etwa mit der Artusepik oder den einzelnen Werken stehen würden. Selbiges gilt auch für das Nibelungenlied. Auch ‚gattungstypologische Themen' werden nur vereinzelt genannt.

Insgesamt zeigen die vielfältigen Angaben zu den Themen jedoch, dass das Mittelalter für die Studierenden zumindest kein ‚unbeschriebenes Blatt' ist und es offensichtlich viele Ideen für Themenbereiche gäbe, die sich im Deutschunterricht einsetzen ließen. Man könnte also zu dem Schluss kommen, dass zumindest ein großer Teil der zukünftigen Deutschlehrer/innen hier (bewusst oder unbewusst) durchaus Potential – in unterschiedlichste Richtungen – sieht.

1.3.6.2 Mittelhochdeutsch und Althochdeutsch im Unterricht

Befragt danach, ob sie mittelhochdeutsche und althochdeutsche Originaltexte im Unterricht einsetzen würden, antwortet ein großer Teil der Studierenden mit ‚Ja'. Bei den mittelhochdeutschen Texten, die von vielen auch ohne Übersetzung verwendet würden, sind es jeweils über 70% bzw. 80% (siehe Diagramm 112). Der Anteil jener Studierenden, die keine Originaltexte im Unterricht einsetzen würden, ist demnach also kleiner als die Gruppe derer, die überhaupt keine mittelalterlichen Texte behandeln würde (vgl. hierzu Item 27). Insgesamt sind also die Angaben zur späteren Unterrichtspraxis (auch) hier nicht ganz stimmig. Sie zeigen jedoch: Die Bereitschaft bzw. auch die Wahrnehmung einer gewissen Notwendigkeit, sich nicht nur mit Stoffen und Themen, sondern auch mit der Sprachstufe und den Originaltexten auseinanderzusetzen, scheint unter den Studierenden sehr weit verbreitet zu sein. Dies gilt – mit Einschränkungen – auch für althochdeutsche Texte, die von mehr als der Hälfte der zukünftigen Lehrer/innen zumindest fallweise im Unterricht eingesetzt werden würden.

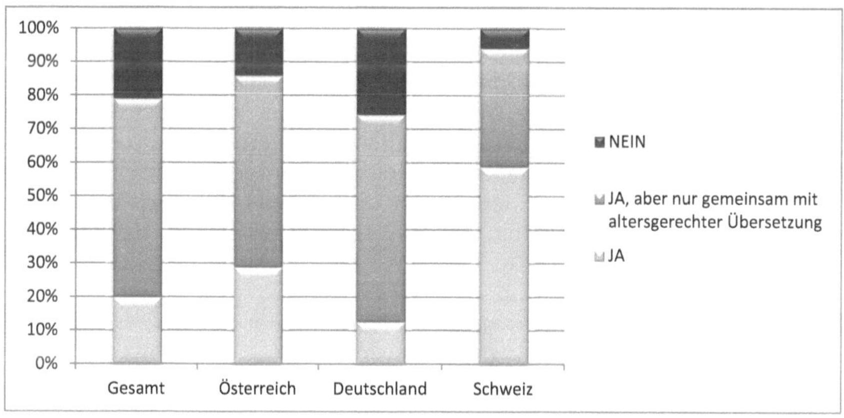

Diagramm 112: Studierende Einsatz mittelhochdeutscher Texte

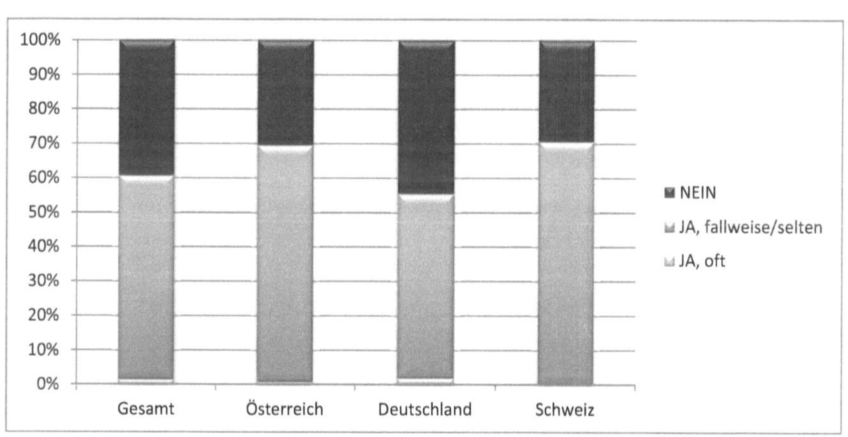

Diagramm 113: Studierende Einsatz althochdeutscher Texte

1.3.6.3 Projekte und Prüfungen

Ebenfalls sehr hoch ausgeprägt ist die Bereitschaft, später Unterrichtsprojekte zum Thema Mittelalter zu gestalten: Zwischen 80% und 90% der Studierenden würden dies – zumindest „unter gewissen Umständen" – machen wollen. 20% bis 30% geben an, dass sie „unbedingt" diesbezügliche Projekte umsetzen möchten. Als prüfungsrelevantes Thema wird das Mittelalter hingegen von weit weniger Studierenden angesehen: In Österreich würden es zumindest etwas mehr als die Hälfte, in Deutschland nur 16,7% auch prüfen. Wenngleich also das Mittelalter offensichtlich als vielfältiges und projekttaugliches Unterrichtsthema wahrgenommen wird, scheint es dabei für viele zukünftige Lehrer eher im Bereich der ‚schulischen Kür' zu liegen und abseits des verpflichtenden (und damit fachlich relevanten) Prüfungsstoffes gesehen zu werden.

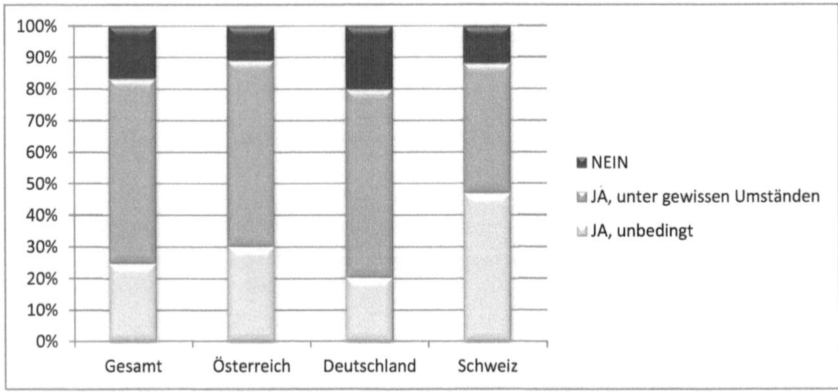

Diagramm 114: Studierende Projektunterricht zum Thema MAL

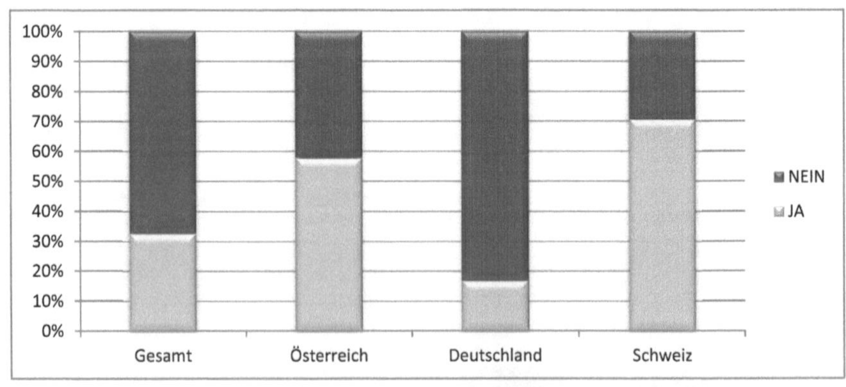

Diagramm 115: Studierende MAL als Prüfungsthema

1.4 Inferenzstatistische Analyse der Daten

Nachdem in den Kapiteln 1.2 und 1.3 die einzelnen Länderstichproben der Studierenden- und Lehrerbefragung ausgewertet und gegenübergestellt wurden, sollen nun im Rahmen inferenzstatistischer Analysen Zusammenhänge und allgemeine Tendenzen ausfindig gemacht werden. Dies geschieht mittels direkten Vergleichen der einzelnen Stichproben und statistischen Testverfahren, die Rückschlüsse auf die Gesamtpopulation[39] zulassen. Die mit Hilfe von SPSS durchgeführten Tests geben Aufschluss darüber, ob Zusammenhänge nur zufällig im Rahmen dieser Untersuchung auftreten (= Nullhypothese) oder ob diese wahrscheinlich auch darüber hinaus gültig sind (= Alternativhypothese). Die Nullhypothese im Rahmen dieser Untersuchung wäre also, dass es hinsichtlich der Wahrnehmung und Behandlung mediävistischer Inhalte im Deutschunterricht keinerlei Unterschiede zwischen Proband/inn/en der einzelnen Länder, Lehrer/inne/n und Studierenden, den beiden Geschlechtern sowie Gruppen verschiedenen Alters und verschiedener Erfahrungen[40] gibt. Als Signifikanzniveau wird in weiter Folge 5% bzw. 0,05 angenommen.[41] Das bedeutet, dass Zusammenhänge als statistisch signifikant und damit als ‚nicht zufällig' gewertet werden, die bei Ablehnung der Nullhypothese eine Fehlerhäufigkeit von weniger als 5% (= Alphafehler) aufweisen.[42]

Die Zusammenhänge bzw. Unterschiede in einzelnen Gruppen werden anhand von ‚Schlüssel-Items' (d.h. von als besonders aussagekräftig eingestuften Fragestellungen und Merkmalen) überprüft. Das Hauptaugenmerk liegt dabei auf folgenden Variablen:

1. Land

2. Geschlecht

3. Universität

4. Studiensemester (Studierende): Zusätzlich zur Auswertung nach den einzelnen angegeben Semestern wurden die Studierenden in 2 Gruppen

39 Die Gesamtpopulationen dieser Untersuchung sind die Deutschlehrer/innen und Lehramtsstudierenden mit Unterrichtsfach Deutsch in Österreich, Deutschland und der deutschsprachigen Schweiz.

40 Einfluss der eigenen Schul- und Studienerfahrungen auf die (spätere) Unterrichtsgestaltung.

41 Es handelt sich hierbei um einen im Rahmen empirischer Untersuchung üblichen Standardwert.

42 Vgl. Raab-Steiner, Elisabeth; Benesch, Michael: Der Fragebogen. Von der Forschungsidee zur SPSS-Auswertung. Wien: facultas 2008. S.106ff.

unterteilt: Studienanfänger (bis zum 4. Semester) und fortgeschrittene Studierende (ab dem 5. Semester).

5. Altersgruppen (Lehrer/innen): Für die weiteren Testverfahren wurden die Lehrer/innen in 4 Altersgruppen unterteilt. AG1 und AG2 (siehe Tabelle 3) wurden zu einer Gruppe (1 = Lehrer/innen die vor 1960 geboren wurden) zusammengefasst, da es insgesamt nur 7 Proband/inn/en gab, die vor 1950 geboren wurden und damit AG1 zugerechnet werden konnten.

6. Wahrnehmung der Mediävistik im Studium

7. Eigene Schulerfahrungen mit mittelalterlicher Sprache und Literatur

8. Einschätzung des Schülerinteresses an mittelalterlichen Inhalten im Deutschunterricht

9. Wahrnehmung der Relevanz mediävistischer Inhalte: Setzt sich aus den Variablen ‚Streichung des Mittelalters aus den Lehrplänen' und ‚Epochenzahl' zusammen. Für die Epochenzahl wurde die Nennung des Mittelalters bei der Frage nach den in der Sekundarstufe 2 zu behandelnden literarischen Epochen/Strömungen anhand einer numerischen Variable erfasst (1 = Mittelalter wurde genannt; 2 = Mittelalter wurde nicht als eine der beiden Epochen angegeben).

10. Unterrichtspraxis (Lehrer/innen) und Vorstellungen von der späteren Unterrichtsgestaltung (Studierende): Angaben hinsichtlich des Stundenaufwandes, des Einsatzes von Mittelhochdeutsch und Althochdeutsch im Unterricht, der Durchführung von Regionalschwerpunkten, Projektunterricht und fächerübergreifendem Unterricht sowie der Behandlung von mittelalterlichen Autoren (Autorenzahl).

Anmerkung zur Autorzahl: Um das Verhalten hinsichtlich mittelalterlicher Literatur im Unterricht näher zu untersuchen, wurde die numerische Variable ‚Autorzahl' generiert. Sie gibt die Anzahl der mittelalterlichen Autoren auf einer Skala von 0 bis 5 (0 = keine Autoren, 1 = 1 Autor, …, 5 = 5 und mehr Autoren) an, die von den Deutschlehrer/innen und Studierenden genannt wurde (vgl. hierzu auch die Autorenquotienten).

Die Betrachtung der Autorzahl erschien sinnvoller als jene der Textzahl, da es hier vergleichsweise weniger allgemeine Antworten gab, die die Statistik unnötig verzerren würden.[43] Das Verhalten hinsichtlich der Autoren und Texte ist bei den einzelnen Proband/inn/en jeweils ähnlich ausgeprägt. Das bedeutet: Jene Proband/inn/en, die viele unter-

43 Vgl. hierzu auch Kapitel 1.2 und 1.3 (Autoren- und Textrankings sowie Autoren- und Textquotienten)

schiedliche Autoren nennen, geben auch viele unterschiedliche Texte an. Proband/inn/en, die keine oder nur wenige Autoren nennen, geben in der Regel auch keine bzw. wenige Texte an, die sie im Unterricht behandeln oder – im Falle der Studierenden – behandeln würden.

1.4.1 Ländervergleiche

Bereits im Zuge der Einzelauswertungen (Kapitel 1.2 und 1.3) wurden deutliche Unterschiede im Verhalten der Stichproben aus Deutschland, Österreich und der Schweiz sichtbar. Die meisten dieser länderspezifischen Befunde können durch die Inferenzstatistik verifiziert werden – es bestehen also tatsächlich Unterschiede in der Wahrnehmung der Relevanz altgermanistischer Inhalte für den Deutschunterricht sowie – damit zusammenhängend – in der Art und Weise der diesbezüglichen Unterrichtsgestaltung.

Lehrer/innen

Im Detail unterscheiden sich österreichische, Schweizer und deutsche Lehrer/innen hinsichtlich ihrer Einstellung zu einer Streichung des Mittelalters, der Epochenzahl, des Prüfungsthemas, der Autorenzahl, der durchschnittlich aufgewandten Unterrichtszeit, der Durchführung von fächerübergreifendem Unterricht sowie des Einsatzes von mittelhochdeutschen und althochdeutschen Texten. Während die österreichischen und deutschen Angaben eindeutige Tendenzen aufweisen, nämlich jene, dass das Mittelalter in Österreich als relevanter wahrgenommen wird und auch im Deutschunterricht stärker verankert ist, als dies in Deutschland der Fall ist, zeigen sich die Schweizer Ergebnisse im Vergleich ambivalent: Schweizer Deutschlehrer/innen wenden zwar im Schnitt mehr Unterrichtszeit auf, behandeln deutlich mehr unterschiedliche mittelalterliche Autoren und machen das Mittelalter eher zum Prüfungsthema als ihre Kolleg/inn/en aus Deutschland, setzen häufiger als alle anderen Lehrer/innen mittelhochdeutsche und althochdeutsche Texte ohne Übersetzungen im Unterricht ein, sprechen sich aber auch (knapp) am häufigsten für eine ‚unbedingte Streichung' aus den Lehrplänen aus und nennen das Mittelalter mit Abstand am seltensten als eine der beiden Epochen, die sie in der Sekundarstufe 2 behandeln würden. Dem Mittelalter wird also in der Schweiz im Deutschunterricht noch mehr Raum geboten als in Deutschland, was offenbar aber nicht bedeutet, dass es deshalb auch als relevanter empfunden wird.

Mit Ausnahme der länderspezifischen Angaben zur Durchführung von fächerübergreifendem Unterricht, der etwas schwächer signifikant ausfällt, wären alle diese Zusammenhänge sogar auf 1% Niveau noch hochsignifikant; das heißt, sie gelten mit extrem hoher Wahrscheinlichkeit nicht nur für die Proband/inn/en dieser Untersuchung, sondern allgemein für die Deutschlehrer/innen der jeweiligen Länder.[44]

Keine statistisch nachweisbaren Zusammenhänge bestehen hingegen in der Wahrnehmung der mittelalterlicher Sprache und Literatur in der eigenen Schulzeit und während des Studiums (Ranking der germanistischen Fachbereiche) sowie in der Einschätzung des Schülerinteresses. Auch hinsichtlich der Durchführung von Regionalschwerpunkten und Projektunterricht zum Thema Mittelalter lässt sich kein auf 5%-Niveau signifikanter Zusammenhang feststellen.[45]

Studierende

Aufgrund der geringen Teilnehmerzahl der Studierenden aus der Schweiz und ihrer Zusammensetzung konnten die inferenzstatistischen Analysen der Ergebnisse der Studierendenbefragung nur für die Stichproben aus Deutschland und Österreich durchgeführt werden. Wie bei den Deutschlehrer/innen können auch bei den Angaben der Lehramtsstudierenden signifikante länderspezifische Unterschiede und Tendenzen nachgewiesen werden. Nahezu alle feststellbaren Effekte erweisen sich dabei sogar auf 1% Niveau signifikant, was bedeutet, dass sie mit (über) 99%iger Wahrscheinlichkeit nicht nur in der vorliegenden Stichprobe, sondern in der gesamten Population auftreten.

Im Vergleich geben österreichische Studierende die Germanistische Mediävistik wesentlich häufiger als jenen Teilbereich an, der sie im Studium am meisten anspricht, und sind auch eher bereits in ihrer eigenen Schulzeit mit dem Mittelalter im Deutschunterricht in Kontakt gekommen. Sie bewerten ihre eigene Schulerfahrung mit mittelalterlicher Sprache und Literatur weitaus positiver und schätzen in weiterer Folge auch das Interesse heutiger Schüler/innen am Mittelalter positiver ein, sprechen sich seltener für eine Streichung des Mittelalters aus den Lehrplänen aus und nennen das Mittelalter deutlich häufiger als eine der beiden Epochen, die sie in der Sekundarstufe 2 behandeln würden. Im Deutschunterricht würden sie wesentlich mehr unterschiedliche Autoren behandeln, eher mittelhochdeutsche und althochdeutsche Texte verwenden, Projektunterricht durchführen und das Mittelalter zum Prüfungsthema machen, wofür sie aber im Vergleich nicht mehr Unterrichtszeit veranschlagen würden, als die Studierenden aus Deutschland.

---

44 Anders gesagt: Die Chance, sich bei Ablehnung der Nullhypothese zu irren, beträgt weniger als 1%, teilweise sogar weniger als 0,1%.

45 Letzterer wäre jedoch auf 10% Niveau durchaus signifikant.

Lediglich im Zusammenhang mit den Angaben zum Teilbereich des Germanistikstudiums, der ihnen am wenigsten zusagt, und jenen zum Schülerinteresse nach Geschlecht lassen sich keine statistisch signifikanten Effekte messen.

1.4.2 Altersgruppen und Studienzeit

Die Betrachtung der Ergebnisse unterschiedlicher Altersgruppen bei den Lehrer/innen sowie der Vergleich zwischen Studienanfängern und ‚fortgeschrittenen Studierenden' soll Aufschluss darüber geben, inwieweit sich ein sukzessives Verschwinden mittelalterlicher Inhalte aus dem Deutschunterricht anhand des Verhaltens jüngerer und älterer Lehrer nachweisen lässt und sich Vorstellungen hinsichtlich der späteren Unterrichtsgestaltung während des Studiums verändern. Da es signifikante Unterschiede zwischen den Populationen der einzelnen Länder gibt, wurde diese Auswertung – wie alle folgenenden – jeweils getrennt für die Stichproben aus Österreich, Deutschland und der Schweiz durchgeführt.

Lehrer/innen

Innerhalb der österreichischen Stichprobe lassen sich keine signifikanten Unterschiede zwischen den einzelnen Altersgruppen der Lehrer/innen feststellen: Jüngere Lehrer/innen erachten das Mittelalter offenbar weder weniger relevant, noch setzen sie es seltener oder anders im Unterricht ein als ihre älteren Kolleg/inn/en. Auch hinsichtlich der Wahrnehmung in Schule und Studium lassen sich keine altersbedingten Tendenzen bzw. Entwicklungen feststellen. Leicht signifikante Zusammenhänge auf 5% Niveau gibt es lediglich bezüglich der Durchführung von fächerübergreifendem Unterricht und Regionalschwerpunkten, die von Junglehrer/inne/n seltener angegeben werden, was durch die unterschiedlich lange Berufserfahrung bedingt sein dürfte.
Auch unter den deutschen und Schweizer Lehrer/innen gibt es – mit Ausnahme der Tatsache, dass jüngere Lehrer/innen seltener fächerübergreifenden Unterricht zum Thema Mittelalter durchgeführt haben – keine signifikanten Zusammenhänge zwischen dem Alter und der Wahrnehmung sowie der Unterrichtgestaltung bezüglich des Mittelalters im Deutschunterricht. Da sich die Ergebnisse hinsichtlich ihrer Signifikanz selbst dann nicht ändern, wenn man die Altersgruppen anders unterteilt (z.B. nur 2 Gruppen definiert), muss die These, dass jüngere Lehrer/innen, die ihr Studium später abgeschlossen haben, sich hinsichtlich der Unterrichtsgestaltung und der Beurteilung der Relevanz mittel-

alterlicher Inhalte für den Deutschunterricht von älteren Kolleg/inn/en in irgendeiner Form unterscheiden, verworfen werden. Auf der Ebene der Altersgruppen lässt sich damit kein sukzessives Verschwinden mittelalterlicher Inhalte postulieren.

Studierende

Studienanfänger und Studierende höherer Semester aus Österreich und Deutschland unterscheiden sich kaum hinsichtlich der Wahrnehmung der germanistischen Fachbereiche und der Relevanz mediävistischer Inhalte für den Deutschunterricht. Auch die Einschätzung des Interesses von Schülern und Schülerinnen verändert sich offenbar im Laufe der Studienzeit nicht. Deutliche Entwicklungen sind hingegen im Bereich der Angaben zur Unterrichtsgestaltung nachweisbar: Erwartungsgemäß konkretisieren sich im Laufe des Studiums die Vorstellungen der zukünftigen Unterrichtsgestaltung hinsichtlich (und auch zugunsten) des Mittelalters: Studierende höherer Semester nennen mehr unterschiedliche mittelalterliche Autoren, die sie behandeln würden, würden das Mittelalter eher zum Prüfungsthema machen und könnten sich häufiger vorstellen, Projektunterricht durchzuführen und neben mittelhochdeutschen auch althochdeutsche Texte im Unterricht einzusetzen.[46]

Die Diagramme 116 bis 118 zeigen diese Entwicklungen in den österreichischen und deutschen Stichproben anhand der Variablen ‚Autorzahl' und ‚Projekte'. Der Anteil jener Studierenden, die keine mittelalterlichen Autoren im Unterricht behandeln würden und sich nicht vorstellen könnten, Unterrichtsprojekte zum Mittelalter zu gestalten, sinkt im Laufe des Studiums. Gleichzeitig steigen die Anzahl der mittelalterlichen Autoren, die die Studierenden nennen (können), sowie der Anteil jener Studierenden, die angeben, später unbedingt Projekte zum Thema Mittelalter durchführen zu wollen, merklich an. Anhand der beiden Beispielvariablen wird auch sichtbar, dass die Veränderungen im Laufe des Studiums im Bereich jener Studierenden, die sich nicht vorstellen (können), das Mittelalter später im Unterricht zu behandeln bzw. dies nicht möchten, in Österreich etwas deutlicher ausfallen als in Deutschland (siehe Autorzahl ‚0' und Projekte ‚nein').

46 Letzeres gilt nur für die österreichischen Studierenden.

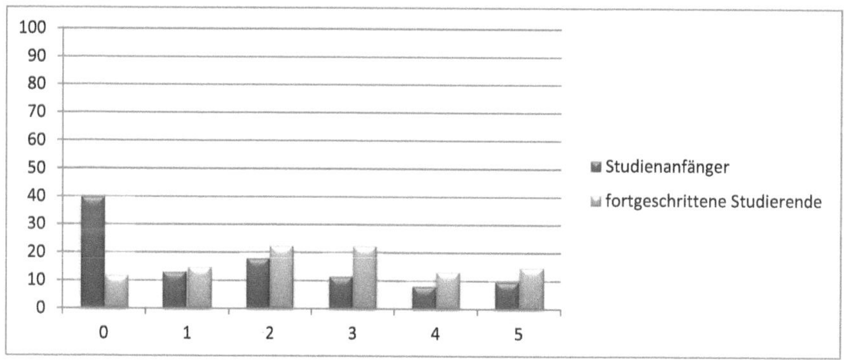

Diagramm 116: Studienfortschritt x Autorzahl (Österreich)

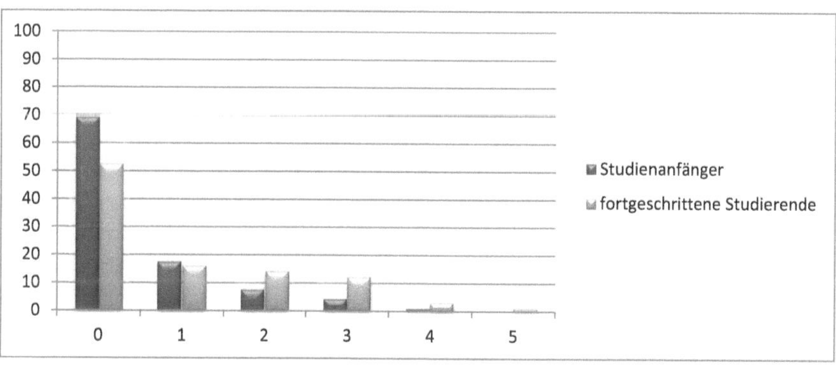

Diagramm 117: Studienfortschritt x Autorzahl (Deutschland)

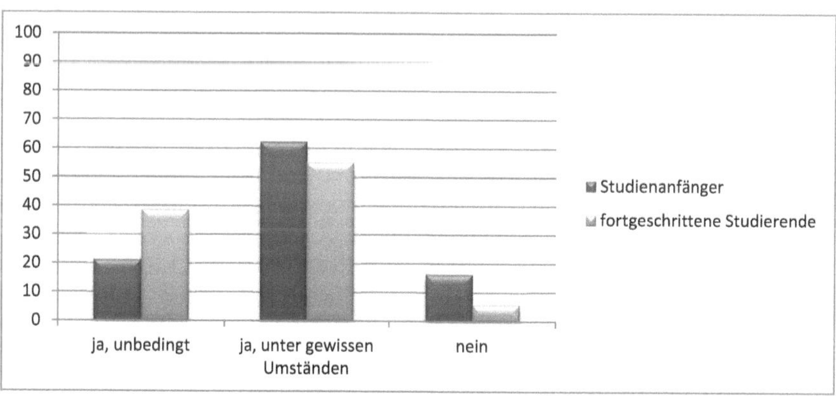

Diagramm 118: Studienfortschritt x Projekte (Österreich)

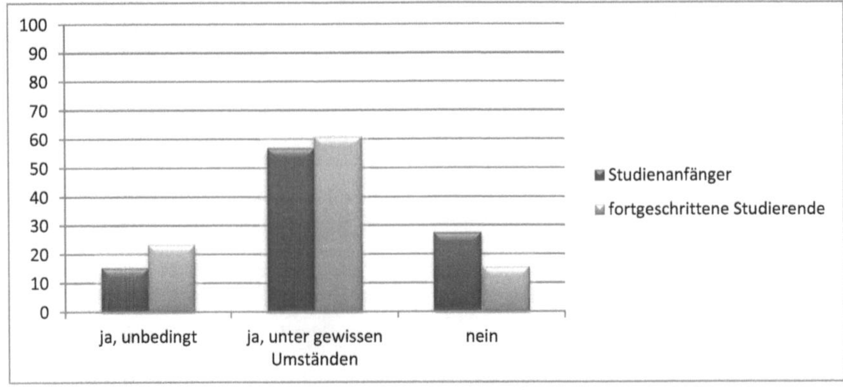

Diagramm 119: Studienfortschritt x Projekte (Deutschland)

1.4.3 Schulerfahrungen mit mittelalterlicher Literatur und Sprache

Um den Einfluss der eigenen Schulerfahrungen auf die spätere Unterrichtsgestaltung feststellen zu können, wurden die Variablen ‚Mittelalterliche Literatur und Sprache im Deutschunterricht in der eigenen Schulzeit' und ‚Interesse an mittelalterlicher Literatur und Sprache in der eigenen Schulzeit' herangezogen. Die Proband/inn/en der Untersuchung hatten bei beiden Fragestellungen die Möglichkeit, mit „ich weiß nicht mehr" zu antworten. Diese Angaben wurden für die statistischen Tests nicht berücksichtigt, d.h. es wurden nur jene Fälle gewertet, die konkrete Antworten auf diese Fragstellungen enthielten (also die Proband/inn/en mit ‚ja' oder ‚nein' geantwortet haben).

Lehrer/innen

Ob Lehrer/innen in ihrer eigenen Schulzeit mit dem Mittelalter im Deutschunterricht in Berührung gekommen sind oder nicht, scheint keinerlei Auswirkungen auf ihre spätere Wahrnehmung und die eigene Unterrichtsgestaltung zu haben. Weder in Österreich noch in Deutschland oder der Schweiz lassen sich signifikante Unterschiede zwischen den beiden Gruppen feststellen. Unter österreichischen Lehrer/innen dürfte es auch keinen Unterschied machen, ob sie sich in ihrer Schulzeit für mittelalterliche Literatur und Sprache interessiert haben.[47] Etwas anders sieht es in Deutschland aus: Lehrer/innen, die während ihrer eigenen Schulzeit etwas über mittelalterliche Literatur und Sprache gelernt

47 Wobei nur sehr wenige Lehrer/innen angaben, kein Interesse am Mittelalter im Deutschunterricht gehabt zu haben.

haben *und* sich dafür interessierten, befürworten seltener eine Streichung des Mittelalters aus den Lehrplänen, führen eher Regionalschwerpunkte und Projektunterricht zum Thema Mittelalter durch, setzen weitaus häufiger mhd. Texte im Unterricht ein und beurteilen auch das Interesse ihrer eigenen Schüler/innen an mittelalterlichen Inhalten deutlich positiver. Unter den Schweizer Lehrer/innen lassen sich solche auf 5% Niveau signifikanten Zusammenhänge lediglich bezüglich der Einschätzung des Schülerinteresses feststellen, das von Lehrer/innen, die sich selbst in ihrer Schulzeit für das Mittelalter interessiert haben, positiver bewertet wurde.

Vermutlich hängen diese Ergebnisse mit den jeweiligen nationalen und föderalen Lehrplänen und Konventionen zusammen. Positive eigene Schulerfahrungen mit mittelalterlichen Inhalten im Deutschunterricht könnten (wie im Falle Deutschlands) – müssen aber nicht zwingend (wie im Falle der Schweiz) – also vor allem dort eine Rolle für die Unterrichtsgestaltung spielen, wo eine Behandlung des Mittelalters (nur noch) optional vorgesehen bzw. möglich ist.

Studierende

Unter den teilnehmenden Studierenden, deren Schulzeit in der Regel noch nicht so lange zurückliegt, sind hinsichtlich der Schulerfahrungen mit mittelalterlicher Literatur und Sprache deutlichere Effekte messbar: Einige schwache Zusammenhänge auf 5% Niveau lassen sich bereits dann feststellen, wenn in der Schule überhaupt etwas über das Mittelalter gelernt wurde (egal, ob sich die Proband/inn/en laut eigenen Angaben dafür interessierten oder nicht). So sprechen sich jene Studierenden, die in ihrer eigenen Schulzeit etwas über mittelalterliche Literatur und Sprache gelernt haben, – unabhängig von ihrem Interesse am Thema- eher gegen eine Streichung des Mittelalters aus den Lehrplänen aus. Auch können sich Studierende, die in ihrer Schulzeit im Deutschunterricht mit dem Mittelalter in Berührung gekommen sind, häufiger vorstellen, selbst einmal mittelhochdeutsche Texte im Unterricht einzusetzen oder das Mittelalter zum Prüfungsthema zu machen. Keinen Einfluss scheint es hingegen auf die Beurteilung des Teilfaches ‚Germanistische Mediävistik' sowie die Einschätzung des Interesses heutiger Schüler/innen zu geben.

Im Vergleich wesentlich stärker ausgeprägt sind die Zusammenhänge mit dem Interesse am Thema Mittelalter im Deutschunterricht: Studierende, die sich bereits in ihrer Schulzeit für mittelalterliche Sprache und Literatur begeistern konnten, sind meist dezidiert gegen eine Streichung aus den Lehrplänen, würden dem Mittelalter mehr Unterrichtszeit widmen und es eher zum Prüfungsthema machen. Auch das Interesse heutiger Schüler/innen schätzen sie größer ein. In der Gruppe der österreichischen Studierenden lassen sich zudem Zusammenhänge mit dem im Studium am wenigsten ansprechenden Teilfach feststellen – hier wird die Germanistische Mediävistik deutlich seltener genannt, wenn Interesse an mittelalterlichen Inhalten in der Schulzeit bestand. Unter deutschen Studierenden lassen sich jedoch keine diesbezüglichen Tendenzen feststellen (siehe Diagramm 120). Keine eindeutigen Zusammenhänge gibt es auch mit dem Teilbereich des Studiums, der die Studierenden am meisten anspricht. Der Anteil jener Studierenden, die die Germanistische Mediävistik als ‚beliebtestes Teilfach' des Studiums angeben, ist zwar in der Gruppe derer, die sich bereits in der Schulzeit für das Mittelalter interessierten, etwas größer; diese Zusammenhänge sind jedoch nicht statistisch signifikant. Ob Studierenden also in ihrer eigenen Schulzeit mit mittelalterlicher Sprache und Literatur in Berührung gekommen sind und ob sie sich damals dafür interessierten, hat offenbar nicht zwingend Einfluss darauf, wie sie der germanistischen Mediävistik im Studium gegenüberstehen.

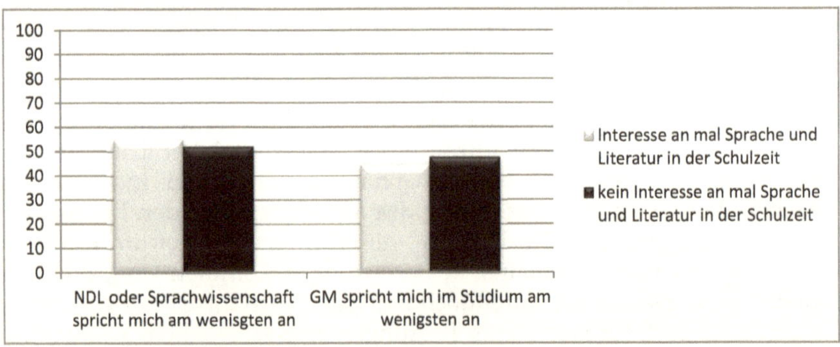

Diagramm 120 Wahrnehmung Fachbereich x MAL Interesse in der Schulzeit (Deutschland)

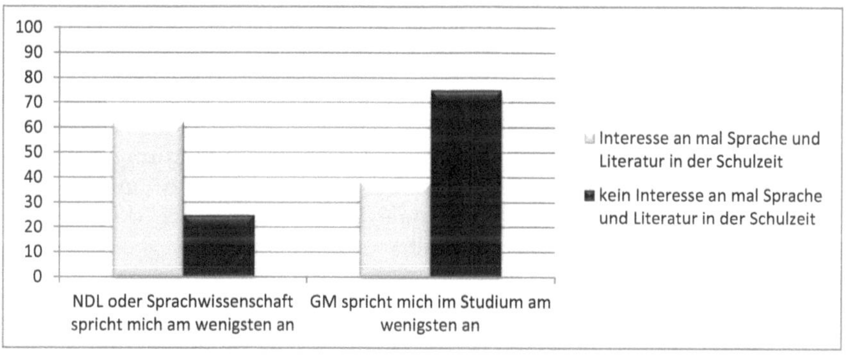

Diagramm 121: Wahrnehmung Fachbereich x MAL Interesse eigene Schulzeit (Österreich)

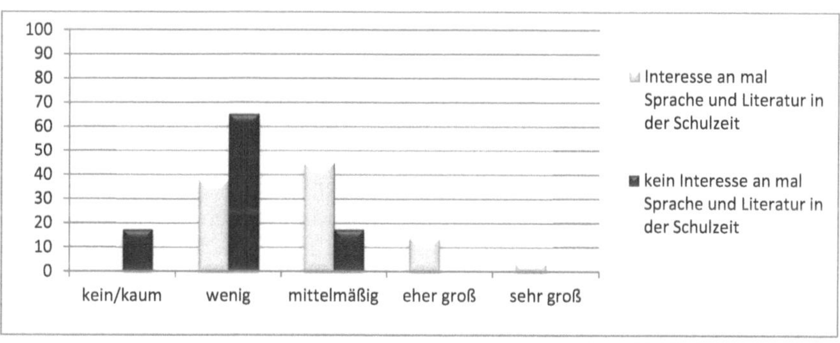

Diagramm 122: MAL Interesse eigene Schulzeit x Schülerinteresse (Deutschland)

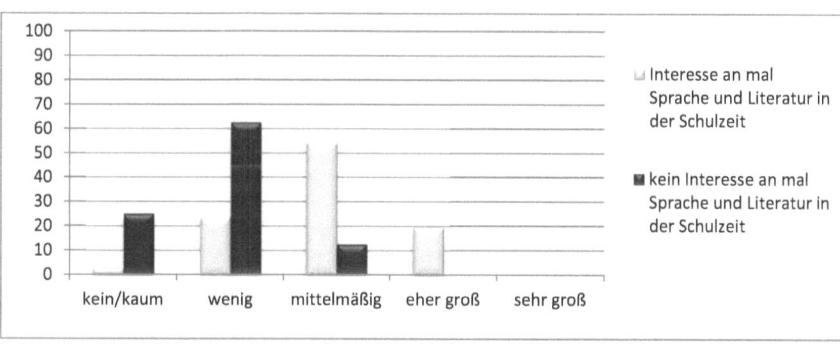

Diagramm 123: MAL Interesse eigene Schulzeit x Schülerinteresse (Österreich)

1.4.4 Wahrnehmung der Mediävistik im Studium

Lehrer/innen

Um den Einfluss der Studienerfahrung auf die Wahrnehmung der Relevanz und die Behandlung des Mittelalters im Unterricht zu untersuchen, wurde zunächst eine neue binominale Variable definiert, die die Proband/inn/en in zwei Gruppen aufteilt:

> Gruppe 1: Lehrer/innen, die die Germanistische Mediävistik nicht als jenen Teilbereich angegeben haben, der sie im Studium am meisten angesprochen hat
>
> Gruppe 2: Lehrer/innen, die die Germanistische Mediävistik während ihres Studiums besonders positiv erlebt haben (d. h. sie im Ranking als jene Fachrichtung angaben, die sie am meisten angesprochen hat)

Im Vergleich dieser beiden Gruppen zeigen sich hochsignifikante Zusammenhänge zwischen der Wahrnehmung der Mediävistik im Studium und der Einschätzung der Relevanz mittelalterlicher Inhalte für den Deutschunterricht sowie in einzelnen Bereichen der Unterrichtsgestaltung. Österreichische und deutsche Lehrer/innen der Gruppe 2 nennen das Mittelalter weitaus häufiger als eine der beiden Epochen, die sie in der Sekundarstufe 2 behandeln würden, und sprechen sich deutlich seltener für eine Streichung aus (Diagramme 124 und 125). Sie führen eher fächerübergreifenden Unterricht zum Thema Mittelalter durch, gestalten diesbezügliche Regionalschwerpunkte (Österreich) und nennen mehr unterschiedliche Autoren, die sie im Unterricht aufgreifen (Deutschland). Unter den Lehrer/inn/en aus der Schweiz werden bezüglich der Relevanzwahrnehmung zwar ähnliche Tendenzen sichtbar, diese lassen sich jedoch aufgrund der geringen Größe der Gruppe 2[48] nicht zufriedenstellend statistisch überprüfen.

---

48 Insgesamt gab es nur 6 Schweizer Lehrer/innen, die die Germanistische Mediävistik als jenen Fachbereich angaben, der ihnen während des Studiums am meisten zugesagt hat.

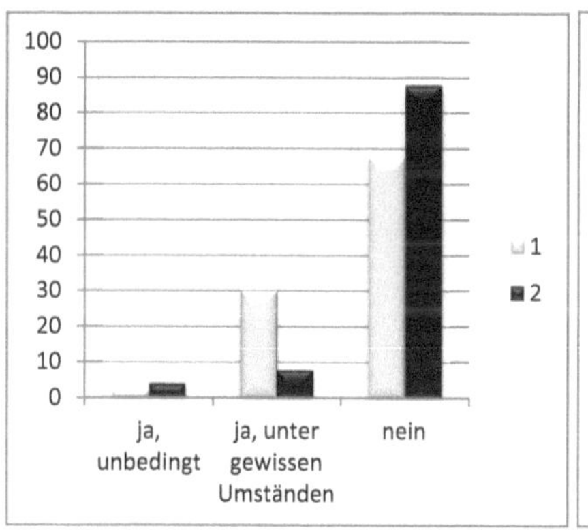

Diagramm 124: Wahrnehmung GM x Streichung des MAL (Österreich)

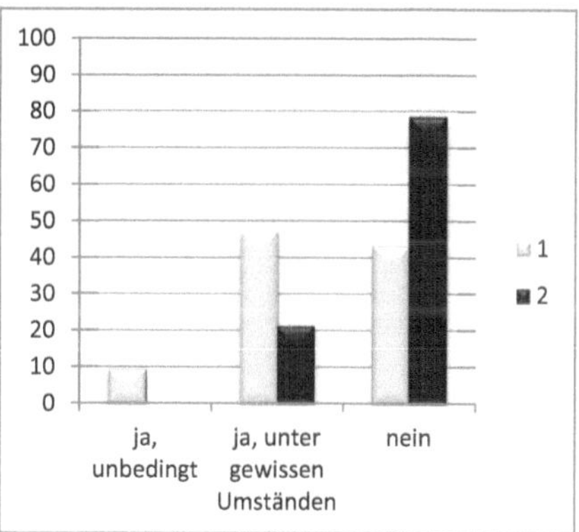

Diagramm 125: Wahrnehmung GM x Streichung des MAL (Deutschland)

Zur Erfassung umgekehrter Zusammenhänge, also jenen zwischen Relevanzwahrnehmung, Unterrichtspraxis und eher negativen Studienerfahrungen mit der Germanistischen Mediävistik wurde eine weitere binominale Variable generiert, die folgende Gruppen enthält:

> Gruppe 1: Lehrer/innen, die die Germanistische Mediävistik nicht als jenen Teilbereich angegeben haben, der sie im Studium am wenigsten angesprochen hat
>
> Gruppe 2: Lehrer/innen, die die Germanistische Mediävistik während ihres Studiums offenbar eher negativ erlebt haben (d. h. sie im Ranking als jene Fachrichtung angaben, die sie am wenigsten angesprochen hat)

Im direkten Vergleich der beiden Gruppen werden in fast allen Bereichen der Wahrnehmung und Unterrichtsgestaltung Unterschiede sichtbar, die jedoch nicht in allen Fällen auch auf 5%-Niveau statistisch verifizierbar sind. Jene Variablen, zwischen denen sich hochsignifikante Zusammenhänge auch inferenzstatistisch nachweisen lassen, sind in den einzelnen Länderstichproben nicht immer identisch. Im Folgenden sind jeweils jene Länder in Klammern angegeben, in denen sich die größten Effekte messen lassen.
Lehrer/innen, die die Germanistische Mediävistik vergleichsweise wenig(er) ansprechend empfunden haben, nennen das Mittelalter seltener als eine der beiden Epochen, die sie in der Sekundarstufe 2 behandeln würden (Österreich), sprechen sich häufiger für eine Streichung aus den Lehrplänen aus (Schweiz), nennen weniger unterschiedliche mittel-

alterliche Autoren, die sie im Unterricht behandeln (Österreich, Deutschland), setzen seltener mittelhochdeutsche Texte im Unterricht ein (Schweiz) und tendieren auch dazu, das Interesse ihrer eigenen Schüler/innen deutlich negativer einzuschätzen (Deutschland, Schweiz).

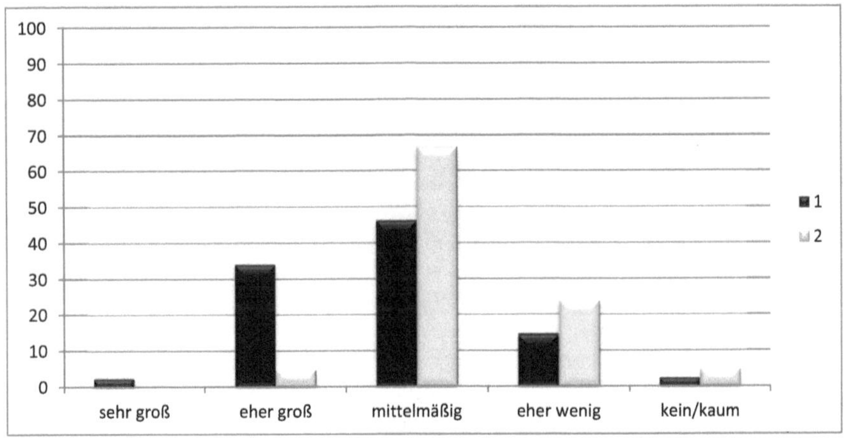

Diagramm 126: neg. Wahrnehmung GM x Schülerinteresse (Schweiz)

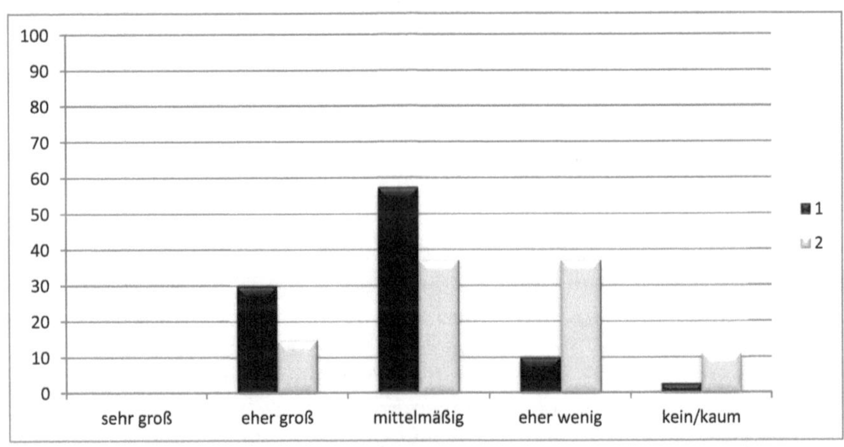

Diagramm 127: neg. Wahrnehmung GM x Schülerinteresse (Deutschland)

Studierende

Auch für die Untersuchung des Einflusses der Studienerfahrung mit der Mediävistik auf die Beurteilung der Relevanz mittelalterlicher Inhalte für den Deutschunterricht und die Vorstellungen von der späteren Unterrichtspraxis unter den Studierenden wurde zunächst eine neue Variable definiert, die zwischen folgenden Gruppen unterscheidet:

> Gruppe 1: Studierende, die die Germanistische Mediävistik nicht als jenen Teilbereich angegeben, der sie im Studium am meisten anspricht
>
> Gruppe 2: Studierende, die die Germanistische Mediävistik im Ranking als jene Fachrichtung angeben, die sie im Studium am meisten anspricht

Vergleicht man das Verhalten dieser beiden Gruppen, lassen sich in beiden Länderstichproben dieselben Effekte messen: Studierende, die die Germanistische Mediävistik als jenen Teilbereich nennen, der sie im Studium am meisten anspricht, befürworten weit seltener eine Streichung des Mittelalters aus den Lehrplänen und nennen das Mittelalter häufiger als eine der beiden Epochen, die sie in der Sekundarstufe 2 behandeln würden. ‚Unbedingt' würde sogar niemand dieser Studierenden einer Streichung zustimmen, über 60% (!) der österreichischen und 25% der deutschen Studierenden dieser Gruppe geben das Mittelalter bei der Epochenfrage an (vgl. Diagramme 128 und 129). Sie schätzen die Bedeutung mittelalterliche Inhalte für den Deutschunterricht also offenbar größer ein als Studierende der Gruppe 1. Dies wirkt sich auch auf die Vorstellungen zur Unterrichtsgestaltung aus: Sie nennen deutlich mehr mittelalterliche Autoren und würden das Mittelalter häufiger auch zum Prüfungsthema machen (vgl. Diagramme 132, 133, 136 und 137). Alle Studierenden der Gruppe 2 geben an, sich vorstellen zu können, später einmal Unterrichtsprojekte zum Thema Mittelalter zu gestalten. Über 80% der österreichischen und mehr als die Hälfte der deutschen Studierenden dieser Gruppe möchten dies sogar unbedingt machen (vgl. Diagramme 134 und 135). Etwas schwächer signifikante Zusammenhänge gibt es auch bezüglich des Einsatzes von mittel- und althochdeutschen Texten im Unterricht sowie der Einschätzung des Schülerinteresses.

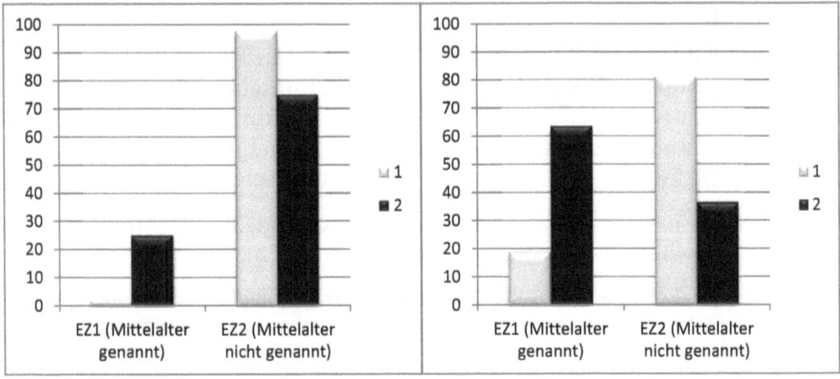

Diagramm 128: positive Wahrnehmung GM x Epochenzahl (Deutschland)

Diagramm 129: positive Wahrnehmung GM x Epochenzahl (Österreich)

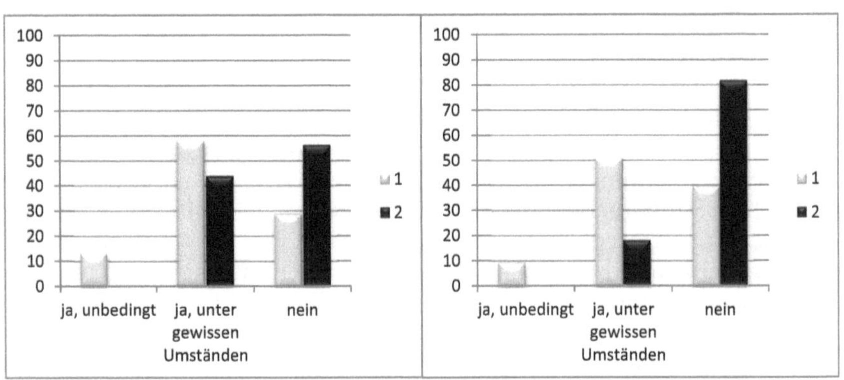

Diagramm 131: positive Wahrnehmung GM x Streichung des MAL (Deutschland)

Diagramm 130: positive Wahrnehmung GM x Streichung des MAL (Österreich)

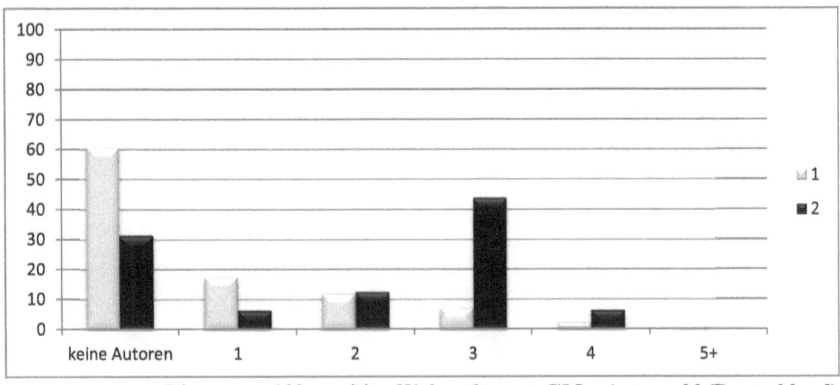

Diagramm 132: positive Wahrnehmung GM x Autorzahl (Deutschland)

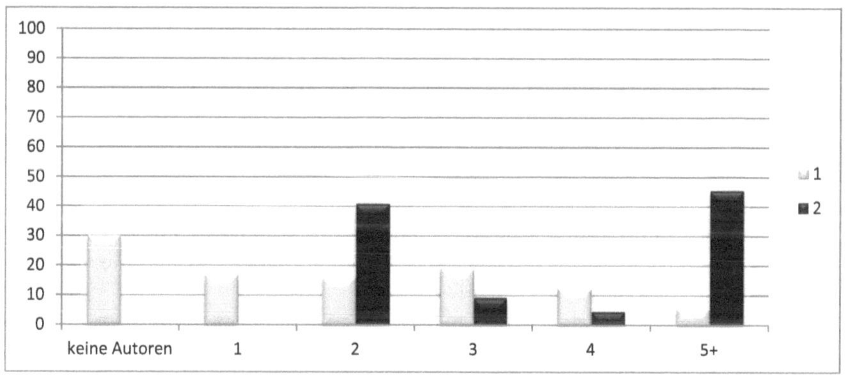

Diagramm 133: positive Wahrnehmung GM x Autorzahl (Österreich)

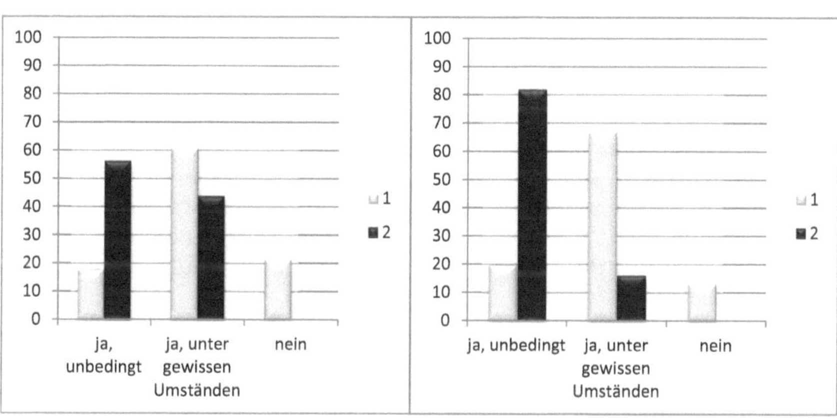

Diagramm 134: positive Wahrnehmung GM x Projekte (Deutschland)

Diagramm 135: positive Wahrnehmung GM x Projekte (Österreich)

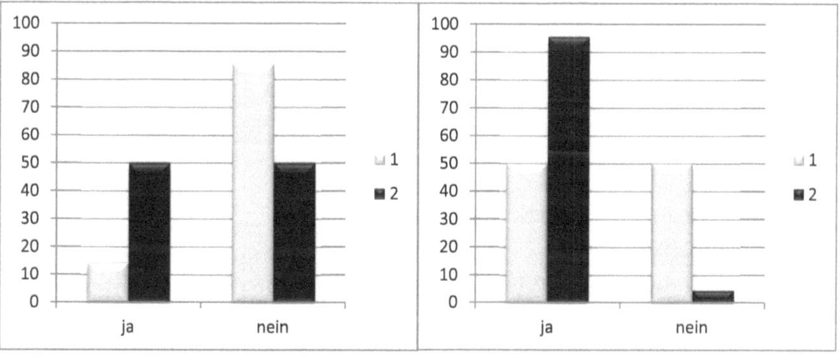

Diagramm 136: positive Wahrnehmung GM x MAL als Prüfungsthema (Deutschland)

Diagramm 137: positive Wahrnehmung GM x MAL als Prüfungsthema (Österreich)

Um den Einfluss einer eher negativen Wahrnehmung des Fachbereiches ‚Germanistische Mediävistik' feststellen zu können, wurde – analog zur Analyse der Daten aus der Lehrer/innenbefragung – eine weitere Variable definiert, die folgende Gruppen unterscheidet:

> Gruppe 1: Studierende, die die Germanistische Mediävistik nicht als jenen Teilbereich angegeben haben, der sie im Studium am wenigsten anspricht
>
> Gruppe 2: Studierende, die die Germanistische Mediävistik im Studium offenbar eher negativ erleben (d. h. sie im Ranking als jene Fachrichtung angaben, die sie am wenigsten anspricht)

Erwartungsgemäß lassen sich auch hier signifikante Zusammenhänge messen, die allerdings in den beiden Länderstichproben nicht ganz identisch ausgeprägt sind. Ein eindeutiger Zusammenhang kann in beiden Gruppen zwischen der eher negativen Studienerfahrung und der Relevanzeinschätzung (Streichung und Epochenzahl) sowie dem Wunsch, später einmal Unterrichtsprojekte durchzuführen, festgestellt werden. Unter den österreichischen Studierenden lassen sich weitere Effekte hinsichtlich der Autourzahl, des Stundenaufwandes, der investiert werden würde, und des Mittelalters als Prüfungsthema nachweisen. Im Gegensatz dazu werden in der deutschen Stichprobe stärkere Zusammenhänge mit dem Einsatz mittel- und althochdeutscher Texte im Unterricht sichtbar.

Zusammengefasst bedeutet dies: Studierende, die den Fachbereich Germanistische Mediävistik im Studium vergleichsweise negativ beurteilen, neigen offenbar dazu, auch der Behandlung des Mittelalters im Deutschunterricht etwas negativer gegenüber zu stehen, was sich darin äußert, dass sie mittelalterliche Inhalte als weniger relevant einstufen, weniger Unterrichtszeit dafür veranschlagen möchten, sicher eher nicht vorstellen können, Unterrichtsprojekte zum Mittelalter durchzuführen, weniger oder gar keine mittelalterliche Autoren angeben, seltener mittel- und althochdeutsche Texte behandeln und das Mittelalter eher nicht zum Prüfungsthema machen würden.

1.4.5 Relevanz und Unterrichtspraxis

Es konnte gezeigt werden, dass es Zusammenhänge zwischen der Beurteilung der Relevanz des Mittelalters für den Deutschunterricht und dem Herkunftsland, den Studienerfahrungen sowie teilweise auch dem Interesse in der eigenen Schulzeit gibt. Wie stark wirkt sich aber nun die Wahrnehmung der Relevanz mediävistischer Inhalte für den Deutschunterricht auf die tatsächliche Unterrichtsgestaltung bzw. auf die konkreten Vorstellungen der späteren Unterrichtspraxis aus?

Lehrer/innen

Um diesbezügliche Zusammenhänge festzustellen, wurden die Variablen ‚Epochenzahl' und ‚Streichung' in Kombination mit den Angaben zu Unterrichtsgestaltung betrachtet. Ersterer Vergleich muss für die Schweizer Lehrer/innen leider entfallen, da es in dieser Gruppe nur einen einzigen Probanden gab, der das Mittelalter bei dieser Frage genannt hat.

Signifikante Zusammenhänge gibt es erwartungsgemäß zwischen der Epochenzahl und Streichung des Mittelalters aus den Lehrplänen selbst, d. h. jene Lehrer/innen, die das Mittelalter als eine der beiden Epochen für die Sekundarstufe 2 angeben, sprechen sich auch gegen eine Streichung des Mittelalters aus den Lehrplänen aus. Was die Unterrichtsgestaltung anbelangt, lassen sich in allen Gruppen deutliche Effekte messen: Lehrer/innen, die das Mittelalter für relevant(er) erachten, widmen ihm – unabhängig von der jeweiligen Lehrplansituation – in der Regel auch deutlich mehr Unterrichtszeit, gestalten eher Regionalschwerpunkte, Projekte und fächerübergreifenden Unterricht, behandeln mehr mittelalterliche Autoren, machen das Mittelalter häufiger zum Prüfungsthema (Schweiz) und setzen (vor allem in Deutschland) eher mittel- und althochdeutsche Texte im Unterricht ein. Interessanterweise gibt es auch ein starken Zusammenhang mit der Einschätzung des Schülerinteresses: Jene Lehrer/innen, die sich gegen eine Streichung des Mittelalters aus den Lehrplänen aussprechen, sehen bei Schüler/inne/n auch ein deutlich größeres Interesse an mittelalterlichen Inhalten als ihre Kolleg/inn/en.

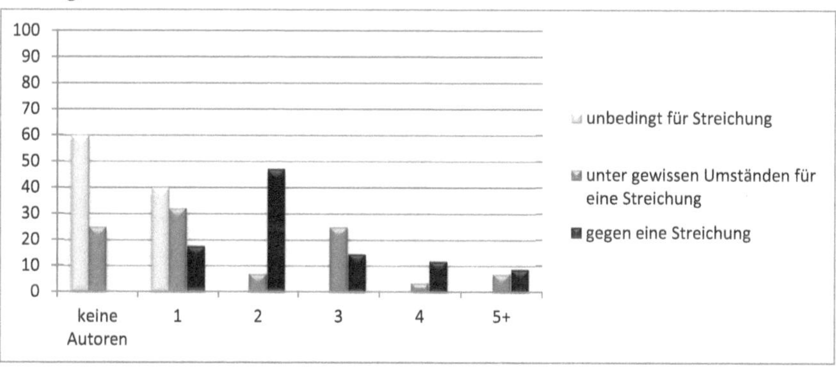

Diagramm 138: Streichung des MAL x Autorzahl (Deutschland)

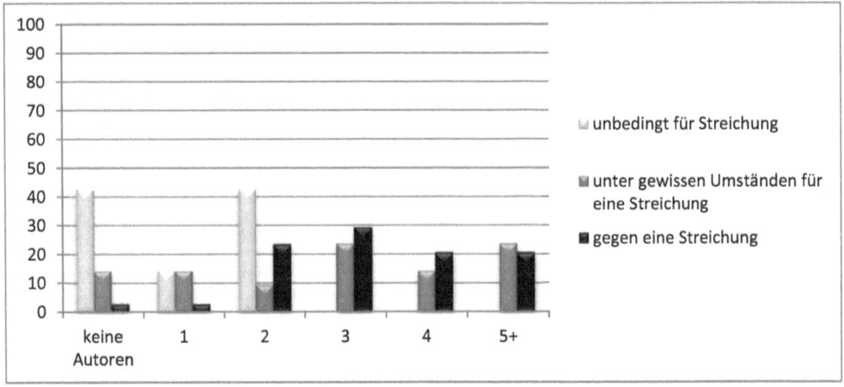

Diagramm 139: Streichung des MAL x Autorzahl (Schweiz)

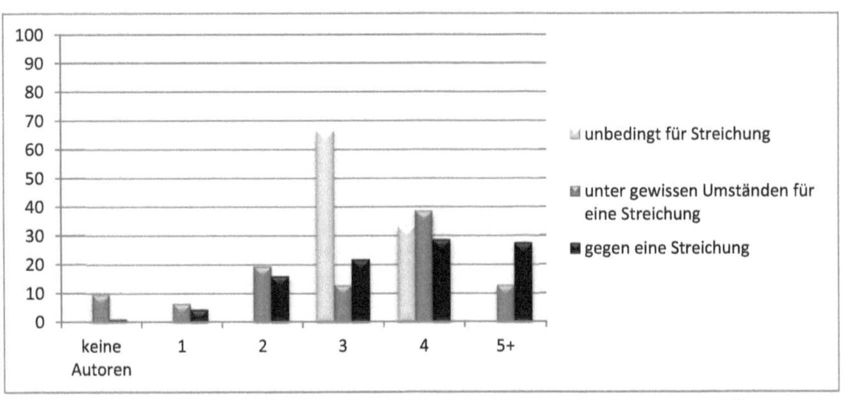

Diagramm 140: Streichung des MAL x Autorzahl (Österreich)

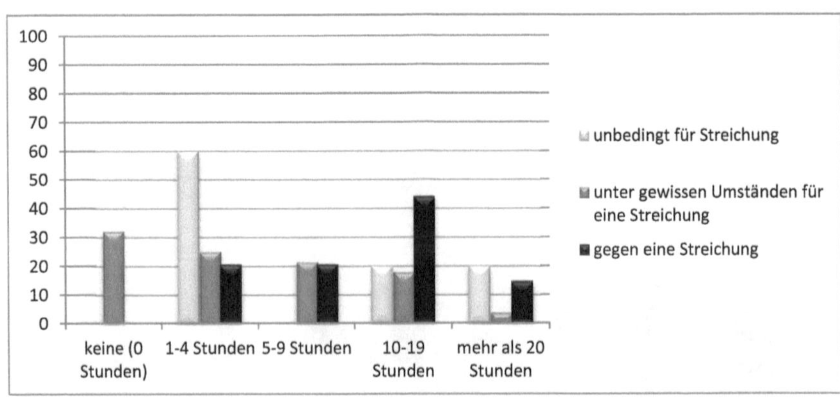

Diagramm 141: Streichung des MAL x Unterrichtszeit (Deutschland)

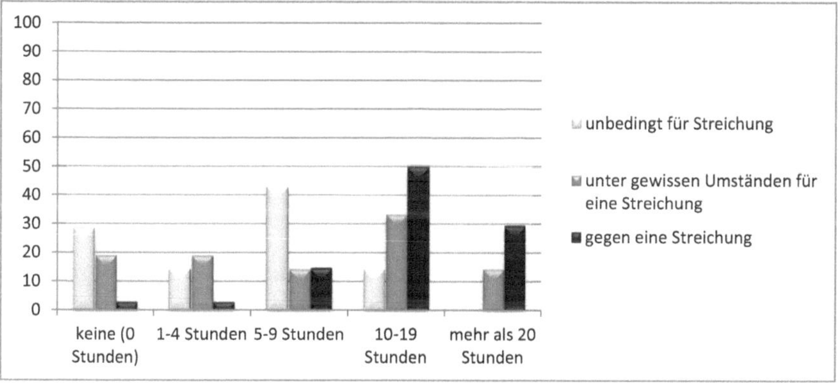

Diagramm 142: Streichung des MAL x Unterrichtszeit (Schweiz)

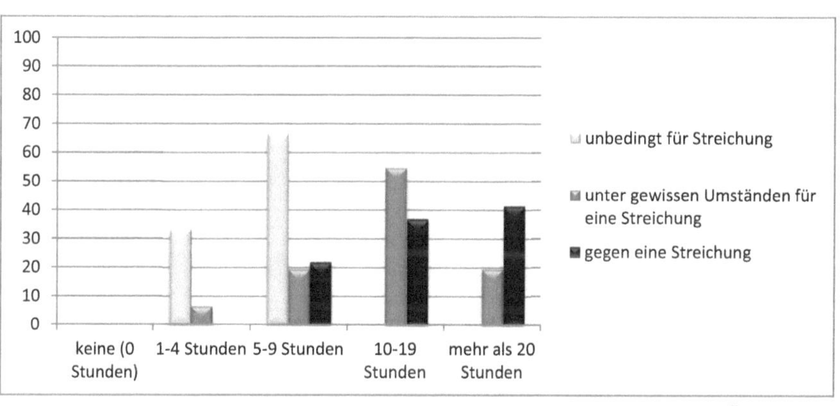

Diagramm 143: Streichung des MAL x Unterrichtszeit (Österreich)

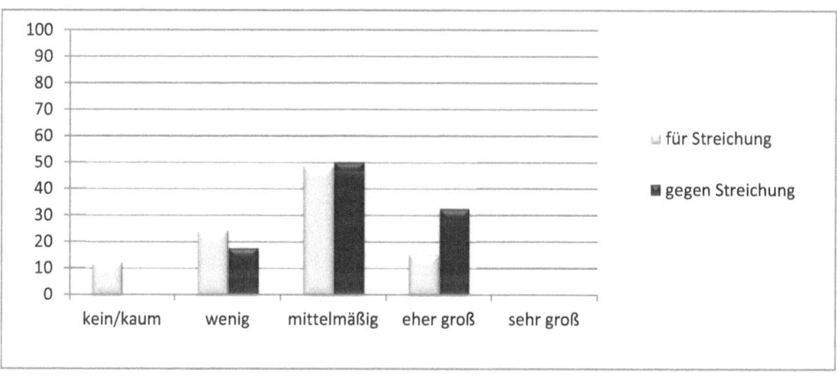

Diagramm 144: Streichung des MAL x Schülerinteresse (Deutschland)

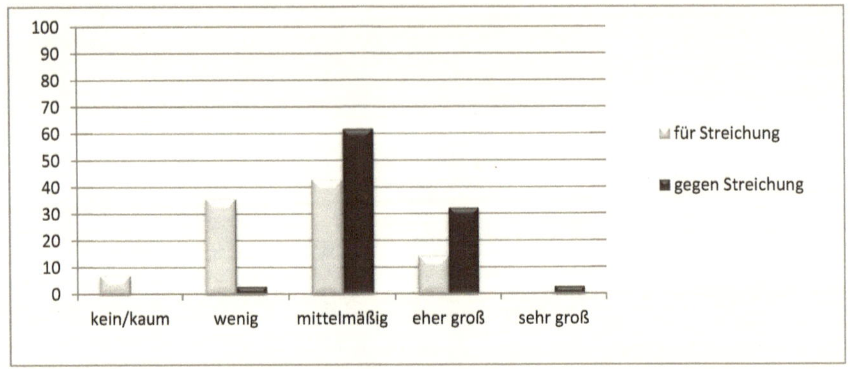

Diagramm 145: Streichung des MAL x Schülerinteresse (Schweiz)

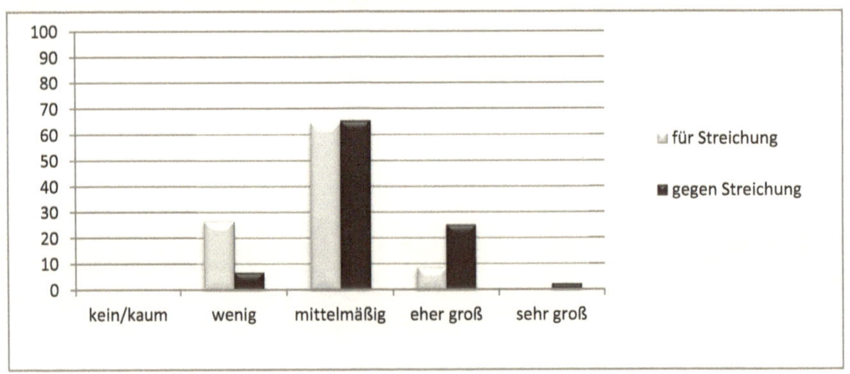

Diagramm 146: Streichung des MAL x Schülerinteresse (Österreich)

Studierende

Unter den Studierenden, die sich vermutlich noch nicht so stark an ‚externen' Faktoren wie Lehrplänen, schulinternen Vorgaben oder dem vorhandenen bzw. erschwinglichen Materialangebot orientieren, dürfte die Relevanzwahrnehmung eine noch größere Rolle spielen als bei den Lehrer/innen. Alle messbaren Effekte treten jeweils in beiden Ländern auf und wären teilweise sogar auf 0,1% Niveau signifikant – man kann also von ‚hochsignifikanten' Zusammenhängen sprechen. Zunächst lässt sich auch unter den Studierenden ein direkter Zusammenhang zwischen den Variablen ‚Streichung' und ‚Epochenzahl' feststellen, was wiederum für die Konsistenz der Angaben bzw. erhobenen Daten spricht.

Studierende, die das Mittelalter als eine der beiden Epochen angeben und/oder sich gegen eine Streichung aus den Lehrplänen aussprechen, würden ihm auch mehr Unterrichtszeit widmen, möchten eher Projekte zum Thema gestalten, nennen mehr unterschiedliche Autoren, die sie behandeln würden, geben eher an, auch mittel- und althochdeutsche Texte im Unterricht einsetzen zu wollen, würden das Mittelalter wesentlich häufiger zum Prüfungsthema machen und schätzen – wie auch die Lehrer/innen – das Interesse heutiger Schüler/innen an mittelalterlichen Inhalten deutlich positiver ein.

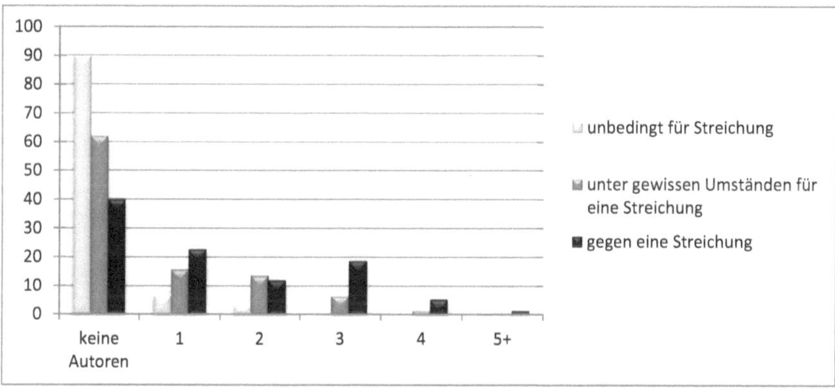

Diagramm 147: Streichung des MAL x Autorzahl (Studierende Deutschland)

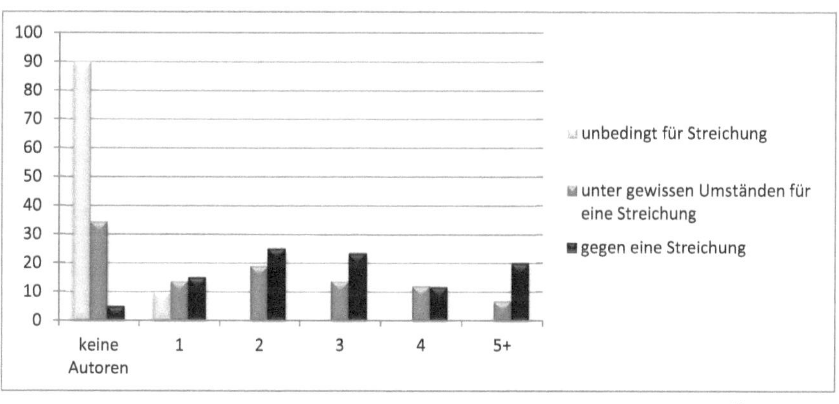

Diagramm 148: Streichung des MAL x Autorzahl (Studierende Österreich)

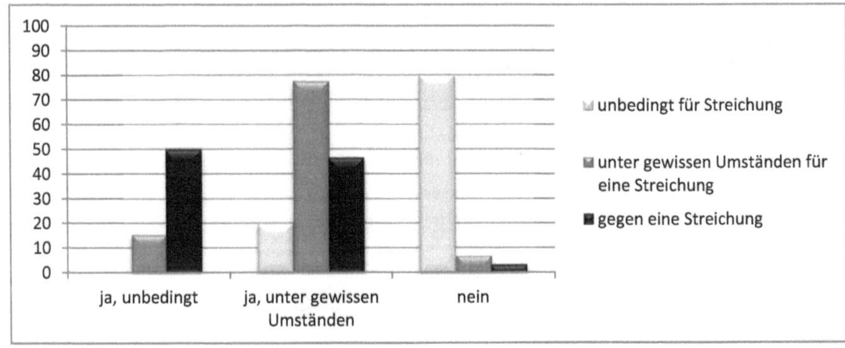

Diagramm 149: Streichung x Projekte (Studierende Deutschland)

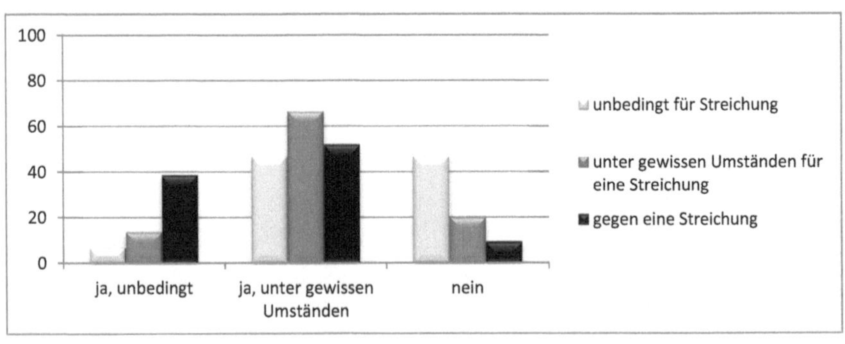

Diagramm 150: Streichung x Projekte (Studierende Österreich)

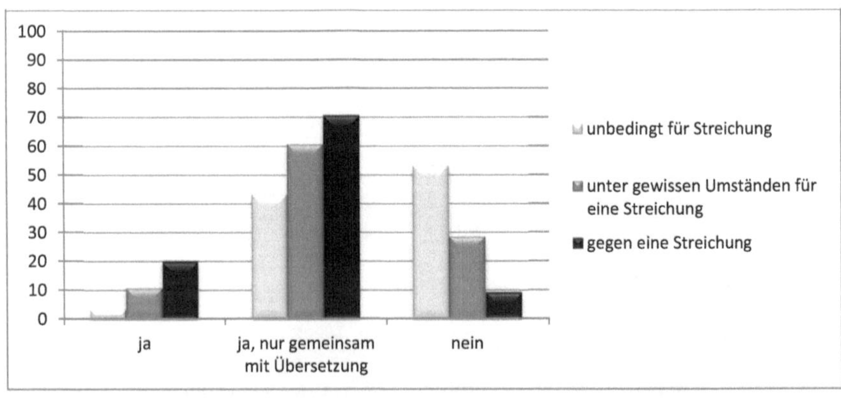

Diagramm 151: Streichung x Einsatz mhd. Texte (Studierende Deutschland)

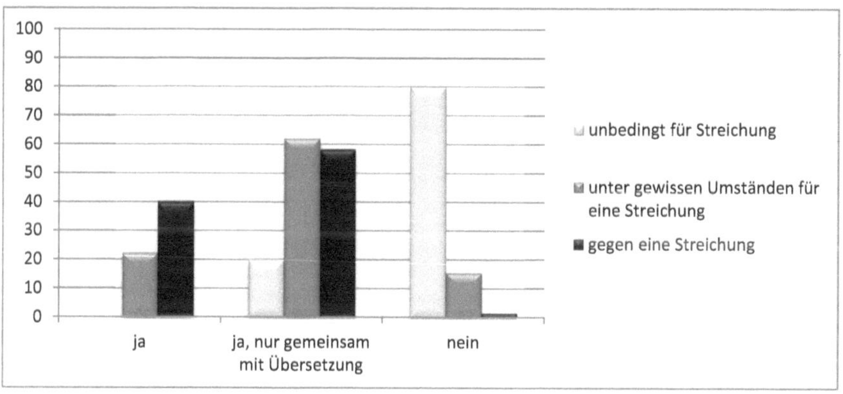

Diagramm 152: Streichung x Einsatz mhd. Texte (Studierende Österreich)

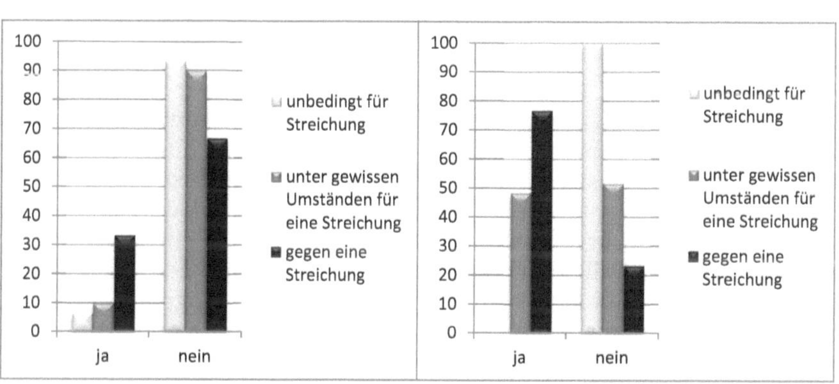

Diagramm 154: Streichung x Prüfungsthema (Studierende Deutschland)

Diagramm 153: Streichung x Prüfungsthema (Studierende Österreich)

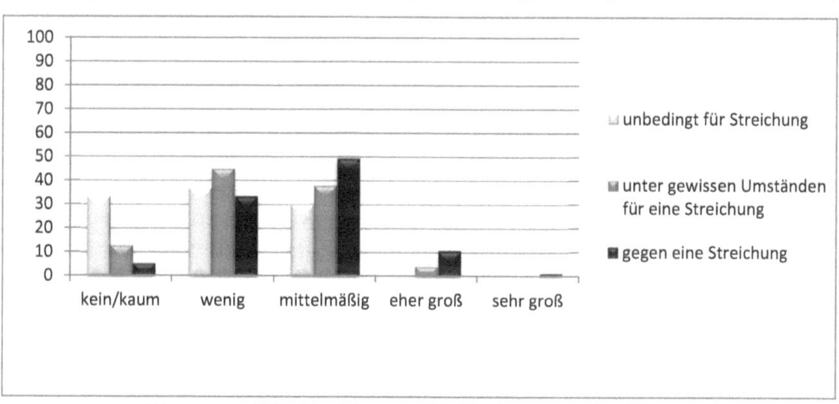

Diagramm 155: Streichung x Schülerinteresse (Studierende Deutschland)

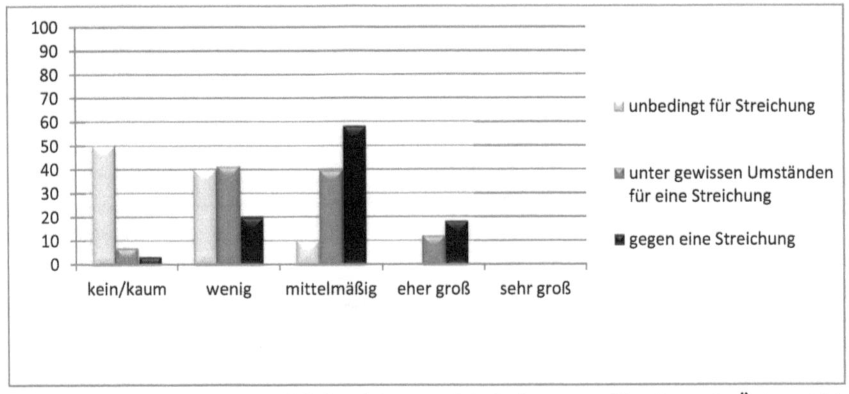

Diagramm 156: Streichung x Schülerinteresse (Studierende Österreich)

1.4.6 Genderspezifische Unterschiede

Im Rahmen der Auswertungen schien es auch interessant, ob männliche und weibliche Lehrpersonen einen unterschiedlichen Zugang zum Mittelalter haben, der sich auf ihr Verhalten hinsichtlich der Unterrichtspraxis und Relevanzwahrnehmung auswirkt. Zunächst lässt sich bei Betrachtung der Ergebnisse feststellen, dass der Anteil männlicher Deutschlehrer vor allem in Österreich offenbar stetig sinkt, was sich auch an aktuellen Studierendenstatistiken ablesen lässt.[49] Abgesehen von diesem Zusammenhang zwischen Geschlechterverhältnis und Altersgruppen, gibt es keine statistisch signifikanten Verhaltensunterschiede in Bezug auf das Mittelalter im Deutschunterricht, die Beurteilung der Relevanz des Mittelalters sowie eigene Schul- und Studienerfahrungen und die Einschätzung des Interesses heutiger Schüler/innen. Die Angaben in den einzelnen Gruppen fallen durchwegs ähnlich, in vielen Fällen sogar identisch aus. Einzige Ausnahme stellt die Behandlung mittelhochdeutscher Originaltexte im Unterricht in Österreich dar: Offenbar ziehen es männliche Lehrpersonen hier vor, dies eher ohne eine neuhochdeutsche Übersetzung, weibliche eher gemeinsam mit einer solchen zu tun, wobei der Anteil der Lehrer/innen, die generell mittelhochdeutsche Texte im Unterricht (auf die eine oder andere Art) verwenden, in beiden Gruppen gleich hoch ist. In den Stichproben aus Deutschland und der Schweiz lassen sich keine diesbezüglichen Tendenzen feststellen.

49 Vgl. hierzu etwa die Studierendenstatistik der Karl-Franzens-Universität Graz für das Sommersemester 2012: Insgesamt waren 580 österreichische Frauen und 235 Männer für ein Lehramtsstudium im Fach Deutsch gemeldet. Die Statistik ist online abrufbar unter: https://online.uni-graz.at/kfu_online/webnav.ini [Stand vom 14.05.2012].

Auch unter den Studierenden gibt es offenbar kaum geschlechtsspezifische Verhaltensweisen in Bezug auf das Mittelalter. Das Teilfach Germanistische Mediävistik wird von Studenten und Studentinnen in beiden Ländern ähnlich wahrgenommen und auch die Angaben zum Interesse an mittelalterlicher Sprache und Literatur in der eigenen Schulzeit unterscheiden sich nicht maßgeblich. Was die Vorstellung zur späteren Unterrichtsgestaltung anbelangt, würden männliche Studierende im Schnitt etwas mehr Unterrichtszeit für eine Behandlung des Mittelalters veranschlagen, ansonsten sind auch hier keine Unterschiede feststellbar.

1.4.7 Vergleich zwischen Lehrer/innen und Studierenden

Zusätzlich zu den ‚gruppeninternen' Auswertungen und Analysen sollen an dieser Stelle auch die Ergebnisse der beiden großen Befragungen, Lehrer/innen und Studierende (also zukünftige Lehrer/innen), gegenübergestellt werden. Wie aussagekräftig die Vergleiche hinsichtlich der Unterrichtspraxis sind bzw. inwieweit daran wirklich eine (zukünftige) Entwicklung abzulesen ist, lässt sich natürlich nur schwer beurteilen, da die Einstellungen und Vorstellungen der Studierenden vermutlich bis zum Abschluss des Studiums und in den ersten Jahren im Beruf noch stark geformt werden. Um etwaige Entwicklungen sichtbar zu machen, werden in einigen Bereichen zusätzlich die Befragungsergebnisse von Junglehrer/innen herangezogen, also jener Lehrer/innen, die erst seit weniger als 5 Jahren im Beruf sind und deren Studienabschluss damit in der Regel erst einige Jahre zurückliegt.

Was die Angaben zur Schul- und Studienerfahrungen angeht, werden deutliche Unterschiede zwischen den Gruppen sichtbar: Immer weniger (zukünftige) Lehrer/innen können auf eigene Schulerfahrung mit mittelalterlicher Sprache und Literatur zurückblicken. Während in Deutschland noch über 75% der heutigen Lehrer/innen angeben, im Deutschunterricht etwas über das Mittelalter gelernt zu haben, sind es nur noch etwas über 50% der Junglehrer/innen und rund 25% der Studierenden. Auch in Österreich lässt sich eine ähnliche Entwicklung beobachten, die jedoch aufgrund der Lehrplanvorgaben deutlich schwächer ausfällt. Das Interesse an mittelalterlichen Inhalten scheint hier jedoch ungebrochen: Rund 80% der österreichischen Proband/inn/en aller Gruppen geben an, sich für mittelalterliche Sprache und Literatur im Unterricht interessiert zu haben. In Deutschland lässt sich auch hier eine Negativentwicklung feststellen: Während noch über knapp 80% der Lehrer/innen meinen, sie hätten sich für das Mittelalter im Deutschunterricht interessiert, tun dies nur noch die Hälfte der Junglehrer/innen und 47,5% der Studierenden (vgl. Diagramm 158).

Auch der Vergleich der Ergebnisse hinsichtlich der Studienerfahrungen zeigt ähnliche Tendenzen: Die Germanistische Mediävistik wird von heutigen Studierenden wesentlich häufiger als jener Teilbereich genannt, der sie im Rahmen des Lehramtsstudiums am wenigsten anspricht (siehe Diagramme 161 und 162). Parallel dazu ist in Deutschland der Anteil jener Studierenden, die Germanistische Mediävistik als ansprechendsten Bereich im Studium angeben, drastisch gesunken, in Österreich zumindest leicht. Auch der Anteil von Diplomarbeiten aus dem Bereich der Mediävistik scheint stark rückläufig zu sein: Während in den Altersgruppen 1 und 2 noch bis zu 25% der Absolvent/inn/en eine Abschlussarbeit im Fachbereich verfasst haben, sind es heute nur 2,9% bzw. 7% der Lehramtsstudierenden (siehe Diagramm 163). Diese Ergebnisse könnten ein Indiz dafür sein, dass sich das Image und vermutlich auch die Betreuungssituation der Germanistischen Mediävistik im Rahmen der Lehramtsstudiengänge – unter Umständen auch durch die ständig präsente Legitimationsproblematik – in den letzten Jahren zunehmend verschlechtert hat.

Sowohl Schul- als auch Studienerfahrungen dürften sich also in den letzten Jahren eher zu Ungunsten der germanistischen Mediävistik entwickelt haben, wobei diese Tendenzen in Deutschland wesentlich drastischer ausfallen als in Österreich. Zumindest teilweise lässt sich dies sicher durch die ‚Schutzfunktion' der homogene Lehrplansituation erklären, die eine Behandlung mittelalterlicher Literatur an österreichischen Gymnasien explizit vorsieht und damit auch die Vermittlung mediävistischer Inhalte im Rahmen der universitären Ausbildung legitimiert. Warum allerdings auch das Interesse an mittelalterlicher Sprache und Literatur (bzw. diesbezügliche rückblickende Einschätzungen) im Unterricht in Deutschland so stark gesunken ist, bleibt fraglich, da hier ja kein direkter Zusammenhang mit der Lehrplansituation oder der Entwicklung im universitären Bereich vermutet werden kann.

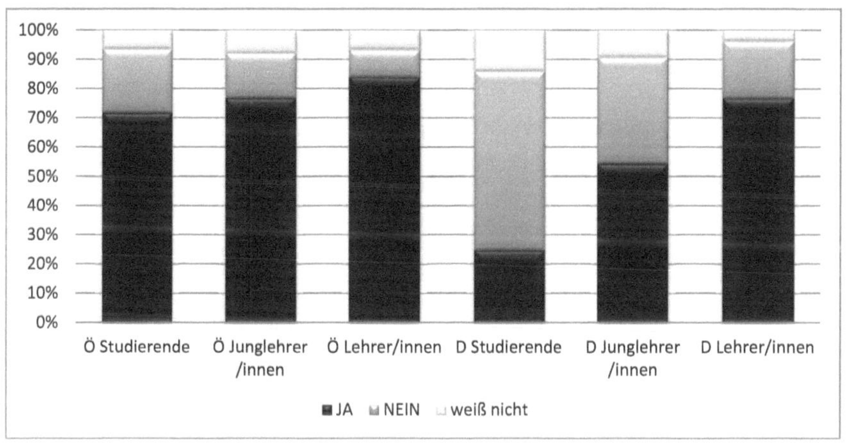

Diagramm 157: Mittelalter eigene Schulzeit (Lehrer/innen-Studierende)

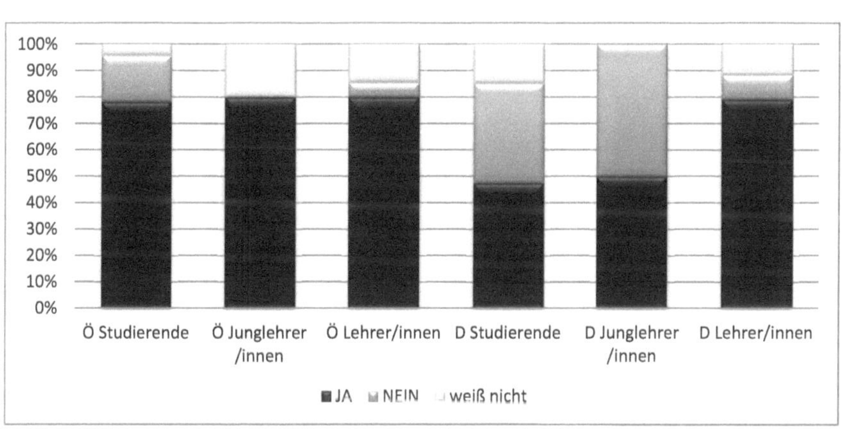

Diagramm 158: MAL Interesse eigene Schulzeit (Lehrer/innen-Studierende)

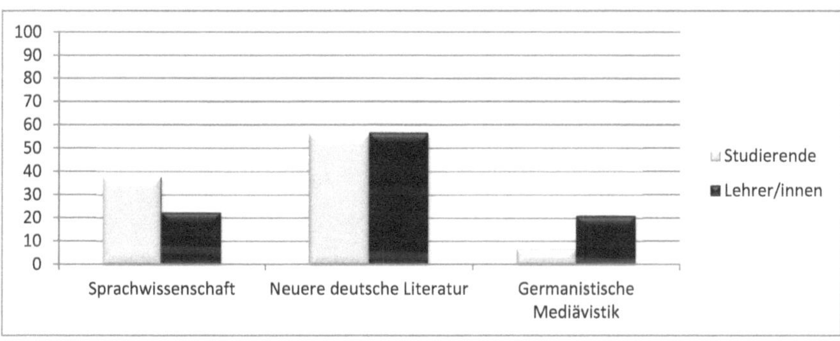

Diagramm 159: ansprechendster Fachbereich (Lehrer/innen-Studierende Deutschland)

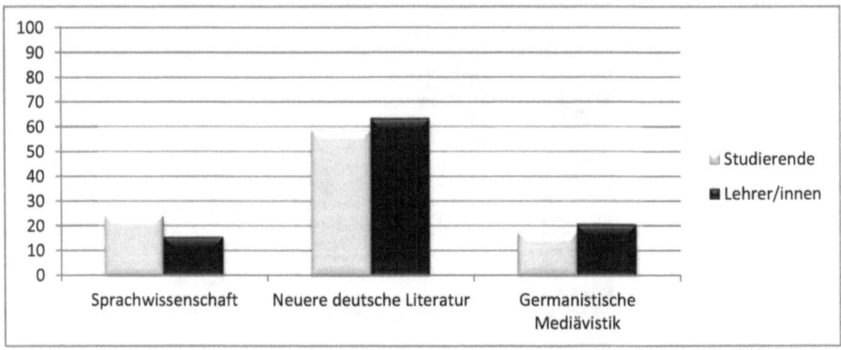

Diagramm 160: ansprechendster Fachbereich (Lehrer/innen-Studierende Österreich)

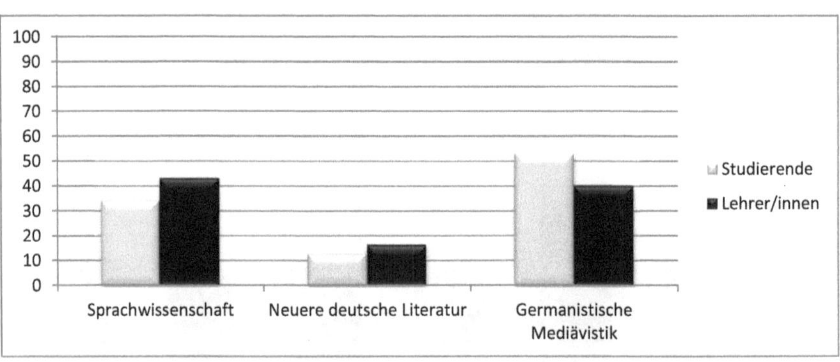

Diagramm 161: am wenigsten ansprechender Fachbereich (Lehrer/innen-Studierende Deutschland)

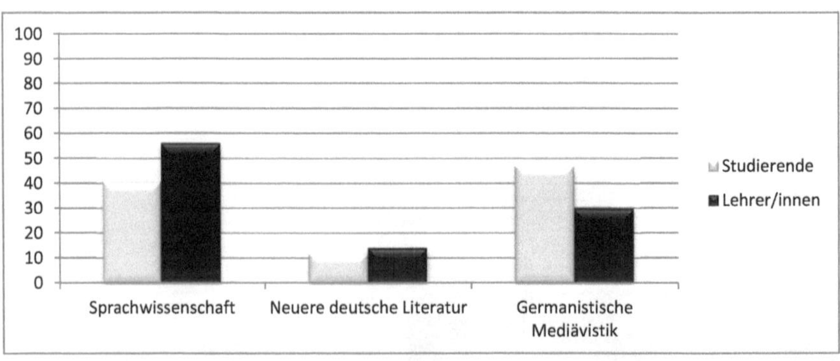

Diagramm 162: am wenigsten ansprechender Fachbereich (Lehrer/innen-Studierende Österreich)

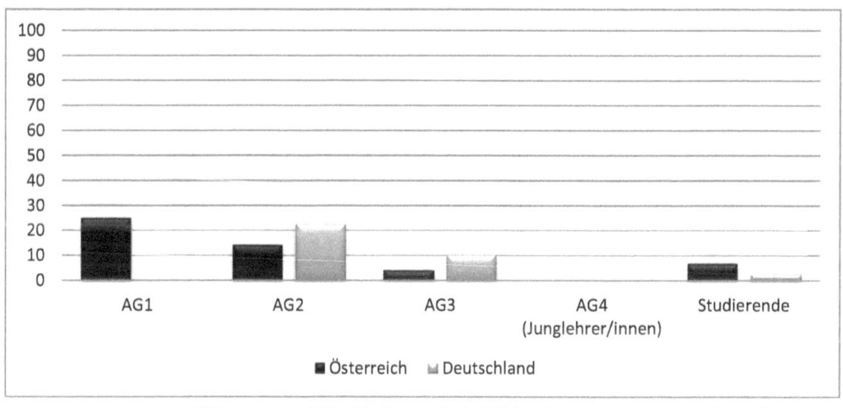

Diagramm 163: Diplomarbeit GM (Altersgruppen und Studierende)

Analog zu Schul- und Studienerfahrungen lässt sich auch im Vergleich der Angaben zur Unterrichtsgestaltung hinsichtlich mittelalterlicher Inhalte ein Negativtrend beobachten: Heutige Studierende sprechen sich häufiger für eine Streichung des Mittelalters aus den Lehrplänen aus und nennen es in Deutschland kaum als eine der beiden Epochen, die sie in der Sekundarstufe 2 behandeln würden. Betrachtet man zusätzlich die Ergebnisse der Gruppe der Junglehrer/innen, deutet vieles auf eine sukzessive Reduktion mittelalterlicher Inhalte im Deutschunterricht hin. Junglehrer/innen setzen weniger unterschiedliche Autoren im Unterricht ein, verwenden seltener mittelhochdeutsche Texte und widmen dem Mittelalter allgemein weniger Unterrichtszeit als Lehrer/innen, die den Beruf bereits länger ausüben. Heutige Lehramtstudierende würden dem Mittelalter eigenen Angaben zu Folge noch weniger Raum widmen (vgl. Diagramme 168 bis 173). So ist beispielsweise der Anteil jener Proband/innen, die gar keine mittelalterlichen Autoren in der Schule behandeln würden, unter den Studierenden am größten.

Auch das Interesse der Schüler/innen wird von zukünftigen und Junglehrer/innen negativer eingeschätzt als von erfahrenen Kolleg/inn/en (vgl. Diagramme 174 und 175).

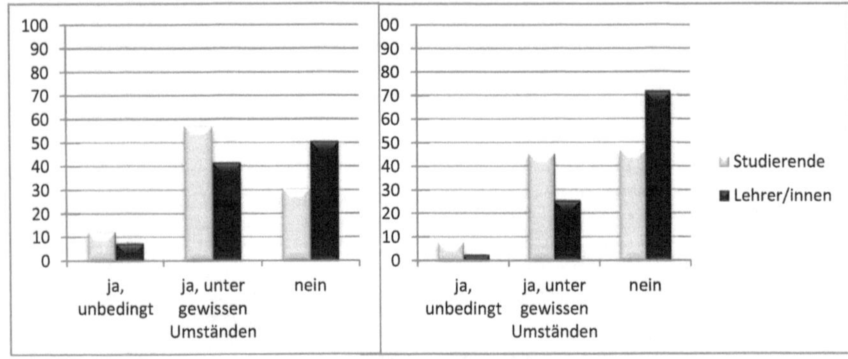

Diagramm 165: Streichung (Lehrer/innen-Studierende Deutschland) **Diagramm 164: Streichung (Lehrer/innen-Studierende Österreich)**

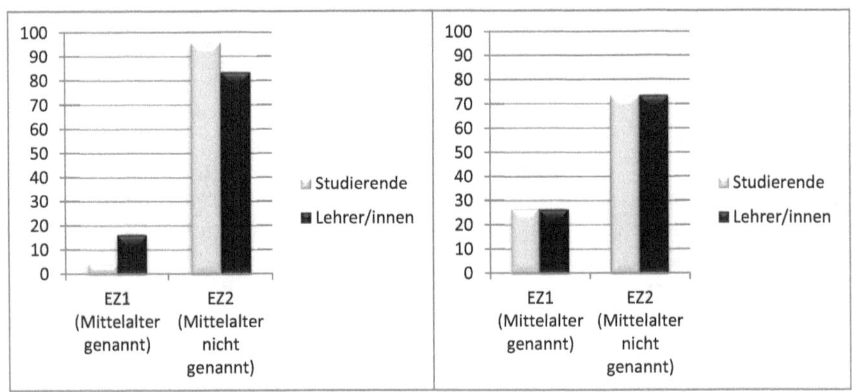

Diagramm 166: Epochenzahl (Lehrer/innen-Studierende Deutschland) **Diagramm 167: Epochenzahl (Lehrer/innen-Studierende Österreich)**

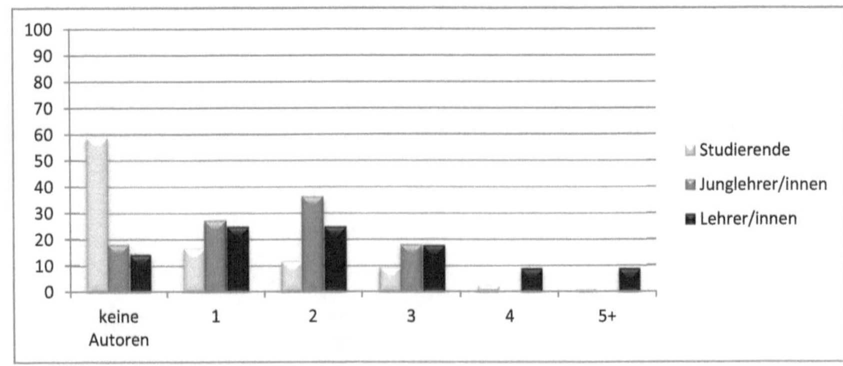

Diagramm 168: Autorzahl (Lehrer/innen-Studierende Deutschland)

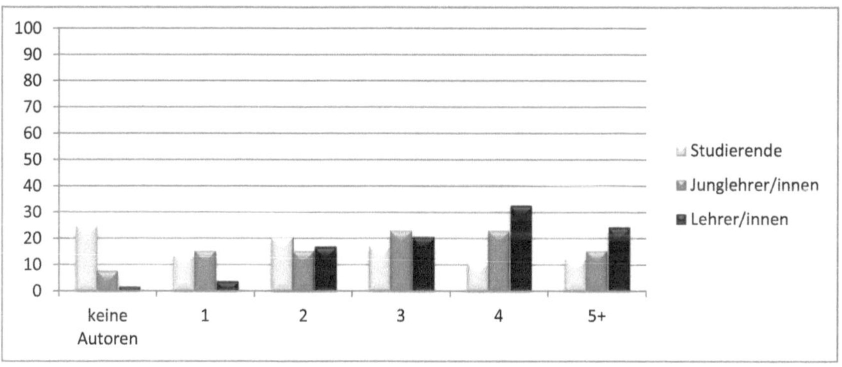

Diagramm 169: Autorzahl (Lehrer/innen-Studierende Österreich)

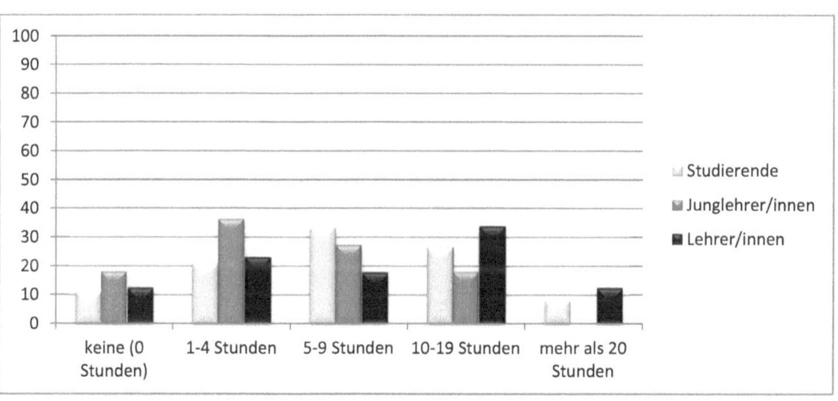

Diagramm 170: Stundenaufwand (Lehrer/innen-Studierende Deutschland)

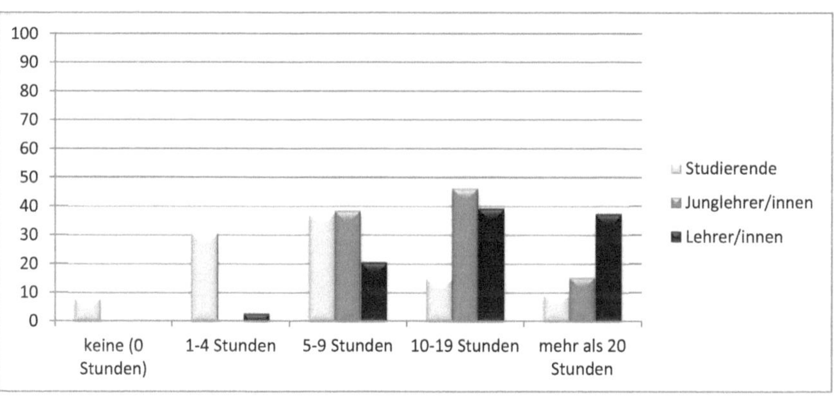

Diagramm 171: Stundenaufwand (Lehrer/innen-Studierende Österreich)

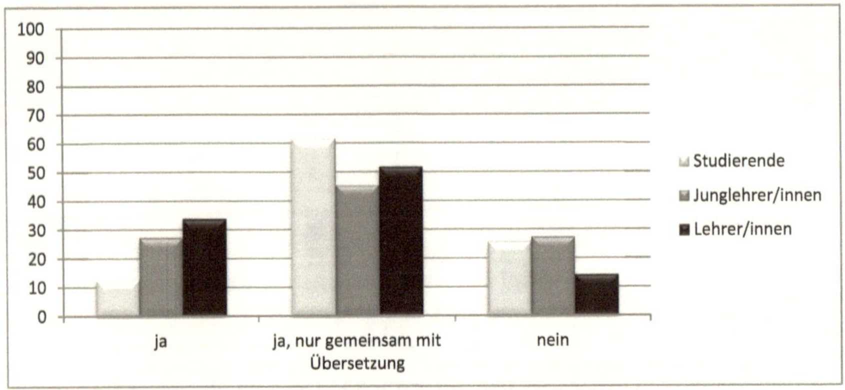

Diagramm 172: Einsatz mhd. Texte (Lehrer/innen-Studierende Deutschland)

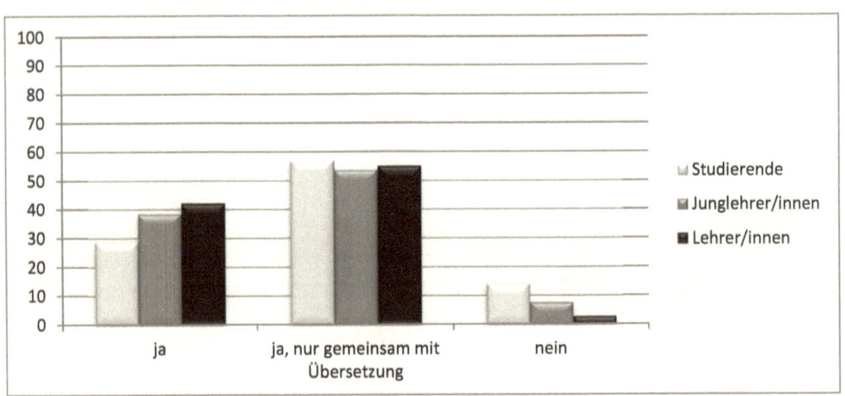

Diagramm 173: Einsatz mhd. Texte (Lehrer/innen-Studierende Österreich)

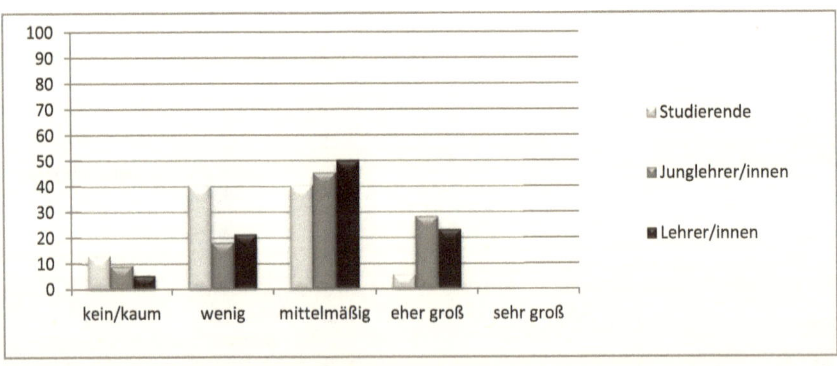

Diagramm 174: Einschätzung Schülerinteresse (Lehrer/innen-Studierende Deutschland)

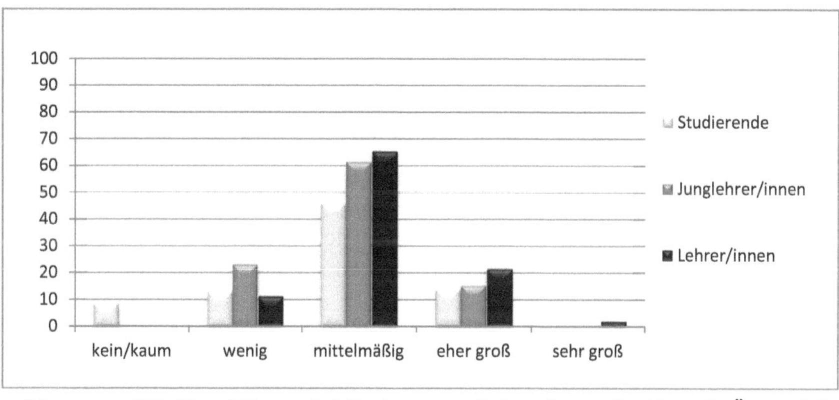

Diagramm 175: Einschätzung Schülerinteresse (Lehrer/innen-Studierende Österreich)

1.4.8 Universitäten im Vergleich

Da im Laufe der deskriptiven Datenanalyse neben nationalen Unterschieden auch starke Abweichungen zwischen den Probandengruppen einzelner Universitäten sichtbar wurden, erschien es sinnvoll, auch diesbezüglich eine Detailauswertung anzufertigen. Um zu determinieren, inwieweit neben nationalen und individuellen Einflüssen auch die jeweilige Studieneinrichtung die Haltung gegenüber mittelalterlicher Sprache und Literatur im Deutschunterricht mitbestimmt, wurden fünf Stichproben verschiedener Universitäten ausgewählt und anhand relevanter Items gegenübergestellt.

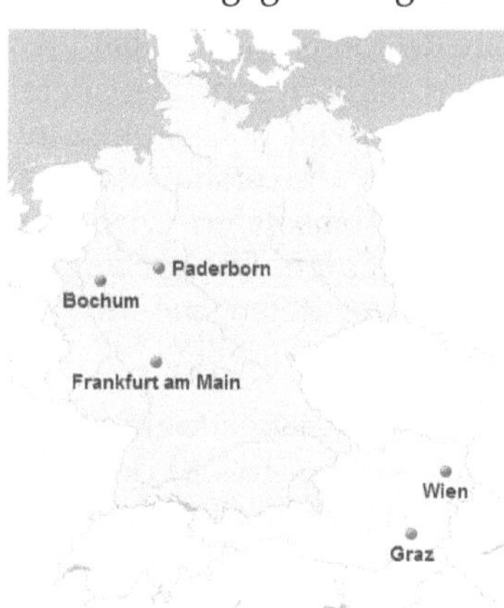

Abbildung 3: Universitätenvergleich

Ausgewählte Universitäten:

1. Karl-Franzens-Universität Graz (Steiermark, Österreich)
2. Hauptuniversität Wien (Wien, Österreich)
3. Universität Paderborn (Nordrhein-Westfalen, Deutschland)
4. Ruhr-Universität Bochum (Nordrhein-Westfalen, Deutschland)
5. Goethe-Universität Frankfurt am Main (Hessen, Deutschland)

Die Entscheidung, gerade diese Universitäten für den Vergleich heranzuziehen, war pragmatisch motiviert: Es handelt sich hierbei um jene fünf Einrichtungen mit den höchsten Teilnehmerzahlen. Dass zwei der deutschen Universitäten im selben Bundesland (Nordrhein-Westfahlen) liegen, ist daher dem Zufall geschuldet bzw. der hohen regionalen Bereitschaft, Fragebögen auszufüllen und weiterzuleiten. (Die Ausschreibung zur Teilnahme an der empirischen Untersuchung erfolgte über E-Mails an 45 verschiedene Universitäten, die sich jeweils etwa gleichmäßig im Bundesgebiet von Deutschland, Österreich und der deutschsprachigen Schweiz verteilen.)

Der direkte Vergleich der Stichproben aus Paderborn und Bochum erweist sich allerdings als günstig, da er Aufschluss über das Verhältnis von größeren regionalen (in diesem Fall bundesländerspezifischen) und studienortspezifischen bzw. durch die jeweilige Universität bestimmten Einflussfaktoren geben kann. Das Einbeziehen weiterer Universitäten erschien aufgrund der vergleichsweise geringen Stichprobengrößen (weniger als 20 Proband/inn/en pro Standort) nicht zielführend, wenngleich die Betrachtung weiterer Standorte (etwa im bayrischen Raum oder im Gebiet der neuen Bundesländer) in Wechselwirkung mit ihren regionalen und föderalen Einflüssen natürlich reizvoll gewesen wäre. Letztlich ist die Auswahl der Universitäten jedoch zweitrangig, da es in weiterer Folge nicht darum gehen soll, Profile einzelner Standorte zu erstellen und zu bewerten, sondern lediglich zu determinieren, inwieweit das Studium an einer bestimmten Universität Verhalten und Wahrnehmung der Proband/inn/en bezüglich mittelalterlicher Inhalte im Unterricht beeinflusst.

Die beiden österreichischen und die drei deutschen Universitätsstichproben folgen erwartungsgemäß jeweils den nationalen Tendenzen, wobei sich aber im Detail erhebliche Unterschiede ausmachen lassen. Mittels inferenzstatistischer Analysen konnten in allen überprüften Bereichen signifikante (auf 5%-Niveau) bzw. teilweise sogar hochsignifikante (auf 1%-Niveau) Zusammenhänge zwischen dem Universitätsstandort, an dem die Lehramtsausbildung (hauptsächlich) absolviert wird, und dem Verhalten der Proband/inn/en festgestellt werden. Die großen Unterschiede zwischen Studierenden einzelner Universitäten, die im Zuge der Auswertungen festgestellt wurden, sind also nicht zufällig.

Wie bereits in der Gesamtauswertung der Studierendenbefragung wird auch hier deutlich, dass die Altgermanistik für einen Großteil der Lehramtsstudierenden der am wenigsten ansprechende Teilbereich ihrer Ausbildung ist (vgl. Diagramme 177 und 178). Lediglich in Graz erscheint das Verhältnis zur Germanistischen Mediävistik etwas ausgeglichener: Jeweils etwa ein Drittel der Studierenden gibt an, dass sie dieser

Teilbereich am meisten bzw. am wenigsten anspricht. Ausnahmsweise ist die Mediävistik hier nicht das ‚unbeliebteste' Teilfach. Vergleichsweise hoch ist auch der Anteil jener Studierenden, die eine germanistisch-mediävistische Diplomarbeit verfassen, wie in Diagramm 176 ersichtlich.

Die Ergebnisse der Bochumer Stichproben lassen sich in diesem Zusammenhang nur schwer einordnen. Während einerseits im Vergleich zu Wien, Paderborn und Frankfurt relative viele Studierende die Germanistische Mediävistik als ihren favorisierten Teilbereich innerhalb des Studiums angeben und ebenso vergleichsweise viele eine Diplomarbeit in diesem Bereich anfertigen, stellt sie andererseits für fast 75% der Probanden die am wenigsten ansprechende Fachrichtung dar und erzielt daher in dieser Auswertung den mit Abstand negativsten Wert.

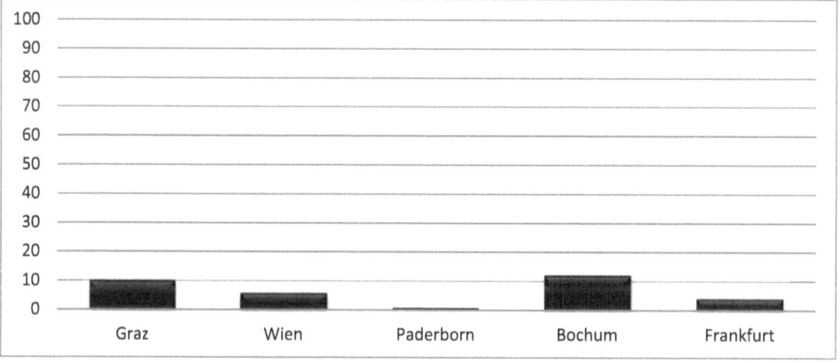

Diagramm 176: UNI (geplante) Diplomarbeit aus dem Bereich der GM

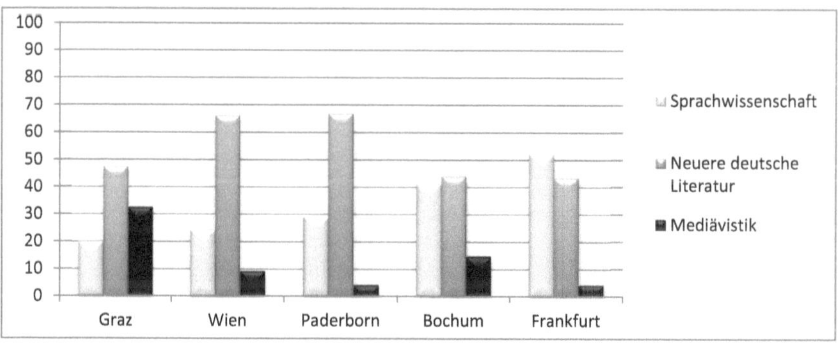

Diagramm 177: UNI ansprechendster Fachbereich

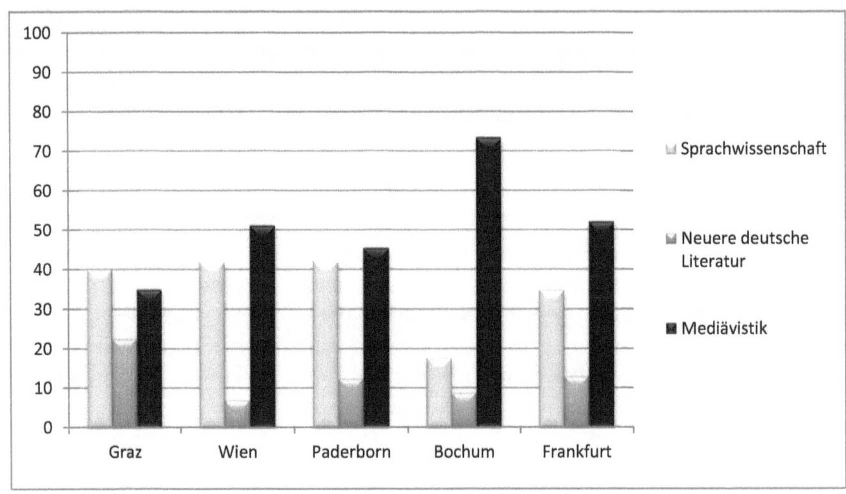

Diagramm 178: UNI am wenigsten ansprechender Fachbereich

Insgesamt zeigen die Vergleiche, dass die Wahrnehmung der germanistischen Mediävistik anders als die übrigen Variablen nicht alleine von nationalen Einflüssen, sondern offenbar wirklich sehr stark vom jeweiligen Studienort (und erst in weiterer Folge vermutlich auch von den dort geltenden Studienplänen und Curricula) abhängen dürfte.

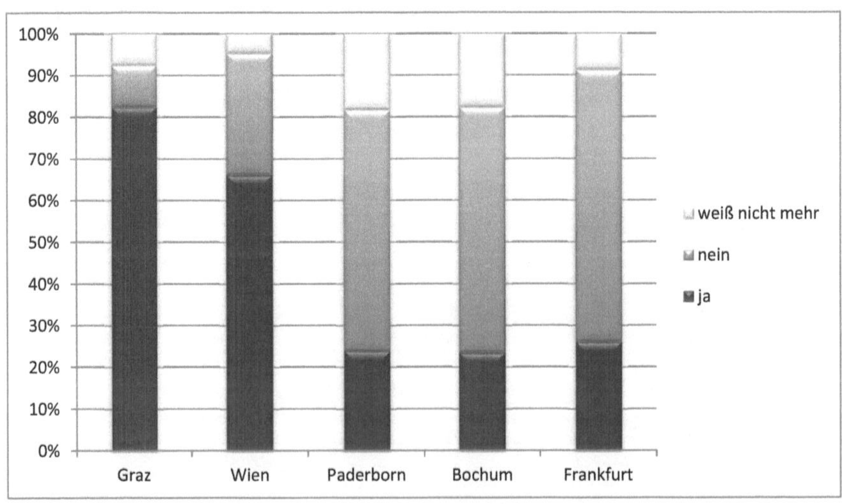

Diagramm 179: UNI MAL eigene Schulzeit

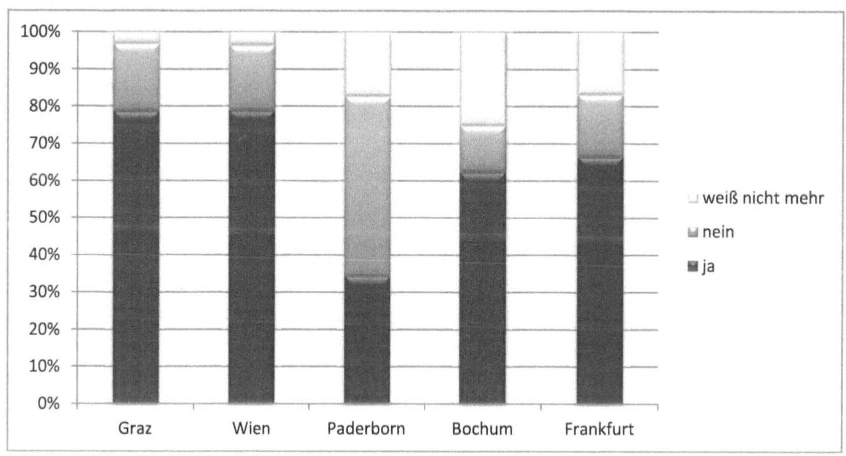

Diagramm 180: UNI Interesse am MAL eigene Schulzeit

Was die schulischen Erfahrungen mit dem Mittelalter im Deutschunterricht anbelangt, folgen die Ergebnisse erwartungsgemäß den jeweils nationalen Tendenzen. Während in Österreich, wo dies ja auch bundesländerübergreifend im Lehrplan verankert ist, die Mehrheit der Studierenden angibt, in der eigenen Schulzeit etwas über mittelalterliche Literatur und Sprache im Deutschunterricht gelernt zu haben, sind es an den deutschen Universitäten nur jeweils um die 25%, wobei das Mittelalter im Deutschunterricht in Österreich offenbar auch positiver wahrgenommen wird als in Deutschland. Dies scheint – zumindest in Österreich – unabhängig vom Studium bzw. Studienort zu sein, die Grazer und Wiener Ergebnisse sind in diesem Fall nahezu identisch. Auch die Auswertung der Ergebnisse aus Bochum und Frankfurt fällt ähnlich aus, lediglich in Paderborn scheinen die Studierenden mit mittelalterlicher Literatur und Sprache eher negative Erinnerungen aus ihrer Schulzeit zu verbinden – nur etwas über 34% geben an, sich dafür interessiert zu haben. Da hier Erinnerungen und rückwirkende Einschätzungen der eigenen Schulzeit, die ja bei den meisten Proband/inn/en doch schon einige Jahre zurück liegt, gefordert wurden, besteht zumindest die Möglichkeit, dass die Wahrnehmung der eigenen Schulerfahrungen durch die Interessen und Erlebnisse während des Studiums nachträglich beeinflusst wurden, wobei man sich in diesen Fall die Frage stellen könnte, warum nicht auch die Bochumer und Frankfurter Ergebnisse weiter nach unten tendieren, da auch hier die GM im Studium von der Mehrzahl der Probanden als eher weniger ansprechend eingestuft wurde.

Insbesondere im Vergleich mit den Items zur Studienerfahrung gilt es zu beachten, dass Rankings natürlich nur bedingt aussagekräftig sind, da sie nur Vergleichs-Ergebnisse bieten. Es ist zum Beispiel nicht gesagt, dass jene 75% der Bochumer Studierenden, die Germanistische Mediävistik als das Teilfach angegeben haben, das ihnen im Studium am wenigsten zusagt, diese grundsätzlich als negativ empfinden. Das Ergebnis sagt lediglich aus, dass ihnen die Mediävistik weniger zusagt als die neuere deutsche Literatur und die Sprachwissenschaft. Und natürlich können auch aktuelle Prüfungserfahrungen, Strukturprobleme, persönliche Sympathien und eine Vielzahl anderer Faktoren, deren Detail-Erhebung den Rahmen dieser Untersuchung gesprengt hätte, die Wahl innerhalb des Ranking beeinflusst haben.

Sehr deutliche Effekte lassen sich hinsichtlich der beiden Items zur Relevanzwahrnehmung messen. Hier stechen insbesondere die Ergebnisse der Grazer Studierenden hervor: 45% der Studierenden nennen das Mittelalter als eine der beiden Epochen, die sie in der Sekundarstufe 2 behandeln würden; es ist damit in dieser Gruppe die mit Abstand am häufigsten genannte Epoche noch vor Klassik und Aufklärung (siehe Diagramm 182). Auch von den Wiener Studierenden wird das Mittelalter noch relativ häufig genannt und rangiert damit auf Platz 4 des Epochenrankings hinter Romantik, Klassik und Aufklärung (Diagramm 183). An den drei deutschen Universitätsstandorten wird das Mittelalter – den nationalen Tendenzen folgend – wesentlich seltener angegeben: Rund 6% der Bochumer und 4% der Paderborner Studierenden würden es als eine von zwei Epochen in der Sekundarstufe 2 zum Thema machen. In der Frankfurter Stichprobe wurde das Mittelalter bei dieser Frage kein einziges Mal genannt.

Für eine unbedingte Streichung mittelalterlicher Sprache und Literatur aus dem Deutschunterricht sprechen sich in allen fünf Gruppen nur wenige Proband/inn/en aus, lediglich in Paderborn und Frankfurt liegt dieser Wert knapp über der 10%-Marke, ist mit 12,4 bzw. 13% Zustimmung aber immer noch sehr niedrig. Unter gewissen Umständen könnte sich allerdings ein Großteil der Probanden damit abfinden. Nur in Graz sprechen sich mehr als die Hälfte der Studierenden (60%) gegen eine Streichung aus den Lehrplänen aus (siehe Diagramm 187). Unter den Studierenden in Wien, Paderborn und Bochum sind es jeweils zwischen 20% und 30%. Der niedrigste Wert lässt sich in der Frankfurter Gruppe verzeichnen: Hier lehnen nur knapp über 10% der Studierenden eine Streichung dezidiert ab, was sich auch mit den Ergebnissen aus dem Epochenranking deckt.

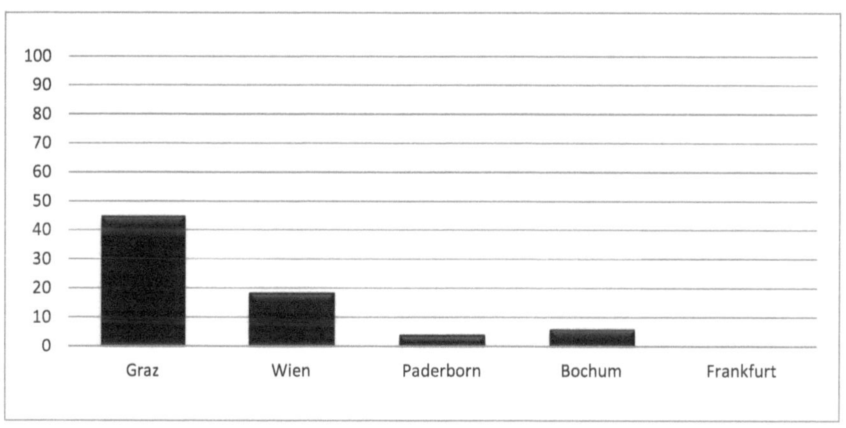

Diagramm 181: UNI Epochenzahl

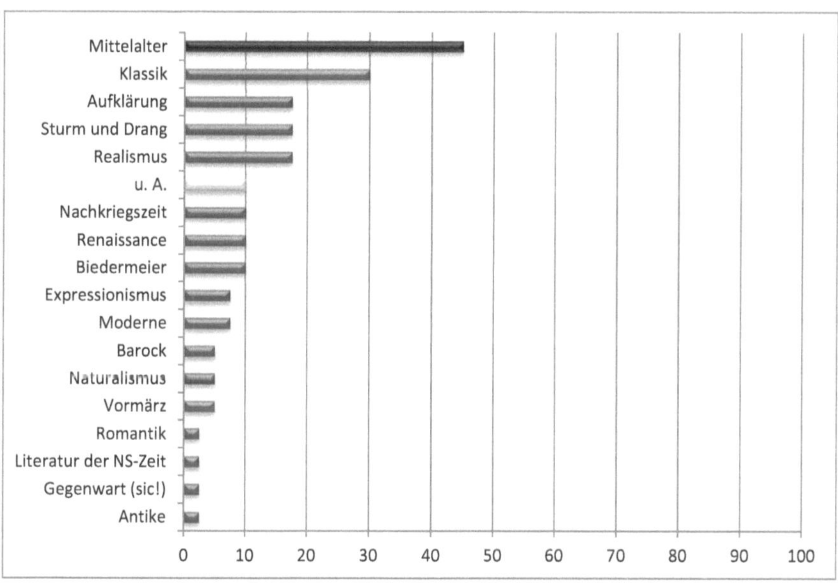

Diagramm 182: UNI Epochen (Graz)

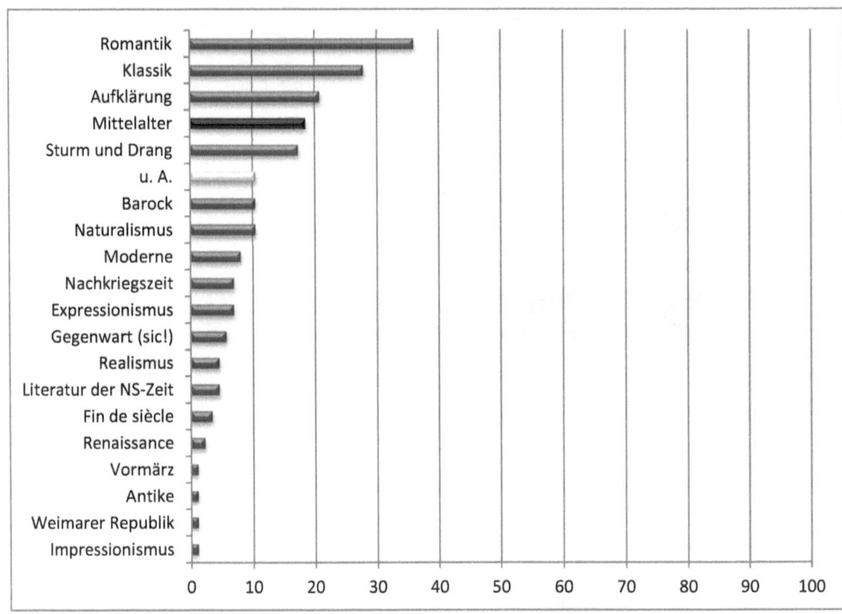

Diagramm 183: UNI Epochen (Wien)

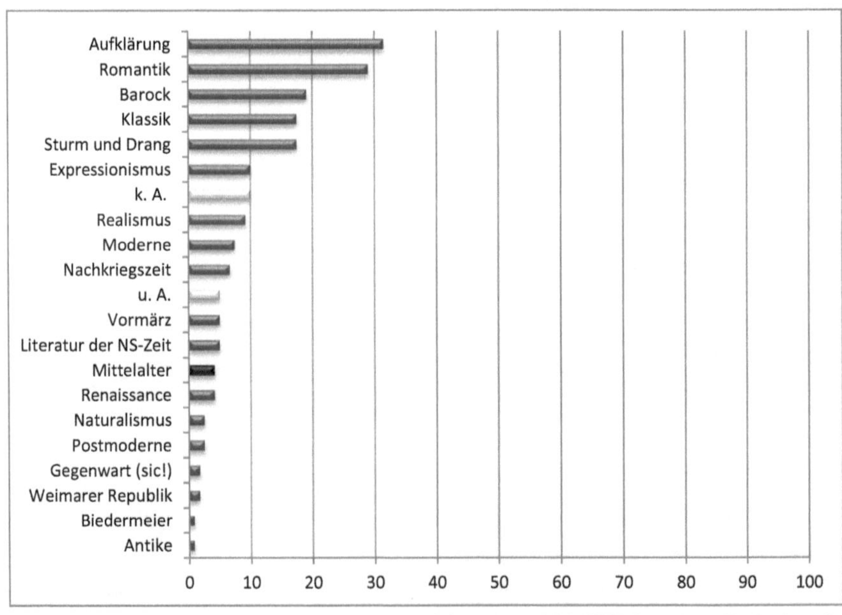

Diagramm 184: UNI Epochen (Paderborn)

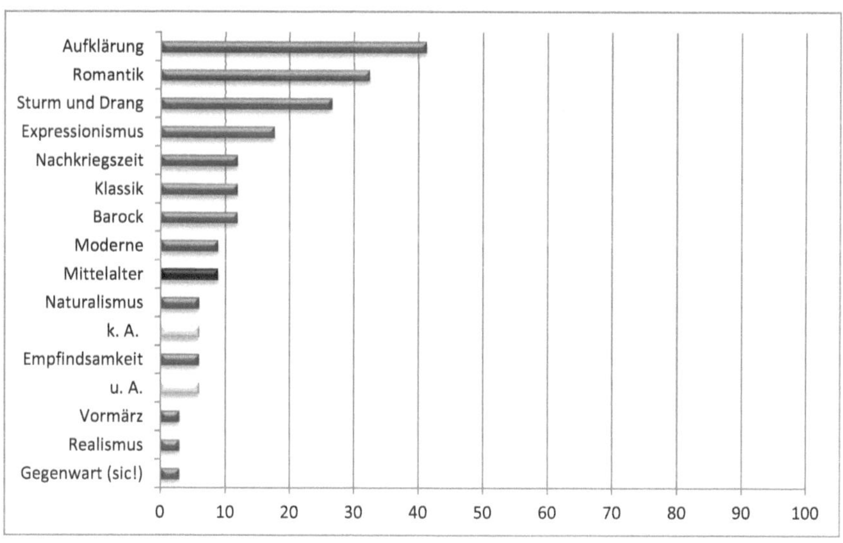

Diagramm 185: UNI Epochen (Bochum)

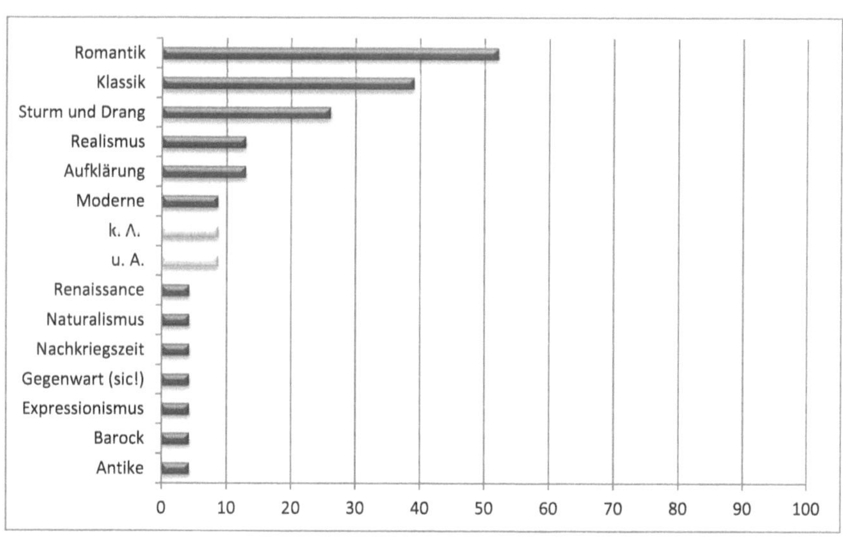

Diagramm 186: UNI Epochen (Frankfurt)

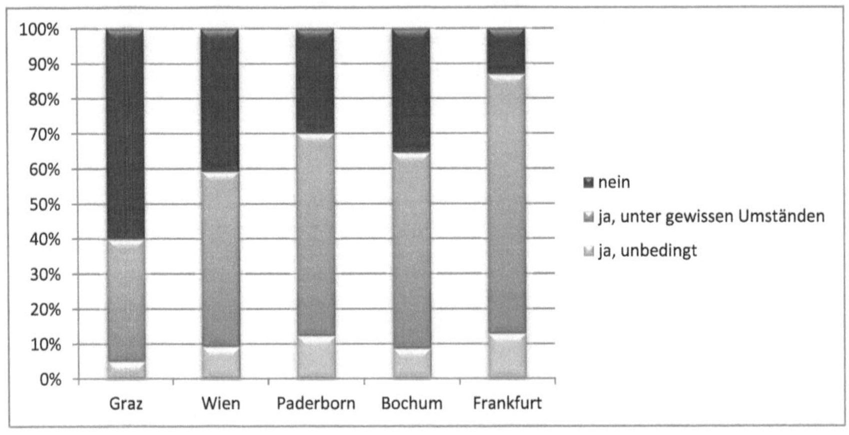

Diagramm 187: UNI Streichung des MAL

Während die Beurteilung der germanistischen Teilfächer und die Relevanzwahrnehmung (wie natürlich auch die Angaben zur Schulerfahrung) unabhängig vom jeweiligen Studiensemester der Proband/inn/en sind, wirkt sich der Studienfortschritt, wie in diesem Kapitel zuvor gezeigt werden konnte, auf die Vorstellungen der späteren Unterrichtspraxis aus, die umso konkreter sind, je länger die Proband/inn/en bereits studiert haben. Da die Zusammensetzung der Universitätsstichproben nicht homogen ist, beeinträchtigt dies natürlich bis zu einem gewissen Grad die Vergleichbarkeit der nachfolgenden Angaben: So nahmen beispielsweise aus Frankfurt besonders viele Studienanfänger/innen und aus Bochum wiederum besonders viele fortgeschrittene Studierende teil. In den Stichproben aus Paderborn, Wien und Graz war das Verhältnis zwischen niedrigen und höheren Semestern ausgeglichen.

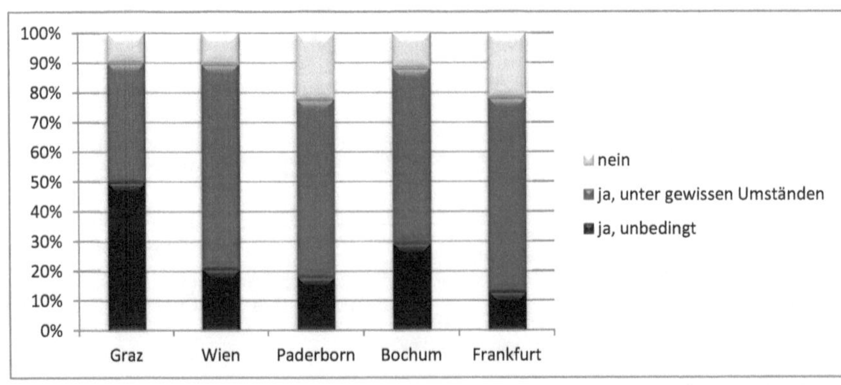

Diagramm 188: UNI Projekte

Die Bereitschaft, Unterrichtsprojekte zum Thema Mittelalter zu gestalten und durchzuführen, ist in allen Probandengruppen relativ groß. Nur zwischen 10% und knapp über 20% der Studierenden können sich überhaupt nicht vorstellen, später diesbezügliche Projekte in ihren Unterricht zu integrieren. In Graz und in Bochum ist der Wunsch einmal Mittelalterprojekte durchzuführen, besonders ausgeprägt: Rund die Hälfte bzw. ein Drittel der Studierenden geben an, dies später ‚unbedingt' einmal machen zu wollen (vgl. Diagramm 188).

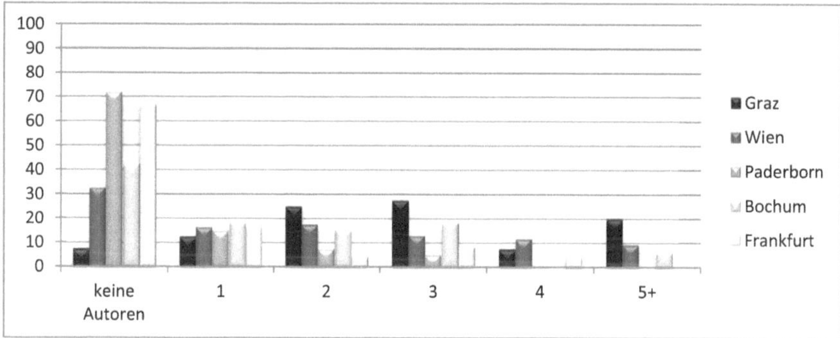

Diagramm 189: UNI Autorzahl

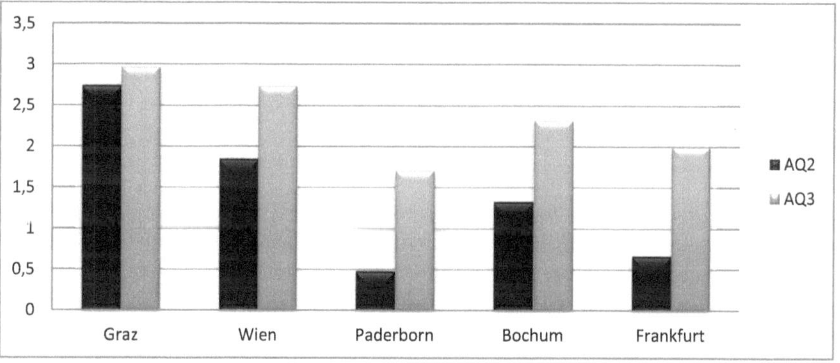

Diagramm 190: UNI Autorquotient

Betrachtet man die Angaben zu den mittelalterlichen Autoren, die Studierende im Unterricht behandeln würden, lassen sich zunächst nationale Tendenzen feststellen: Grazer und Wiener Studierende nennen wesentlich mehr unterschiedliche Autoren als ihre deutschen Kolleg/inn/en, wobei in den Auswertungen der beiden österreichischen Universitäten deutliche Verhaltensunterschiede sichtbar werden (vgl. Diagramme 189 und 190). Aber auch die drei deutschen Universitätsstichproben unterscheiden sich hier beträchtlich. Die wenigsten Autoren werden von Studierenden aus Paderborn angegeben, die meisten von Bochumer Studierenden. Da die bisherige Untersuchung gezeigt hat, dass die Zahl der Autoren, die Studierende nennen können und in ihrem Unterricht einsetzen würden, im Laufe des Studiums steigt, könnte der Autorenquotient unter Umständen in Frankfurt noch weiter nach oben korrigiert werden, da hier größtenteils Studienanfänger an der Befragung teilgenommen haben. Trotzdem ist der Wert in Frankfurt bereits höher als jener in Paderborn.

Die deutlichsten Unterschiede zwischen den einzelnen Standorten zeigen sich, wenn man den Anteil jener Studierenden vergleicht, die angeben, sie würden überhaupt keine mittelalterlichen Autoren in ihrem Unterricht behandeln: Dieser ist in Paderborn fast 10 Mal höher als in Graz, wo er im einstelligen Prozentbereich (7,5%) liegt. In Wien würden rund 30%, in Bochum knapp über 40% und in Frankfurt 2 Drittel der Studierenden keine mittelalterlichen Autoren einsetzen. Diese Divergenzen werden dann auch in der Differenz der beiden Autorenquotienten (AQ2 und AG3)[50] sichtbar (vgl. Diagramm 190), die umso größer ausfallen, je mehr Studierende der Stichprobe keine Autoren angeben.

Auch wenn also – je nach Standort – ein beträchtlicher Teil der Studierenden meint, keine mittelalterlichen Autoren behandeln zu wollen, würden laut den Ergebnissen der Frage nach der Stundenzahl, die sie für das Mittelalter im Deutschunterricht aufwenden würden, doch die wenigsten ganz auf eine Behandlung mittelalterlicher Inhalte verzichten wollen. Keine Unterrichtszeit für das Mittelalter geben in Graz[51], Paderborn und Bochum jeweils knapp über 12% an, in Wien und Frankfurt liegt der Wert unter der 10% Marke.

Im Mittelwertvergleich wird deutlich, dass Studierende aus Bochum hier mit durchschnittlich 13 Stunden die meiste Unterrichtszeit veranschlagen würden, gefolgt von jenen aus Graz und – bereits mit größerem Abstand – Paderborn und Frankfurt. Die Wiener Studierenden geben hier die niedrigsten Werte an: Rund 40% würden dem Mittelalter nur bis zu 4

50 Vgl. hierzu auch die Auswertungen in Kapitel 1.3.

51 Die Grazer Ergebnisse sind hier nicht ganz stimmig: Während nur 7,5% keine mittelalterlichen Autoren behandeln würden, geben 12,5% und damit um 2 Proband/inn/en mehr an, keine Unterrichtszeit, d.h. 0 Stunden für eine Behandlung des Mittelalters im Deutschunterricht aufwenden zu wollen. Betrachtet man diese beiden Datensätze, liegt die Vermutung nahe, dass ein Eingabefehler im Zahlenfeld der Grund für die Unstimmigkeit ist, da es sich um 2 Proband/inn/en handelt, die zwar hier statt einer ganzen Zahl „0" eingetragen hatten, ansonsten aber umfassende Angaben zum Mittelalter im Unterricht machten (also neben Autoren u. a. auch Texte und Themen nannten, die sie im Unterricht behandeln möchten).

Unterrichtsstunden widmen wollen, im Schnitt sind es zwischen 6 und 7. Der Anteil jener Studierenden, die sich bereits jetzt umfassendere Unterrichtsschwerpunkte im Ausmaß von mehr als 20 Stunden vorstellen (können), ist in Graz und Bochum am höchsten (vgl. Diagramm 192).

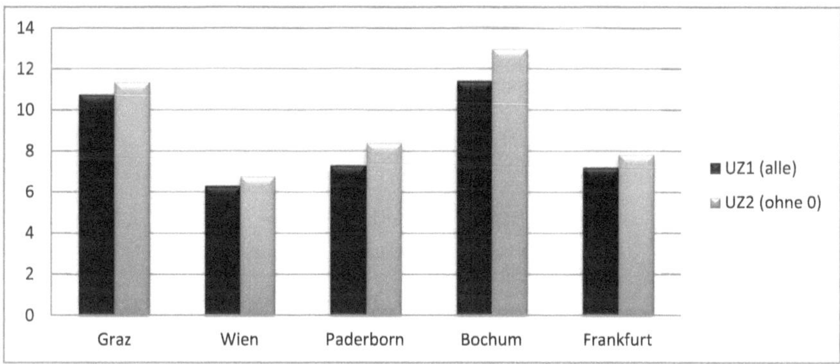

Diagramm 191: UNI Unterrichtszeit (Mittelwert)

Für UZ1 würden die Angaben aller Proband/inn/en der jeweiligen Stichprobe herangezogen, für UZ2 nur jene, die bei dieser Frage nicht „0" gewählt hatten, also das Mittelalter überhaupt nicht im Unterricht thematisieren wollen.

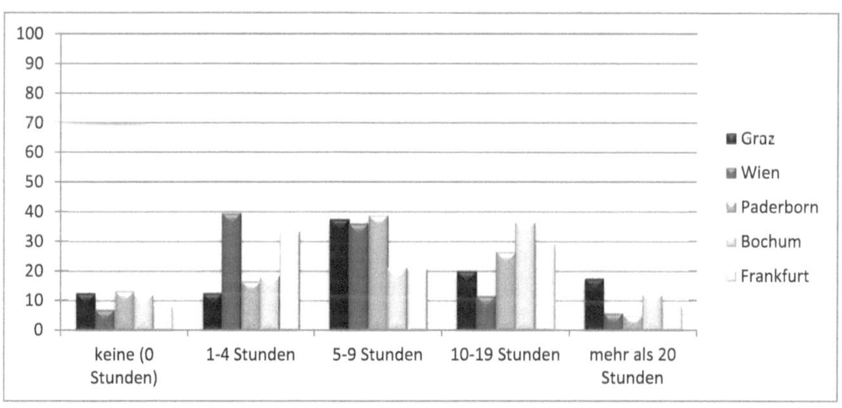

Diagramm 192: UNI Unterrichtszeit gruppiert

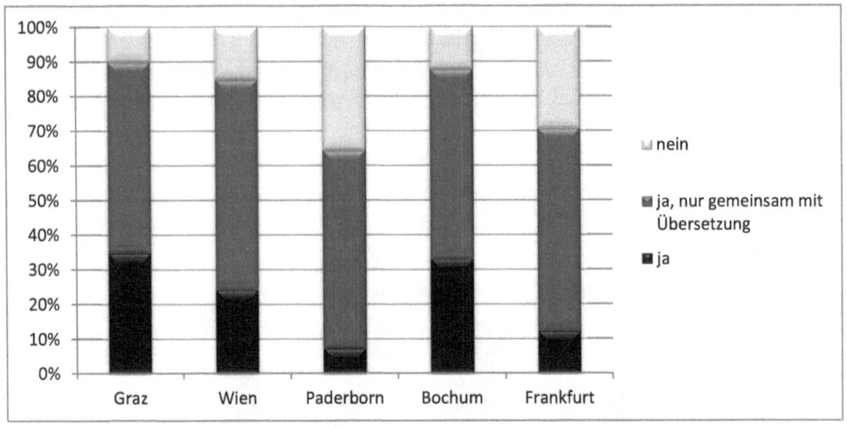

Diagramm 193: UNI Einsatz mhd. Texte

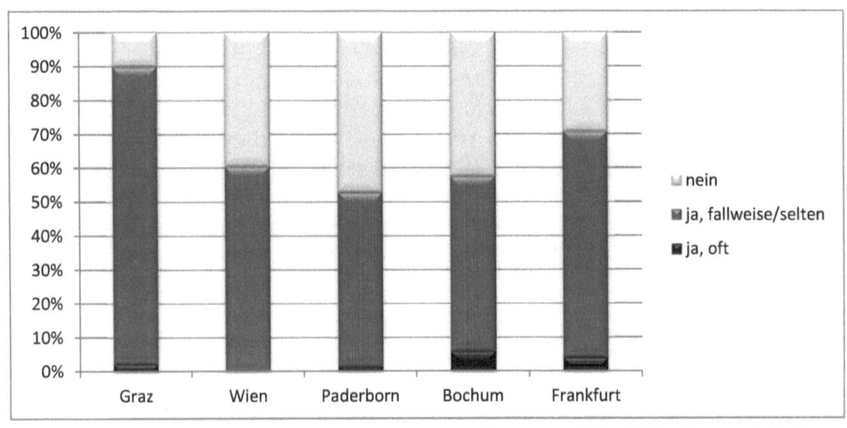

Diagramm 194: UNI Einsatz ahd. Texte

Auch was die Angaben zum Einsatz von mittel- und althochdeutschen Texten im Unterricht anbelangt, werden wieder standortspezifische Differenzen sichtbar, die auch über die jeweiligen nationalen Tendenzen hinausreichen. So ist beispielsweise der Anteil jener Studierenden, die mittelhochdeutsche Texte (auch ohne begleitende Übersetzung) im Unterricht einsetzen würden, in Graz und Bochum überdurchschnittlich hoch. Insgesamt würden an den Universitäten Graz, Wien und Bochum zwischen 80% und 90% der Studierenden mittelhochdeutsche Originaltexte behandeln, in Paderborn und Frankfurt liegt dieser Wert niedriger (allerdings in beiden Fällen noch deutlich über der 60% Marke).

Außer in Graz und Frankfurt, wo jeweils alle Studierenden (90% bzw. 70%), die mittelhochdeutsche Texte einsetzen würden, auch zumindest fallweise oder selten althochdeutsche Texte im Unterricht verwenden möchten, liegt die Zustimmung bei dieser Frage jeweils etwas unter jener bei den mittelhochdeutschen Texten. Die Ergebnisse der einzelnen Universitäten folgen auch bei dieser Fragestellung nicht zwingend den jeweiligen nationalen Tendenzen, die für Österreich und Deutschland festgestellt werden konnten.

Größeren Einfluss haben nationale Konventionen und Lehrpläne hingegen auf die Angaben zum Mittelalter als Prüfungsthema im Deutschunterricht (wie in Diagramm 195 ersichtlich). Österreichische Studierende würden demnach das Mittelalter wesentlich häufiger auch prüfen als ihre deutschen Kolleg/inn/en, wobei der Anteil der Studierenden, die hier mit ‚JA' antworten, in Graz noch einmal deutlich größer ist. Innerhalb der 3 deutschen Universitätsstichproben ist der Anteil jener Studierenden, die das Mittelalter auch als prüfungsrelevantes Unterrichtsthema sehen, in Bochum am höchsten, wo vergleichsweise auch die meiste Unterrichtszeit aufgewandt, mehr unterschiedliche Autoren und eher mittelhochdeutsche Texte behandelt werden würden.

Das Interesse von Schülern und Schülerinnen wird von Studierenden allgemein eher gering eingeschätzt, was auch der Mittelwertvergleich nach ‚Schulnoten' zeigt. Hier liegen die Ergebnisse aller Universitätsstandorte zwischen 3 und 4. Niemand der Proband/inn/en glaubt, dass heutige Schüler/innen sehr großes Interesse am Mittelalter haben könnten, und mit Ausnahme von Graz, wo zumindest ein Viertel der Studierenden damit rechnet, „eher großes Interesse" in den Schulklassen vorzufinden, wird auch die zweite positive Kategorie kaum gewählt.

Es konnte also im Rahmen der Vergleiche ausgewählter Universitätsstandorte gezeigt werden, dass es neben den nationalen Unterschieden auch beträchtliche standortspezifische Einflüsse zu geben scheint, die Wahrnehmung und Verhalten bezüglich des Mittelalters im Deutschunterricht bestimmen. Wie Studierende ihren späteren Unterricht hinsichtlich mittelalterlicher Inhalte und Themen sehen, hängt also stark vom jeweiligen Herkunftsland, der Universität, an der sie ihre Ausbildung absolvieren, sowie der Relevanz ab, die sie mittelalterlicher Sprache und Literatur beimessen (die wiederum von den beiden Variablen – also Land und Universität – mitbestimmt bzw. beeinflusst wird).

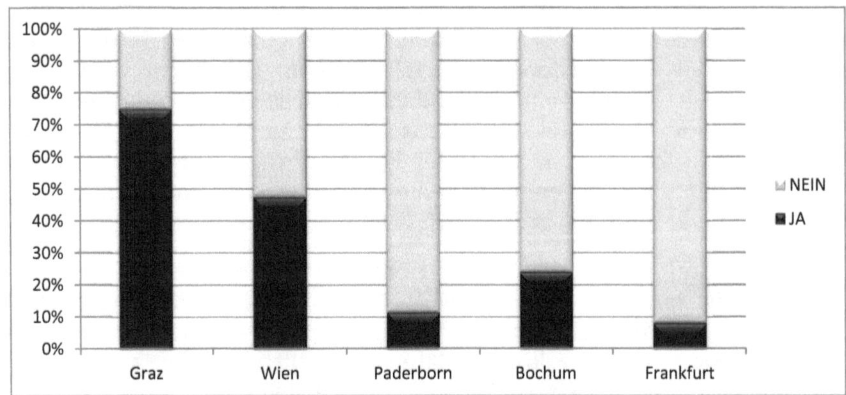

Diagramm 195: UNI MAL als Prüfungsthema

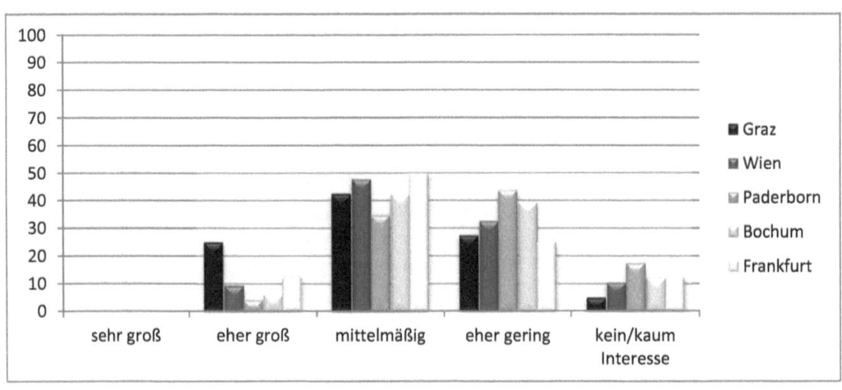

Diagramm 196: UNI Einschätzung Schülerinteresse

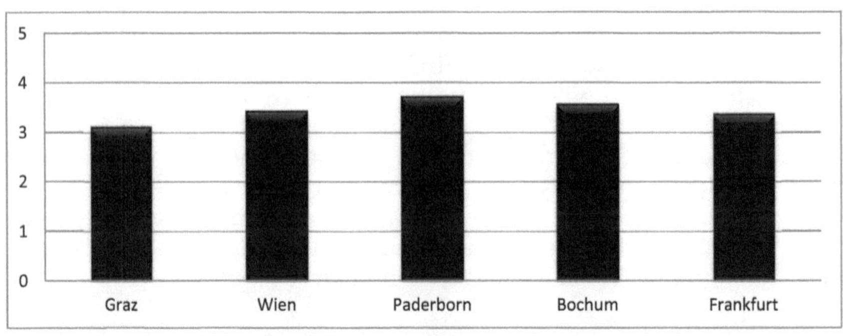

Diagramm 197: UNI Eischätzung Schülerinteresse (Schulnoten)

1.5 Zusammenfassung der Ergebnisse

Auch wenn die Ergebnisse der Befragungen aus Sicht der germanistischen Mediävistik nicht uneingeschränkt zum Jubeln verleiten, zeigen sie doch, dass das Mittelalter immer noch seinen Platz im schulischen Deutschunterricht zu haben scheint: Der überwiegende Teil der Lehrer und Lehrerinnen aller 3 Länder behandelt das Mittelalter nach wie vor im Unterricht (alle österreichischen, rund 94% der deutschen und 89% der Schweizer Lehrer/innen), die meisten zukünftigen Lehrer/innen geben an, dies ebenfalls – zumindest in der einen oder anderen Form – vorzuhaben (jeweils um die 94% der österreichischen und Schweizer sowie 89% der deutschen Studierenden). Im Schnitt werden dafür zwischen 8 und 16 Unterrichtsstunden aufgewandt. An vielen Schulen dürfte es auch umfangreichere Mittelalterschwerpunkte geben (rund ein Drittel der österreichischen, ein Fünftel der Schweizer und knapp 12% der deutschen Lehrer geben an, pro Jahrgang mehr als 20 Unterrichtsstunden für die Behandlung des Mittelalters zu investieren). Die meisten von ihnen setzen mittelhochdeutsche Texte ein (jeweils über 80% der Lehrer/innen), viele verwenden auch althochdeutsche Textbeispiele – was, glaubt man den Angaben der Studierenden, auch zukünftig so bleiben dürfte.

Möglichkeiten, sich über den regulären, ‚lehrbuchgemäßen' Unterricht hinaus mit dem Mittelalter zu befassen, werden relativ häufig genutzt: Insgesamt geben jeweils über 40 bzw. über 50% der Deutschlehrer/innen an, schon einmal Projekte, Regionalschwerpunkte und/oder fächerübergreifenden Unterricht zum Thema gestaltet zu haben, wobei im Bereich des Letzteren große Divergenzen zwischen vorhandenen Wünschen und Ideen und deren praktischer Umsetzung sichtbar werden. Viele Lehrer/innen sähen hier offenbar noch Potentiale hinsichtlich – auch ungewöhnlicherer – Schwerpunktsetzungen mit anderen Fächern, die sie allerdings (noch) nicht umsetzen konnten. Die Motivation, ein mittelalterliches Thema aufzugreifen und sich im Rahmen eines Projektes intensiv damit zu beschäftigen, ist auch bei den zukünftigen Lehrern grundsätzlich vorhanden: Ein Großteil der Studierenden kann sich vorstellen, später einmal Unterrichtsprojekte zum Mittelalter zu gestalten, viele möchten dies laut eigenen Angaben ‚unbedingt' einmal machen.

Nach Themen, Autoren und Texten befragt, die im Rahmen des Themas Mittelalter im Unterrichts behandelt werden, erhält man von Lehrer/innen (wie auch Studierenden) eine Vielzahl unterschiedlicher Antworten, wobei hinsichtlich der mittelalterlichen Literatur eine starke, übernationale Kanonisierung sichtbar wird. Ihren Weg in den schulischen Deutschunterricht finden offenbar hauptsächlich (Walthers) Minnelyrik, das Nibelungenlied, der Tristan und einige Großepen aus dem

Artussagenkreis (Parzival, Iwein, Erec) – die allerdings vermutlich meist nur in Auszügen behandelt werden dürften. Kleinere Textformen wie etwa Mären- und Gebrauchsdichtungen, die problemlos (auch im Original) als Ganztext im Unterricht gelesen werden könnten und durchaus eine Vielzahl thematischer Anknüpfungspunkte bieten würden, werden nur vereinzelt angegeben. Obwohl über 80% der Lehrer/innen „Minnesang" als Unterrichtsthema nennen, werden bedeutende Vertreter dieser Gattung – mit Ausnahme von Walther – nur von verhältnismäßig wenigen Lehrer/innen auch als Autoren genannt: So wird etwa Neidhart, zweifellos einer der wichtigsten deutschsprachigen Lyriker des Mittelalters, lediglich von 4,8% der Proband/inn/en angeführt. Nach Walther noch am häufigsten angegeben werden der Kürenberger und Oswald von Wolkenstein, beide jedoch nur von knapp über 10% der Lehrer/innen. Alle anderen Minnesänger bleiben wie Neidhart unter der 5%-Marke.[52] Auch wenn diese Autoren unter den zahlreichen allgemeinen Angaben zum Minnesang[53] vielfach vermutlich ‚mitgedacht' werden können, dürfte die seltene namentliche Nennung doch auf eine vergleichsweise geringe Bedeutung im schulischen Kontext hinweisen.

Die Attraktivität des Fachbereiches Germanistische Mediävistik (und vielerorts wohl auch die Kapazitäten) scheinen im Vergleich zur Studienzeit der Lehrer/innen abgenommen zu haben: Für die meisten heutigen Lehramtsstudierenden stellt sie die am wenigsten ansprechende Fachrichtung dar; immer weniger (angehende) Lehrer/innen verfassen ihre Abschlussarbeit in diesem Bereich.

Auch die Zahl jener (zukünftigen) Lehrer/innen, die in ihrer eigenen Schulzeit etwas über mittelalterliche Literatur und Sprache gelernt haben, ist – vor allem in Deutschland- in den letzten Jahren rapide gesunken. Während noch über 70% der Lehrer/innen angeben, mit dem Mittelalter im Deutschunterricht in Berührung gekommen zu sein, sind es unter heutigen Studierenden nur noch etwas über 20%. In Österreich und der deutschsprachigen Schweiz unterscheiden die beiden Gruppen lediglich etwa 10 bzw. 20 Prozentpunkte, wobei vor allem im Zusammenhang mit oben erwähnten Ergebnissen zur Behandlung des Mittel-

52 Wolfram von Eschenbach und Hartmann von Aue dürften im schulischen Kontext hauptsächlich als Epiker wahrgenommen werden. (Diesen Schluss legen die Betrachtungen der Angaben zu Autoren und Texten einzelner Proband/inn/en nahe: So wurde Wolfram in der Regel gemeinsam mit dem Parzival, Hartmann mit Erec, Iwein, dem armen Heinrich sowie vereinzelt in Kombination mit dem Gregorius genannt.)

53 Viele Proband/inn/en gaben beispielsweise an, „die wichtigsten Minnesänger", „Walther und andere Lyriker" oder auch „die verschiedenen Arten des Minnesangs" im Unterricht zu behandeln.

alters im Unterricht zu beachten ist,[54] dass fast alle befragten Lehrer/innen an Gymnasien unterrichten, aber natürlich nicht alle Proband/inn/en ihre Studienberechtigung an diesem Schultyp erworben haben.

Unterschiede im Verhalten der Proband/inn/en lassen sich auf mehreren Ebenen feststellen: Auf nationaler und in weiterer Folge – zumindest unter den Studierenden – auf universitärer Ebene sowie in Zusammenhang mit (persönlichen) Schul- und Studienerfahrungen. Eine zentrale Rolle nimmt dabei die Wahrnehmung bzw. Einschätzung der Relevanz des Mittelalters für den schulischen Unterricht ein, die in dieser Studie mittels der Variablen ‚Streichung des Mittelalters aus den Lehrplänen'[55] und ‚Epochen für die Sekundarstufe 2'[56] erhoben wurde. Je relevanter das Mittelalter von Lehrer/inne/n wahrgenommen wird, desto umfangreicher und differenzierter[57] fällt auch die schulische Beschäftigung mit mittelalterlicher Literatur und Sprache aus – wobei man all diese Variablen natürlich auch in ihrem Zusammenhang sehen muss: So haben beispielsweise nationale oder föderale Lehrpläne Einfluss auf universitäre Curricula und sicherlich auch auf die Relevanzwahrnehmung bzw. die Wahrnehmung des Fachbereichs in der Ausbildung. Auch die jeweiligen Lesebücher, die für viele Lehrer/innen die Grundlage ihres Literaturunterrichts darstellen, richten sich nach den Vorgaben der jeweiligen Rahmenpläne. Dort, wo eine Behandlung des Mittelalters im Unterricht (noch) vorgesehen ist, lassen sich auch (höhere) Anteile an germanistisch-mediävistischen Lehrveranstaltungen im Rahmen des Lehramtsstudiums ‚rechtfertigen'. Die individuellen Erfahrungen während des Studiums an einem bestimmten Universitätsstandort sowie die eigene Schulzeit der Proband/inn/en haben wiederum Auswirkungen auf die Einschätzung der Relevanz mittelalterlicher Sprache und Literatur. Letztlich sind es also eine Vielzahl von Faktoren und deren Zusammenspiel, die mitbestimmen, ob und in welchem Ausmaß bzw. in welcher Form das Mittelalter im Deutschunterricht behandelt wird, von denen zumindest einige im Rahmen dieser Studie sichtbar gemacht und mittels inferenzstatistischer Analysen belegt werden konnten.

---

54 Ein Großteil der Lehrer/innen gab an, das Mittelalter im Unterricht zu behandeln.

55 „Würden Sie eine Streichung älterer historischer Epochen wie des Mittelalters aus den Rahmenlehrplänen zugunsten aktuellerer Inhalte befürworten?"

56 „Wenn Sie während der gesamten Sekundarstufe 2 mit Ihren Schüler/innen im Deutschunterricht neben der Gegenwartsliteratur nur 2 literarische Epochen behandeln könnten, welche beiden wären dies?"

57 hinsichtlich Autoren, Texten und Themen.

Zunächst gibt es deutliche nationale Unterschiede: Es darf konstatiert werden, dass mittelalterliche Sprache und Literatur im Deutschunterricht in Österreich einen anderen Stellenwert haben als in Deutschland und auch in der deutschsprachigen Schweiz. Dies mag zumindest zu einem Teil an den unterschiedlichen Lehrplansituationen liegen, die in Österreich eine Behandlung des Mittelalters in der Sekundarstufe 2 (zumindest in irgendeiner Form) ‚flächendeckend' vorsehen.

Es kann zudem verzeichnet werden, dass zu starken nationalen Unterschieden auch noch signifikante Einflüsse durch die jeweilige Universität hinzukommen. Regionale Einflüsse – also etwa das Bundesland, in dem die jeweilige Universität angesiedelt ist – scheinen nur eine untergeordnete Rolle zu spielen. Obwohl etwa Paderborn und Bochum im selben Bundesland liegen, zeigen die Proband/inn/engruppen der beiden Universitäten kein ähnliches Verhalten. Die jeweilige Universität scheint also größeren Einfluss zu haben, als das Bundesland (mit seinen – im Falle Deutschlands – unterschiedlichen schulischen Lehrplänen). Für Österreich konnte ein solcher Vergleich nicht durchgeführt werden,[58] da es pro Bundesland nur eine Universität mit germanistischem Institut gibt. Es wäre allerdings durchaus vorstellbar, dass die Grazer Ergebnisse, die durch eine besonders positive Haltung zum Mittelalter (im Unterricht) auffallen,[59] zumindest zu einem Teil auch regional determiniert sind, da das Mittelalter in der Steiermark im Alltags- bzw. kulturellen Leben sicherlich präsenter ist als in vielen anderen Universitätsstädten im deutschsprachigen Raum (was sich unter Umständen auch auf die Lehre am Universitätsstandort auswirkt). Ein zusätzlicher Vergleich der Curricula der einzelnen Universitäten erschien nicht zielführend, da alle Lehramtsstudiengänge Wahlmöglichkeiten in der fachlichen Schwerpunktsetzung bieten – der genaue Anteil mediävistischer Lehrveranstaltung am jeweiligen Standort kann also bis zu einem gewissen (teilweise recht hohen) Grad von den einzelnen Studierenden selbst bestimmt werden.

Die Auswertung einzelner Universitätsstandorte wurde nur für die Gruppe der Studierenden durchgeführt, da die teilnehmenden Lehrer/innen ihr Studium an den einzelnen Universitäten zwischen 1973 und 2011 abgeschlossen haben. Der Vergleich des Verhaltens von Proband/inn/en hinsichtlich des Universitätsstandortes, deren Studienabschluss innerhalb von 5 Jahrzehnten erfolgte, erschien nicht als aussage-

58 Auch für die Schweiz musste dieser Vergleich entfallen, da es unter den Studierenden zu wenige Studienteilnehmer/innen gab.

59 Eine Beeinflussung bzw. Verfälschung der Ergebnisse der Befragung der Grazer Studierenden - zumal es sich hierbei um die Heimatuniversität der Verfasserin handelt - konnte nach sorgsamen Überlegungen und Prüfungen definitiv ausgeschlossen werden.

kräftig. Für eine Aufteilung in Gruppen nach Jahrgängen und Standorten hätte es eine Vielzahl an zusätzlichen Teilnehmer/inne/n benötigt.

Es konnte festgestellt werden, dass die Unterrichtspraxis sowie die Vorstellungen der späteren Unterrichtsgestaltung eng an die Wahrnehmung der Relevanz gebunden sind, die wiederum in direktem Zusammenhang mit den Studienerfahrungen mit der Mediävistik steht. Ob die Mediävistik im Studium vergleichsweise positiv oder eher negativ wahrgenommen wird, ist dabei unabhängig von den Erfahrungen und Interessen der Schulzeit. Der Anteil jener Studierenden und Lehrer/innen, die sich laut eigenen Angaben während ihrer Schulzeit für mittelalterliche Sprache und Literatur interessiert oder eben nicht interessiert haben, ist in allen Gruppen ausgewogen. Auch ob während der Schulzeit das Mittelalter überhaupt im Deutschunterricht thematisiert wurde, hat keinen Einfluss auf die spätere Wahrnehmung des Fachbereiches und die Einschätzung seiner Relevanz für den Unterricht. Leichte Zusammenhänge lassen sich zwischen dem Interesse an mittelalterlicher Literatur und Sprache in der eigenen Schulzeit und der Relevanzwahrnehmung sowie den Vorstellungen von der späteren Unterrichtspraxis im Falle der Studierenden feststellen. Inwieweit in der Schulzeit vorhandene Interessen und positive Erfahrungen mit mittelalterlicher Sprache und Literatur bestehen bleiben, dürfte also in hohem Maße von den Erfahrungen im Studium abhängen. Während der Schulzeit ausgebildete Interessen werden im besten Falle während der universitären Ausbildung weiter gefördert und können bis ins Berufsleben ‚mitgenommen werden'. Eher negative Schulerfahrungen können aber auch – idealerweise – durch die Erfahrungen mit der Mediävistik im Studium wieder ausgeglichen werden.

Im Laufe des Studium schärfen und erweitern sich die Vorstellungen zur späteren Unterrichtsgestaltung hinsichtlich des Mittelalters, wobei sich in Österreich, wo die Germanistische Mediävistik in den Lehramtscurricula noch stärker vertreten ist als vielerorts in Deutschland, deutlichere Entwicklungen im Laufe des Studiums zugunsten des Mittelalters feststellen lassen.

Da die Effekte hinsichtlich des Zusammenhanges der Studienerfahrungen, der Relevanzwahrnehmung und der Unterrichtsgestaltung sowohl bei Studierenden als auch bei den Lehrer/innen auftreten, ist davon auszugehen, dass in der Studienzeit geformte Haltungen gegenüber der Mediävistik ihren Einfluss auch darüber hinaus – während des gesamten Berufslebens – bewahren. In Österreich, wo eine Behandlung des Mittelalters im Deutschunterricht aufgrund der Lehrplansituation ‚selbstverständlich' ist, wirken sich persönliche Erfahrungen und Wahrnehmungen etwas weniger stark auf die Unterrichtspraxis aus, als dies in Deutschland und der deutschsprachigen Schweiz der Fall ist, wenngleich sich auch hier gewisse Effekte messen lassen.

Da die Vorgaben der Lehrpläne hinsichtlich mittelalterlicher Literatur und Sprache – sofern überhaupt noch vorhanden – zunehmend unverbindlicher werden, kommt den individuellen Verhaltensweisen und Erfahrungen eine immer größere Bedeutung zu. Ob und in welcher Form das Mittelalter weiterhin seinen Weg in den Deutschunterricht findet, wird also immer stärker von der einzelnen Lehrperson und ihrer jeweiligen universitären Ausbildung abhängen.

Vergleicht man die Angaben von heutigen Lehrer/innen und Lehramtsstudierenden, scheinen Letztere dem Mittelalter eine zunehmend geringere Bedeutung beizumessen und ihm auch weniger Raum widmen zu wollen, wobei natürlich zu bedenken ist, dass sich die Einstellung der Studierenden im Laufe des restlichen Studiums sowie mit steigender Berufserfahrung natürlich noch ändern können. Ob wir es mit einer neuen Generation von Lehrer/innen zu tun bekommen, die mittelalterliche Literatur und Sprache immer seltener im Unterricht einsetzt, lässt sich daher nur schwer prognostizieren. Fest steht jedoch, dass die Germanistische Mediävistik als Teilbereich des Lehramtsstudiums in den letzten Jahren einen ‚Imageverlust' erlitten hat und heutige Studierende deutlich weniger anspricht als es früher der Fall war. Mit Ausnahme von Graz stellt sie überall den mit Abstand am wenigsten ansprechenden Bereich des Studiums dar.

Eine diesbezügliche Entwicklung bereits in den letzten Jahrzehnten konnte am Verhalten der Lehrer/innen nicht nachgewiesen werden. Es gibt keine inferenzstatistisch verifizierbaren Unterschiede zwischen den Altersgruppen AG1 bis 4.[60] Anders sieht es im Vergleich zwischen heutigen Studierenden, Junglehrer/innen und Deutschlehrer/inne/n mit mehr als 5 Jahren Berufserfahrung aus. Hier lässt sich ein deutlicher Abwärtstrend verzeichnen. Die Angaben der Junglehrer/innen liegen dabei jeweils zwischen jenen der Studierenden und den Lehrer/innen mit mehr als 5 Jahren Berufserfahrung. Entweder kommt es also in den ersten 5 Jahren im Lehrberuf zu einer sukzessiven Steigerung des Anteils (und des ‚Ansehens') mittelalterlicher Inhalte, oder aber wir haben es bei diesem Negativtrend mit einer relativ neuen Entwicklung zu tun. Für Letzteres spricht die negativere Wahrnehmung des Fachbereiches im Studium. Es konnten in allen Probandengruppen signifikante Zusammenhänge zwischen der Beurteilung der germanistischen Mediävistik als Teilbereich ihrer Ausbildung und der Unterrichtsgestaltung zum Thema Mittelalter festgestellt werden. Wenn heutige Studierende die Mediävis-

60 Mit Ausnahme einer Abnahme mediävistischer Diplomarbeiten.

tik im Studium also eher wenig ansprechend empfinden, liegt der Schluss nahe, dass dies auch Einfluss auf ihre künftige Unterrichtsgestaltung hat.

Um einer voranschreitenden Reduktion bzw. einem Verschwinden des Mittelalters aus dem Deutschunterricht entgegen zu wirken, müsste also bereits während der Ausbildung angesetzt werden. Es sollte daher prioritäre Aufgabe der universitären Mediävistik sein, den Wert, die Relevanz und die ‚Vermittelbarkeit' ihres Forschungsgebietes an künftige Lehrer/innen weiterzugeben.

1.6 Offene Fragen und weiterführende Überlegungen

Im Zuge der Auswertungen der vorliegenenden Daten und ihrer näheren Betrachtung ergaben sich einige neue Fragestellungen, die erhebens- und untersuchenswert erscheinen:

- Relevanzbegriff und Bildungswert: Es konnte ein eindeutiger Zusammenhang zwischen der Wahrnehmung der Relevanz von mittelalterlicher Literatur und Sprache sowie der – auch lehrplanunabhängigen – Behandlung des Mittelalters im Deutschunterricht festgestellt werden. Nicht untersucht werden konnte, wie die Relevanz des Mittelalters im Einzelnen begründet wird – also z.B. warum sich Lehrer/innen gegen eine Streichung aus den Lehrplänen aussprechen oder auch, wieso sie ausgerechnet das Mittelalter als eine der beiden Epochen für die Sekundarstufe auswählen würden. Auch die Motivationen jener Lehrer/innen, die sich für eine Streichung aus den Lehrplänen aussprechen und das Mittelalter nicht (mehr) im Deutschunterricht behandeln (würden), wären sicherlich aufschlussreich. In diesem Zusammenhang wäre weiter zu erheben, welche konkreten Bildungswerte und Lernziele (oder Zielkompetenzen) Deutschlehrer/innen mittelalterlicher Sprache und Literatur zuordnen und welche Texte, Themen und Methoden ihnen zu ihrer Erreichung sinnvoll erschienen. Auch die Zusammenhänge zwischen der universitären Ausbildung und ihrem Einfluss auf die Relevanzwahrnehmung wären einer näheren Betrachtung zu unterziehen.

- Universitäre Lehramtsausbildung: Beim Vergleich des Verhaltens von Proband/inn/en verschiedener Universitätsstandorte traten deutliche Unterschiede zu Tage, auch die damit zusammenhängende Wahrnehmung des Fachbereiches Germanistische Mediävistik als Teil des Studiums variiert von Universität zu Universität. Letzteres wurde im Rahmen dieser Untersuchung nur als Ranking zwischen den einzelnen

Fachbereichen dargestellt; hier wäre eine differenzierte Betrachtung inklusive dahinterstehender Begründungen und Motivationen wünschenswert. Während die Ergebnisse der meisten Universitätsstandorte eine allgemeine Tendenz zu einer eher negativen Beurteilung der Mediävistik im Studium sichtbar werden lassen, scheint die Universität Graz eine Sonderstellung einzunehmen: Sie fällt durch eine vergleichsweise positive Wahrnehmung des Fachbereiches gegenüber den beiden anderen Teilfächern sowie eine allgemeine positive Einstellung zum Mittelalter im Unterricht auf. Auch hier wäre eine nähere Untersuchung zur Klärung der unterschiedlichen Einflussfaktoren in diesem Kontext anzustreben.

- Einsatz von originalsprachlichen Texten: Die meisten Deutschlehrer/innen gaben an, Texte der mittelhochdeutschen und fallweise auch althochdeutschen Sprachstufe im Unterricht zu verwenden, wobei ein Teil meinte, dies auch ohne eine neuhochdeutsche Übersetzung/Übertragung des Textes zu tun. Nicht erhoben werden konnte, in welcher Form die mittelalterlichen Texte im Unterricht eingesetzt werden. Es schiene daher interessant, herauszufinden, wie (nahe) am Text gearbeitet wird bzw. welche Funktion dem originalsprachlichen Text im Unterricht zukommt. Wird er beispielsweise lediglich als exotisches Anschauungsbeispiel genutzt, um die Schüler/innen in Erstaunen zu versetzen, werden Übersetzungsversuche unternommen oder sogar eine intensive Lektüre des Originaltextes angestrebt?[61]

- Quellen und Material: Betrachtet man die Angaben von Lehrer/innen und auch Studierenden zu Texten, Autoren und Themen im Unterricht, wird eine starke, übernationale Kanonisierung deutlich. Die Ergebnisse dieser Erhebung decken sich dabei weitestgehend mit Untersuchungen der mittelalterlichen Anteile in deutschen Lesebüchern sowie den Lektürevorschlägen in den Rahmenlehrplänen.[62] Es ist anzunehmen, dass die schulischen Lesebücher nach wie vor zu den wichtigsten Quellen für die Unterrichtsgestaltung zählen. Immer wieder wurden jedoch auch Textbeispiele genannt, die nicht in einschlägigen Schulbüchern zu finden sind. Es stellt sich daher die Frage, welche Plattformen Lehrer/innen zusätzlich nutzen, um Anregungen, Texte und Materialien für ihren Unterricht zu bekommen und wie Vorschläge und Angebote seitens der Fachwissenschaft bzw. Fachdidaktik aufbereitet sein müssten, um auch ihren Weg in den Unterricht zu finden. Dies gilt etwa im Zusammenhang mit dem medialen Paradigmenwechsel als genuinem Bildungsziel mittelalterlicher Texte, das zwar im wissenschaftlichen Diskurs, nicht aber in der tatsächlichen Unterrichtsgestaltung eine große Rolle zu spie-

61 Vgl. hierzu auch die Überlegungen in Kapitel 2.4 und 2.5.
62 Vgl. hierzu Kapitel 2.5.

len scheint.[63] Für zukünftige Überlegungen scheint es daher wichtig zu wissen, welche Plattformen Lehrer/innen neben den Lesebüchern nutzen oder nutzen würden und ob die bereits bestehenden Angebote (etwa in Fachzeitschriften, Sammelbänden oder im Rahmen von Onlineplattformen) wirklich praktisch genutzt werden und auch alles das enthalten, was Lehrer/innen für eine Umsetzung in der Schule benötigen.

- Schließlich erschiene es für weiterführende Überlegungen zu einer Didaktik mittelalterlicher Literatur und Sprache auch zielführend, das Textverstehen von Schülern und Schüler/innen in Zusammenhang mit älteren deutschen Sprachstufen näher zu untersuchen: einerseits um zukünftige didaktische Konzeptionen und Handreichungen so zu gestalten, dass sie die Erreichung der genuinen Bildungsziele mittelalterlicher Literatur und Sprache optimal unterstützen, andererseits aber auch, um unter Umständen positive Einflüsse auf allgemeine Kompetenzbereiche (z.B. Schulung des textnahen Lesens und Verstehen) nachzuweisen,[64] was auch in Hinblick auf die Frage nach Relevanz und Legitimation förderlich wäre.

63 Vgl. hierzu Kapitel 2.3 und 2.7.
64 Vgl. hierzu Kapitel 2.3 und 2.4.

2.Teil

2.1 Mittelalter und Deutschunterricht – Vorbemerkungen

Der Paradigmenwechsel, der sich unter den Vorzeichen ‚Kompetenzorientierung' und ‚Standardisierung' derzeit in den europäischen Bildungssystemen vollzieht, bringt für den muttersprachlichen Deutschunterricht mit seinem Doppelcharakter als sprachlich-technisches auf der einen und sprachlich-ästhetisches Fach auf der anderen Seite tiefgreifende Veränderungen der Unterrichtskultur mit sich: Neben einer Tendenz zur generellen Abwertung des Literaturunterrichts, der seine ökonomische Relevanz kaum nachzuweisen vermag und dessen Bildungsziele sich in vielen Bereichen der obligatorischen Überprüf-, Mess- und internationalen Vergleichbarkeit entziehen, kommt es zu einer umfassenden Neuorientierung und -strukturierung im schulischen Umgang mit literarischen Texten, die sich in verstärktem Maße auch auf die Behandlung historischer Sprachstufen und ihrer Literatur auswirken.

> Darüber hinaus werden weder bestimmte Zeiten der Literaturgeschichte hervorgehoben noch ein Überblickswissen gefordert, der Begriff ‚Literaturgeschichte' oder einzelne Epochenbezeichnungen fallen genauso wenig wie einzelne Autoren oder Werke genannt werden. Für mittelalterliche Literatur bedeutet das deshalb ebenso wie für alle andere ältere Literatur (im Sinne von: Literatur, die nicht im weitesten Sinne unserer Gegenwart zugerechnet werden kann): Vieles erscheint möglich, verbindlich ist nichts.[65]

Gerade diese Unverbindlichkeit war Ausgangspunkt und Anlass zu einer näheren Betrachtung der schulischen Behandlung von mittelalterlicher Literatur und Sprache im Kontext dieser Arbeit. Die Ergebnisse der Befragung von Deutschlehrer/innen und Studierenden sollen im Folgenden – ebenso selektiv wie summativ-bilanzierend – um bisherige Wortmeldungen seitens der Fachwissenschaft und der Deutschdidaktik ergänzt werden. Der Fokus liegt dabei konsequenterweise zumeist auf den jeweils ‚aktuellsten' Beiträgen, also solchen, die nach der Jahrtausendwende entstanden sind, wobei stellenweise auch Auszüge aus der fachdidaktischen und fachwissenschaftlichen Diskussion der 1980er und 1990er Jahren einbezogen werden, die vielfach nichts von ihrer Brisanz und Gültigkeit verloren haben.

Es handelt sich dabei also in Summe, vereinfacht gesagt, um Überlegungen, was aus dem Themenbereich Mittelalter, warum und wie seinen Weg in den (Deutsch-)Unterricht findet bzw. finden sollte. Die Betrach-

65 Mielke (2011), S.135.

tung der unterschiedlichen Faktoren in diesem Zusammenhang soll letztlich dazu dienen, Potentiale für den Unterricht zu identifizieren und Maßnahmen bzw. Möglichkeiten vorzuschlagen, die ihre Umsetzung auch in Zukunft gewährleisten könnten. Diese Faktoren sind Kompetenzorientierung und Standardisierung sowie damit einhergehende Problematiken der Messbarkeit und Modellierung, die Frage nach der Legitimation bzw. den möglichen Bildungswerten einer Beschäftigung mit dem Mittelalter, die Suche nach geeigneten didaktischen Verfahren, sich dem Fachbereich in der Schule anzunähern sowie fachspezifische Problematiken im Bereich der Textbasis und älteren deutschen Sprachstufen.

2.2 EXKURS: Kompetenzen und Bildungsstandards – Gedanken zur Problematik von Messbarkeit und Modellierung

> Von offenen Standards und widerspenstigen Schrauben
> Bis 1864 passte eine Schraube, die in einer bestimmten Werkstatt gefertigt wurde, nicht zu einer Mutter aus einer anderen Werkstatt. Jeder arbeitete nach seinen eigenen Patenten. Es entstand ein einziges Durcheinander. Dann schlug William Sellers ein einheitliches standardisiertes Gewinde vor. Damit konnte man ein Teil hier, ein anderes dort herstellen und das Ganze wiederum woanders montieren. Alles passte zusammen.[66]
>
> *(IBM Werbung)*

Mit diesem Zitat aus einer Werbung des IT-Konzerns IBM schloss Kaspar Spinner 2004 seine Rede mit dem Titel „Der standardisierte Schüler" bei der Entgegennahme des Erhard-Friedrich-Preises für Deutschdidaktik und warnte vor ‚unheilvollen' Mechanismen, die durch die Umstrukturierung der Bildungslandschaft hin zu Kompetenzorientierung und Standardisierung in Gang gesetzt würden. Er nannte sie „Reduktion von Komplexität", „Umkippen von Subjektivität in Objektivität" und „Verkehrung von selbstständigem Lernen in angeleitetes Training".[67] Seither sind acht Jahre vergangen, an der Grundsituation hat sich allerdings noch wenig verändert. Es wurden bisher weder befriedigende Antworten auf die vielen offenen Fragen gefunden noch offensichtliche

---

66 IBM Werbung. Zitiert nach: Spinner, Kaspar: Der standardisierte Schüler. Rede bei der Entgegennahme des Erhard-Friedrich-Preises für Deutschdidaktik am 27.9.2004. Online unter: http://www.philhist.uni-augsburg.de/lehrstuehle/germanistik/didaktik/team/spinner/downloads/KHS_Preisrede.pdf [Stand 2010-04-23].

67 Vgl. Spinner 2004, S. 8.

Problempotentiale, wie die drei von Spinner angeführten Mechanismen entschärft. Das Gesamtgefüge der Bildungsstandards gleicht einer Baustelle, für den Literaturunterricht gilt dies in besonderem Maße.[68]

Noch nicht zufriedenstellend gelöste Fragen und Kritikpunkte lassen sich vor allem in zwei zentralen Bereichen verorten: Auf Ebene der Messbarkeit und Modellierung betreffen sie forschungsmethodische und empirische Aspekte: „Wie können Kompetenzen gemessen werden? Lassen sich die mittels Kompetenztests erhobenen Daten in konsistenten Modellen abbilden und eindeutig mit bestimmten fachlichen Domänen in Verbindung bringen?"[69] Die zweite Ebene umfasst verwendungstheoretische Aspekte der Standards – also deren Lehrbarkeit: „Was wissen wir über die Verwendung von Standards durch Lehrerinnen und Lehrer, etwa über die konkrete Verwendungspraxis in Gestalt von Aufgaben? In welcher Form sind Bildungsstandards und Kompetenzmodelle geeignet, zu einer konkreten Verbesserung des Unterrichts und zu einer Reorganisation der Aufgabenpraxis an Schulen beizutragen?"[70]

An dieser Stelle deutet sich bereits ein grundlegender Widerspruch an: Einerseits soll die Kompetenzorientierung auf dem Bildungssektor der Heterogenität von Schülergruppen Rechnung tragen und langfristige individuelle Lernprozesse, in deren Mittelpunkt der Idealtypus eines „selbstständigen, eigenaktiv Wissen konstruierenden Schüler[s], der möglichst offen, individuell und differenziert lernen kann"[71], steht, ermöglichen, andererseits durch einheitliche Bildungsstandards ein Instrumentarium schaffen, Leistungen bzw. die Kompetenzerreichung jederzeit überprüf- und vergleichbar zu machen. Nun muss man natürlich festhalten, dass eine solche Opposition im Kontext von Bildung nichts grundsätzlich Neues ist und Schule den Spagat zwischen Anpassung an ein System und kritischer Hinterfragung desselben schon immer leisten musste. Aktuelle Entwicklungen und Überlegungen legen allerdings die Gewichtung immer stärker auf jenen Bereich, der einer objektiven Messung zugänglich ist – und dies ist in erster Linie die ‚system-

---

68 Vgl. Kammler, Clemens: Literarische Kompetenzen – Standards im Literaturunterricht. Anmerkungen zum Diskussionsstand. In: Kammler, Clemens (Hrsg.): Literarische Kompetenzen – Standards im Literaturunterricht. Modelle für die Primar- und Sekundarstufe. Seelze: Kallmeyer 2006, S.9.

69 Gehrmann, Axel; Hericks, Uwe; Lüders, Manfred (Hrsg.): Bildungsstandards und Kompetenzmodelle. Beiträge zu einer aktuellen Diskussion über Schule, Lehrerbildung und Unterricht. Bad Heilbrunn: Klinkhardt 2010, S.13.

70 Ebda.

71 Büker, Petra: Qualitätssicherung ästhetischen Lernens durch prozessorientierte Evaluation. Zu Mascha Kalékos „Der Frühling". In: Kammler, Clemens (Hrsg.): Literarische Kompetenzen – Standards im Literaturunterricht. Modelle für die Primar- und Sekundarstufe. Seelze: Kallmeyer 2006, S.28.

konforme' Beherrschung utilitaristischer Kulturtechniken wie Lesen, Schreiben, Rechnen, Fremdsprachen und Naturwissenschaften. Was nicht kontrollierbar, messbar und damit im internationalen Vergleich darstellbar ist, rückt automatisch in den Hintergrund und sieht sich zunehmend unter Legitimationszwang.

Wie wichtig und einflussreich (internationale) Vergleichsinstrumente heute sind, zeigt die PISA-Studie, die nicht nur zum Ausdruck, sondern in weiterer Folge auch zum entscheidenden Antriebsmotor für viele bildungspolitische Entwicklungen wurde. Die ausgelösten medialen und gesellschaftspolitischen Reaktionen sieht Werner Wintersteiner durchaus berechtigt auf ein reines Länderranking reduziert.[72] Was auf den ‚PISA-Schock' folgte, war jedoch trotz dieser offensichtlichen Problematiken beachtlich: Eine „Bildungskatastrophe"[73] wurde konstatiert, es kam zu einem massiven politischen Eingriff in die Bildungslandschaft. Standards wurden in Windeseile definiert und nach einer kurzen Pilotierungsphase in Kraft gesetzt. Vieles wurde (zu) schnell und ohne die nötigen wissenschaftlichen Erkenntnisse umgesetzt. Die Fachdidaktiken stehen nun vor der Herausforderung, Kompetenzmodelle zu entwerfen und empirische Mess- und Testverfahren zu schaffen, die geeignet sind, die Erreichung dieser Standards zu überprüfen.

Da sich die erste PISA-Studie auf die Lesefähigkeiten konzentrierte, war plötzlich besonders die Deutschdidaktik gefragt. Wie Thorsten Pflugmacher plädieren nun viele für ein intensiveres Betreiben deutschdidaktischer Grundlagenforschung:

> Wie sehr solche nötig ist, kann jeder nachvollziehen, der die jüngere Kompetenzdebatte verfolgt: Es werden Kompetenzstufenmodelle entworfen und normativ in Bildungsstandards verankert, ohne dass es nennenswerte wissenschaftliche Erkenntnisse zur fachlichen Kompetenzentwicklung gibt. Reformfolgenforschung ist vorprogrammiert.[74]

So positiv die Forderung und Förderung einer wissenschaftlichen Auseinandersetzung im Bildungsdiskurs auch ist – dem Doppelcharakter des Deutschunterrichtes, einerseits ein sprachlich-technisches und auf der anderen Seite ein sprachlich-ästhetisches Fach zu sein, wird in dieser Debatte vergleichsweise wenig Beachtung geschenkt. Man befürchtet zu Recht tiefgreifende Veränderungen der Unterrichtskultur eines Faches, das eine seiner Hauptaufgaben – zumindest in der Sekundarstufe 2 –

---

72 Vgl. Wintersteiner (2006), S.10ff.

73 Vgl. Ebda., S.10ff.

74 Pflugmacher, Thorsten: Deutschunterricht und Didaktikindustrie. Kritische Theorie nach ihrer empirischen Wende. In: Baum, Michael; Marion Bönnighausen (Hrsg.): Kulturtheoretische Kontexte für die Literaturdidaktik. Baltmannsweiler: Schneider 2010, S.48.

bislang in der Auseinandersetzung mit der kulturellen Tradition und Gegenwart sah.[75] Es zählt einmal mehr das, was sich normativ festschreiben, messen und vergleichen lässt, und das sind nun einmal die technischen Komponenten des Faches: (orthographisch korrektes) Schreiben, (sinnentnehmendes) Lesen, mündliche Ausdrucksfähigkeit.

Der Wissensbegriff und sein Stellenwert in unserer Gesellschaft wandeln sich. ‚Materielles' Wissen als etwas, das man besitzen oder erwerben kann, verliert zunehmend an Bedeutung. Einerseits, da die Halbwertszeit vieler besonders technischer Wissensbereiche immer kürzer wird, andererseits, da durch moderne Technologien Inhalte bzw. ‚Faktenwissen' nahezu immer und überall abrufbar sind. Daraus resultiert die Neuorientierung am Bildungssektor im Kontext „der viel beschworenen Forderung, die Vermittlung von Wissen in eine Vermittlung von Kompetenzen umzuwandeln."[76] Kompetenzen werden hierbei im Sinne der Kognitionspsychologie als „bei Individuen verfügbare oder von ihnen erlernbare Fähigkeiten und Fertigkeiten, bestimmte Probleme zu lösen, sowie die damit verbundenen motivationalen, volitionalen und sozialen Bereitschaften und Fähigkeiten die Problemlösungen in variablen Situationen erfolgreich und verantwortungsvoll nutzen zu können"[77] verstanden. Diese Forderung legt die Annahme der Existenz eines vermeintliche binären Begriffs- bzw. Kategorienpaares nahe, nämlich Kompetenzen versus Inhalte bzw. Wissen, das einer näheren Betrachtung allerdings nicht standhalten kann:

> Auch ist das eine nicht gegen das andere auszuspielen oder davon abzulösen: Die Vermittlung von Kompetenzen kann auf die Wissensvermittlung nicht verzichten. Woran soll sich Kompetenz zeigen, wenn nicht an Gegenständen und Sachverhalten? Und welches andere Fundament wäre in modernen und postmodernen Zeiten denkbar als deren wissenschaftliche Modellierung? Es betrifft dies Bildungsfragen und Bildungsentscheidungen, ja die Definition von Bildung ganz grundsätzlich, die unvermittelt in eine Schieflage gerät, wo sie glaubt, von Inhalten gänzlich absehen zu können. Hier öffnet sich die Anschlussstelle für Fragen der Fachdidaktik, die Vermittlung als Auftrag ernst nimmt, ohne fachwissenschaftliche Verantwortung aufzugeben, zu ignorieren oder zu verraten.[78]

Im ersten Satz dieses Zitats sprechen Edith Feistner, Ina Karg und Christiane Thim-Mabrey eine grundlegende Problematik an: Vielfach stellen

---

75 Vgl. Kammler (2006), S.7.

76 Feistner, Edith; Karg, Ina; Thim-Mabrey, Christiane: Mittelalter-Germanistik in Schule und Universität. Leistungspotenziale und Ziele eines Faches. Göttingen: V&R unipress 2006, S.11.

77 Klieme, Eckhard et al.: Zur Entwicklung nationaler Bildungsstandards. Expertise. Bonn, Berlin: Bundesministerium für Bildung und Forschung 2007. S.72.

78 Feistner, Karg, Thim-Mabrey (2006), S.11f.

nämlich nicht diese neuen Kategorienbildungen an sich, sondern der Umgang mit ihnen im Sinne einer entweder-oder-, gut-schlecht-Dichotomie bzw. deren Koppelung an positive und negative Konnotationen das eigentliche Gefahrenpotential dar.

Als Beispiel: Bis vor einigen Jahren waren Schulen von einer income-Orientierung geprägt, heute – so fordern viele – soll diese durch eine flächendeckende, ‚überinstitutionale' outcome-Orientierung abgelöst werden. Outcome-Orientierung meint im schulischen Bezugsrahmen eine Orientierung an Lernergebnissen. Um sich jedoch an Ergebnissen ‚orientieren' zu können, muss man diese erst einmal definieren und sichtbar (also messbar) machen. An dieser Stelle kommen die Bildungsstandards ins Spiel: Sie geben an, welche Lernergebnisse (oder Lernziele) in welcher Schulstufe mindestens erreicht bzw. welche Kompetenzen erworben werden sollen. Im Sinne der dahinterstehenden Qualitätssicherung, deren oberste Maxime die (inter-)nationale Vergleichbarkeit zu sein scheint, muss der Kompetenzerwerb als Lernziel dann auch überprüfbar werden. Dies kann in einigen Bereichen ganz einfach in Form von althergebrachten Testsituationen geschehen: Man nehme als Beispiel-Kompetenzen ‚binomische Gleichungen lösen' und ‚muttersprachliche Orthographie beherrschen', die etwa in Form eines Rechenbeispiels und eines Diktates[79] geprüft werden könnten. Andere Kompetenzbereiche wie „sich [im Umgang mit literarischen Texten] auf die Unabschließbarkeit des Sinnbildungsprozesses ein[zu]lassen"[80] erschließen sich jedoch objektiven Testsituationen nur äußerst schwierig bzw. gar nicht. – In diesem Kontext hat sich die Unterscheidung zwischen harten und weichen Fächern bzw. Fachbereichen eingebürgert. Weich steht hierbei für Fächer und Fachgebiete, deren Lernziele nicht einfach empirisch überprüf- bzw. mess- und vergleichbar sind.[81] Dass eine solche Unterscheidung die Gefahr einer einseitigen Hierarchisierung zugunsten der harten Fächer und Fachbereiche mit sich bringt, betonte im Jahr 2005 schon der Geschichtsdidaktiker Bodo von Borries.[82] Wer keine „harten Fakten" liefern und damit seine internationale Konkurrenzfähigkeit objektiv belegen kann, wird als Fach oder Gegenstand abgewertet oder im schlimmsten Fall nach und nach aus dem schulischen Bereich wegratio-

---

79 wobei hierbei natürlich auch das Hörvermögen bzw. -verständnis getestet wird.

80 Kammler (2006), S.18.

81 Vgl. Kammler, Clemens: Vorwort des Herausgebers. In: Kammler, Clemens (Hrsg.): Literarische Kompetenzen – Standards im Literaturunterricht. Modelle für die Primar- und Sekundarstufe. Seelze: Kallmeyer 200,. S.5.

82 Vgl. Borries, Bodo von: Mindeststandards für das Fach Geschichte? Die Lebensweltbedeutsamkeit von Historie im Blick. In: Standards. Unterrichten zwischen Kompetenzen, zentralen Prüfungen und Vergleichsarbeiten. Friedrich Jahresheft XXIII 2005, S.102ff.

nalisiert. Vereinfacht gesagt: Was sich nicht an (Zahlen-) Werten festmachen lässt, verliert schnell auch an ideellem Wert.

Für den Deutschunterricht, auf dessen Doppelcharakter eingangs bereits hingewiesen wurde, besteht in diesem Fall nicht die Gefahr, als Gesamtfach abgewertet zu werden – mit seinem *harten* Kernbereich (Lesen, Schreiben, Kommunikation), der als Basis jeglichen schulischen Lernens verstanden werden kann, bleibt seine Relevanz unantastbar. Wohl aber droht dem Literaturunterricht als sprachlich-ästhetisch *weicher* Komponente nicht nur der Verlust an Stellenwert und Bedeutung, sondern auch quantitativ an Unterrichtszeit. So verweisen nur zwei von 52 österreichischen Standards für den Deutschunterricht in der Sekundarstufe 1 explizit auf eine Befassung mit literarischen Texten.[83]

Eine weitere kategoriale Neuordnung, die ebenfalls einen nicht unwesentlichen Einfluss auf die Zukunft des Literaturunterrichtes nimmt, betrifft die Auswahl und Gewichtung von Lehr(plan)inhalten. Ging es früher darum, fundiertes Allgemeinwissen zu vermitteln, steht heute der konkrete Anwendungsbezug bzw. der praktische Nutzen dieses Wissens (oder dieser Kompetenzen) im schülerlebensweltlichen Kontext im Vordergrund. Wie problematisch sich eine solche Ausrichtung verhält, kann schon durch eine simple Äquivalenzbildung sichtbar gemacht werden: Während sich Fach- oder Spezialwissen als Pendant zu Allgemeinwissen noch relativ wertfrei ausnimmt, wäre das Gegenstück zu Zweiterem als Wissen ohne konkreten Anwendungsbezug und in weiterer Folge als Wissen ohne praktischen Nutzen zu bezeichnen. Für die Didaktiken weicher wissenschaftlicher Disziplinen entsteht so ein enormer Druck: Will man nicht aus der Schule verschwinden und damit als nutzlos gelten, muss man sich nicht nur über Kompetenzen neu definieren und empirisch abgesicherte Messverfahren zur Standardisierung entwickeln, sondern bei all dem auch immer einen konkreten schülerlebensweltlichen Anwendungsbezug nachweisen. Wie stark sich dieser Legitimationszwang gerade bei in der öffentlichen Wahrnehmung ohnehin arg ‚gebeutelten' geisteswissenschaftlichen Fachrichtungen auswirkt, zeigt sich unter anderem in den Ausführungen des Historikers Thomas Martin Buck, der für den Mittelalterunterricht darin „die letzte sich uns bie-

83 „18. Schüler/innen können epische, lyrischen und dramatische Texte unterscheiden und grundlegende epische Kleinformen (Märchen, Sage, Fabel, Kurzgeschichte) und ihre wesentlichen Merkmale unterscheiden" und „27. Schüler/innen können Eigenschaften, Verhaltensweisen und Handlungsmotive von Figuren in altersgemäßen literarischen Texten reflektieren" Bildungsstandards Deutsch 8. Schulstufe. Online: http://www.ph-ooe.at/index.php?id=485 [Stand 29-07-2010].

tende Chance, in unserem Fach eine qualitative didaktische Wende nicht nur einzuleiten, sondern auch konsequent umzusetzen"[84] sieht.

Als abschließendes Begriffspaar, das vor allem in Zusammenhang mit dem Literaturunterricht auf mehreren Ebenen implizit eine Rolle spielt, ist Subjektivität versus Objektivität zu nennen. Bei der Rezeption eines ästhetischen Textes bzw. eines Kunstwerkes ganz generell geht es immer auch in einem gewissen Maße um die Bildung eines (subjektiven) ‚Geschmacksurteiles' bzw. die Provokation einer (subjektiven) Reaktion. Vielen literarischen Texten ist dies als Anspruch an den Leser inhärent – sie wollen unterhalten, aufrütteln, schockieren, zum Lachen oder Weinen bringen, zum Nach- oder Umdenken anregen etc. Je nach Persönlichkeit und individuellen Erfahrungen des Lesers können eine Vielzahl weiterer, nicht implizierter, emotionaler Reaktionen ausgelöst werden. Für die Behandlung von literarischen Texten im Deutschunterricht bieten sich subjektive Empfindungen als nützlicher Einstieg an. Eine Reduktion von Literatur im schulischen Kontext auf diese Funktion wäre indes (obwohl durch die Klassifizierung einzig als Bestandteil des ‚Lesezweckes' „reading for private use (personal)"[85] im Rahmen der PISA-Studie in diese Richtung gedrängt) drastisch verkürzt. Das Ziel erfolgreichen Literaturunterrichtes müsste es eigentlich sein, Schüler und Schülerinnen einerseits zur Bildung eigenständiger Urteile und deren Artikulation anzuregen (und damit auch Genuss und Freude an Literatur zu fördern), andererseits aber auch auf objektiver Ebene zur literaturwissenschaftlichen Analyse von Texten zu befähigen. Nicht selten jedoch wird stattdessen das subjektive Erleben und Empfinden Teil einer objektiven Prüfungs- bzw. Erhebungssituation. Dies geschieht etwa dann, wenn gefordert wird, das Gefallen (oder Missfallen) eines Textes an (objektiven) Erkenntnissen zum Text festzumachen und für die Leistungsbeurteilung dahingehend auszuwerten.[86] Kaspar Spinner nennt diesen Mechanismus „Umkippen von Subjektivität in Objektivität".[87] Wie er ortet auch Herwig Burian Probleme auf dieser Ebene, allerdings auf Sei-

---

84 Buck, Thomas Martin: Vom Geschichtswissen zum Geschichtsbewusstsein. Vorüberlegungen zu einer (nachhaltigen) Didaktik des Mittelalterunterrichts. Online unter: http://www.geschichte.uni-freiburg.de/lehrstuehle/studt/lehrstuhl personal/buck/didaktik/geschichtswissen.pdf [Stand 2010-05-26] S.4.

85 „This type of reading is carried out to satisfy an individual's own interest, both practical and intellectual. It also includes reading to maintain oder develop connections to other people. Contents typically include personal letters, fiction, biography and informational texts read for curiosity, as a part of leisure or recreational activities" (The PISA 2006 Assessment Framework. Science, Reading and Mathematics Paragraph 164, 129). Zitiert nach: Wintersteiner 2006, S.11f.

86 Vgl. hierzu: Spinner (2004), S.4.

87 Ebda., S.4.

ten der Prüfer und Testkonstrukteure, die besonders im Umgang mit Literatur dazu neigten, ihre eigene subjektive Textsicht abzufragen. In Bezug auf konkrete Beispiele zur Standardüberprüfung in Österreich rät er daher zu einer stärkeren Objektivierung.[88]

Dass sich dieses ‚Umkippen' oder gegenseitige ‚Verdrängen' von subjektiven und objektiven Momenten nicht nur auf einzelne Prüfungssituationen beschränkt, sondern nicht selten auch auf die Definition dessen, was gemeinhin als „literarische Kompetenz" verstanden werden will, umgelegt wird, veranschaulicht nachfolgendes Zitat, (als eines von vielen ähnlich lautenden) entnommen aus einem Diskussionsforum für Lehrer/innen:

> Ein Schüler besitzt für mich literarische Allgemeinbildung, wenn er erklären kann, wieso ihm ein Text gefallen bzw. nicht gefallen hat. Dabei sollten die Merkmale des Textes einbezogen und "bewertet" werden.[89]

(Was wäre nun eine adäquate Antwort auf eine solche Testsituation? „Mir gefällt der Text nicht, weil er in Versform verfasst wurde und der Protagonist am Ende stirbt"?)

Heterogenität und Pluralismus sind zwar als zentrale Themen im derzeitigen Bildungsdiskurs verankert. Sie gelten jedoch nicht als etwas, das positiv angesehen oder gar angestrebt bzw. gefördert werden sollte, vielmehr geht es im Sinne des IBM-Zitates primär darum, sie möglichst effektiv zu überwinden.[90] Während die messbare Standardisierung von Schüler(leistunge)n explizit gewünscht wird, schleicht sich die ‚Vereinheitlichung' im Umgang mit (literarischen) Texten als deren (unerwünschtes) Nebenprodukt in die Unterrichtsgestaltung mit ein. Durch die Ausrichtung auf zentralisierte Testverfahren läuft die vermeintlich größere Freiheit in der Auswahl und im Umgang mit literarischen Texten nämlich schnell Gefahr, einer stillschweigenden Rekanonisierung hinsichtlich der Prüfungsthemen zu weichen und – wie von Spinner befürchtet – eigenständiges Lernen durch angeleitetes Training zu ersetzen. Hinzu kommt, dass viele der in kompetenzorientierten Unterrichtsmodellen vorgeschlagenen Methoden im Umgang mit literarischen Texten auf mittelalterliche Literatur nicht zufriedenstellend übertragbar sind bzw. zu einer stark verzerrten Rezeption führen oder sie in der Beliebigkeit untergehen lassen würden. Dies betrifft etwa – um nur ein Beispiel zu nennen – auf subjektiv-empathische Identifikation abzielende Aufga-

88 Vgl. Burian, Herwig: Wozu Bildungsstandards? In: ide 2004, H3, S.117

89 Userin Maria86 (nach eigenen Angaben Lehrerin am Gymnasium mit den Fächern Deutsch, Philosophie, Latein) im Thread „Literaturkanon Oberstufe" am 11.8.2008. Online unter: http://www.lehrerforen.de/thread.php?threadid=18249 &hilight=nibelungenlied [Stand 2010-05-24].

90 Vgl. hierzu auch: Spinner (2004), S.5.

ben aus dem Bereich des handlungs- und produktionsorientierten Literaturunterrichts. Das Übernehmen der Figurenperspektive in Form eines inneren Monologes, Talk-Show-Auftrittes oder Briefes wird bei einem Hagen oder Siegfried aus dem als Schultext durchaus sehr beliebten Nibelungenlied schnell zu einer unlösbaren (oder für eine Didaktik mittelalterlicher Literatur schlichtweg sinnlosen) Herausforderung, da sich ihre Handlungsmuster und Motivationen kaum in einen schülerlebensweltlichen (gegenwartbezogenen) Erfahrungshorizont umsetzen lassen, ohne die historische Dimension des Textes vollständig zu negieren. Auch der Vergleich mit einer Soap-Opera oder ähnlichem, wie von einigen Lehrern gerne betrieben, ist für sich alleine stehend zwar geeignet, Gemeinsamkeiten menschlichen Handelns und menschlicher Identität über Epochengrenzen hinweg zu veranschaulichen, trägt der Alterität mittelalterlicher Literatur und dem Kontext ihrer Entstehung aber kaum Rechnung.

> [Es ist] eben ein Grundphänomen älterer Literatur, dass sie nicht ständig auf die heutige Schülerlebenswelt bezogen werden kann, sondern mit dem Bestehen-Lassen ihrer Fremdheit rezipiert werden muss.[91]

Mittelalterdidaktik im Deutschunterricht wird sich also nicht alleine auf bereits vorhandene kompetenzorientierte Modelle verlassen können, wenn sie sich nachhaltig positionieren möchte. Es gilt Wege zu finden (oder manchmal vielleicht auch einfach beizubehalten), die geeignet sind, die historische Mehrdimensionalität mittelalterlicher Literatur zu erfassen und sowohl Identifikation als auch Abgrenzung, Gegenwartbezüge wie auch Alteritätserfahrungen zu ermöglichen.

Gewiss ließen sich an dieser Stelle viele Potentiale finden und benennen, die für eine Betrachtung von mittelalterlicher Sprache und Literatur sprechen (so wäre das Mittelalter geradezu prädestiniert für fächerverbindende, vernetzende, projektorientierte Unterrichtsgestaltung). Es gilt jedoch zu bedenken, dass dort, wo keine chronologische Vermittlung von Geschichte, also kein Aufbau von historischem Kontextwissen, mehr stattfindet, auch eine Behandlung von historischen Texten zunehmend obsolet wird. Dies betrifft wiederum nicht nur den Deutschunterricht als solchen, wo in einigen deutschen Bundesländern literarische Epochen nur noch punktuell und fakultativ behandelt werden, sondern das Zusammenspiel aller Unterrichtsgegenstände, die sich mit historischen Sachverhalten befassen. Vielfach werden jedoch bereits für den Geschichteunterricht als schulische ‚Basis' für den Umgang mit Historizität

91 Möbius, Thomas: Grundlegungen einer symmedial-textnahen Didaktik älterer deutscher Literatur. München: kopaed 2010. (=Medien im Deutschunterricht. Beiträge zur Forschung 7), S.62.

willkürlich gesetzte Anfangspunkte diskutiert. Ob nun die Reformation, die Aufklärung oder eine noch spätere Grenze für die angeleitete schulische ‚Rückschau' erwogen wird – diesen Überlegungen ist meist eines gemeinsam: Das Mittelalter als immerhin rund 1000-jähriger (!) Bestandteil unserer kulturellen Vergangenheit hat darin keinen Platz mehr. Wo das Mittelalter im Geschichtsunterricht derzeit verankert ist, findet eine massive Reduktion auf quantitativer wie auf inhaltlicher Ebene statt. In Baden-Württemberg etwa teilt es sich gemeinsam mit der frühen Neuzeit 2,5 bis 3 Standards für die 7. und 8. Schulstufe eines allgemeinbildenden Gymnasiums.[92] Im Vergleich dazu besteht etwa der Hauptschulabschluss im Fach Deutsch, d.h. die 8. Klasse, aus 102 Einzelstandards, die wiederum aufgrund ihrer Komplexität weiter aufgeschlüsselt werden können.[93] Selektion ist zwar jeglicher Beschäftigung mit Historie inhärent und jegliche Auswahl erfolgt aus der spezifischen Umgebung ihrer Gegenwart heraus, weshalb sie für sich schon als „gegenwartsbezogen" bezeichnet werden könnte. Insofern erscheinen die neueren Entwicklungen nicht dramatisch – es wird lediglich eine stärkere, neu gewichtete Selektion verlangt. Die Kriterien, nach denen diese Selektion jedoch getroffen werden sollen, offenbaren wieder die grundlegenden Problematiken:

> Es geht um eine „Reduktion auf das Wesentliche" im Hinblick auf die Leitfrage: „Knüpfen die Inhalte an die Lebenswelt der Schüler und Schülerinnen an?".[94]

Die Chancen und Möglichkeiten eines modernen Mittelalterunterrichts sieht der Historiker und Geschichtsdidaktiker Thomas Martin Buck jenseits von Faktizität, Chronologie und Genealogie.[95] Rückgebunden an die vorher definierten Kategorien bedeutet dies: konkreter schülerlebensweltlicher Anwendungsbezug als einziges legitimierendes Auswahlkriterium, Subjektivität in der Unterrichtsgestaltung (emotionales Erleben des Mittelalters statt Lernen über das Mittelalter) und Kompetenzen als Ersatz für Inhalte. Natürlich wünscht sich niemand einen Unterricht, der auf das seelenlose Herunterbeten historischer Daten abzielt. Es stellt sich allerdings die Frage, was vom Mittelalter-Wissen bzw. den erworbenen historischen Kompetenzen bleibt, wenn man diesen Ansätzen wirklich konsequent folgt und ihnen jegliche Faktizität, Chronologie und Genealogie und damit den Schülern die Möglichkeit einer referentiellen

---

92 Vgl. Ministerium für Kultus, Jugend und Sport Baden-Württemberg in Zusammenarbeit mit dem Landesinstitut für Erziehung und Unterricht (Hrsg.): Bildungsplan. Allgemein bildendes Gymnasium. Februar 2004, S.222.

93 Vgl. Spinner (2004), S.2.

94 Buck (2004), S.8.

95 Vgl. ebda. S.11.

Einordnung, die über die eigene (subjektive) Lebenswelt hinausgeht, nimmt. Selbiges gilt denn auch für literarische Texte: Ohne Epochen-, Sprach- und Kontextwissen wird sich einem Leser mittelalterliche Literatur kaum (befriedigend) erschließen.[96] Auch die Rezeption mittelalterlicher Stoffe in Form von Nacherzählungen, Kinder- und Jugendliteratur, Belletristik, Film und anderen Medien kann ohne die Möglichkeit, auf domänenspezifisches Sach- und Weltwissen zurückzugreifen, nur stark eingeschränkt erfolgen und führt ohne einen über subjektives Empfinden hinausgehenden Referenzrahmen wiederum zum Aufbau von verzerrten (und schlimmstenfalls völlig falschen) Wissensmodellen oder verbleibt – wie so vieles im heutigen (Literatur-)Unterricht – auf dem geistigen Niveau einer reinen Eventinszenierung als Produkt „aktionistischer Verflachung“[97].

Anders als im angloamerikanischen Raum, wo bereits in den 1980er Jahren Versuche gestartet wurden, das Schulsystem mittels Standards zu regulieren, die heute vor allem mittels so genannter High-Stakes Tests geprüft werden, setzt man im deutschsprachigen Teil Europas auf Kompetenzstufenmodelle, deren Testung zumindest nicht direkt mit weitreichenden Konsequenzen für untere Systemebenen (Schulen, Lehrer, Schüler) verbunden ist.[98]

In den USA lassen sich mittlerweile umfassende Reaktionen auf die Umsetzung von Bildungsstandards empirisch belegen, die sich nachgewiesenermaßen negativ auf die Qualität des Unterrichts auswirkten. Walter Herzog fasst diese in seinen kritischen Überlegungen zu einer Verbesserung des Unterrichts durch Bildungsstandards auf Lehrerebene in drei Bereichen zusammen:

> Erstens *curricular*: Sie [die Lehrer] richten ihren Unterricht stofflich am Inhalt der Testaufgaben aus. Zweitens *didaktisch*: Sie orientieren sich am Testformat und passen den Unterricht formal den Paper-and-Pencil- und Mulitple-Choice-Aufgaben an. Drittens *methodisch*: Sie verengen den Unterricht auf traditionelle Lehrformen und das Einpauken von Wissen.
> […]
> Der Unterricht wird auf Fächer und Inhalte begrenzt, die getestet werden; aufgegeben werden Vertiefungsthemen, Projekte, Museumsbesuche, Gruppenunterricht, Exkursionen etc.[99]

---

96 Vgl. hierzu auch Möbius (2010), S.55.

97 Vgl. Büker (2006), S.27.

98 Vgl. Herzog, Walter: Besserer Unterricht dank Bildungsstandards und Kompetenzmodellen? In: Gehrmann, Axel; Hericks, Uwe; Lüders, Manfred (Hrsg.): Bildungsstandards und Kompetenzmodelle. Beiträge zu einer aktuellen Diskussion über Schule, Lehrerbildung und Unterricht. Bad Heilbrunn: Klinkhardt 2010, S.42

99 Ebda. S.41.

Damit korrespondierend bildet sich auf Schülerebene unter Umständen eine learning-to-the-test Mentalität heraus, die dazu führt, dass primär die Fähigkeit erworben und trainiert wird, die im Test erfassten Symptome zu simulieren und damit eine Standarderreichung ‚vorzutäuschen'.[100]

Auch wenn die Reformen in den D-A-CH Ländern explizit nicht auf High-Stakes Tests abzielen, lässt sich die Gefahr einer Negativbeeinflussung des Unterrichts nicht einfach negieren. Gesetzt den Fall, Kompetenzmodelle erfüllen die hohen an sie gestellten Anforderungen, käme ihnen die didaktische Funktion zu, vorzuschreiben, wie unterrichtet werden muss, was ähnliche Auswirkungen auf die Unterrichtsqualität hätte wie die Tests in den USA.[101]

Von zentraler Bedeutung für einen Erfolg der Standardreform sind also die Qualität und Gestaltung der Kompetenzmodelle sowie der dazugehörigen Testverfahren. Da es sich bei Kompetenzen um wissenschaftliche Konstrukte handelt, die man nicht direkt beobachten kann, formulieren Bildungsstandards Verhaltensweisen, die als Indikatoren für dahinterliegende Kompetenzen angenommen werden.[102] Bisher entwickelte und approbierte Testverfahren haben summativ-bilanzierenden Charakter und beruhen in der Regel auf Paper-and-Pencil bzw. Multiple-Choice-Formaten. Ihnen ist zwar der Anspruch inhärent, Messergebnisse zu mitunter sehr spezifischen Zielkompetenzen zu liefern, bei näherer Betrachtung können sie diesen jedoch oft nicht einlösen.

So prüft jedes schriftliche Testverfahren in erster Linie die Lesekompetenz – auch wenn es sich um Aufgaben aus mathematischen oder naturwissenschaftlichen Bereichen oder zum Hörverständnis im Fremdsprachenunterricht handelt. Formate mit offenen Antwortmöglichkeiten scheinen zwar auf den ersten Blick geeigneter auch anspruchsvollere kognitive Leistungen zu erheben, sie legen den Fokus allerdings stark auf die Schreibkompetenz, deren Niveau jedoch nicht zwingend mit jenem der zu untersuchenden Zielkompetenz korrespondiert. Daneben setzt ein erfolgreiches Abschneiden in einem Testverfahren immer ein gewisses Maß an Kompetenz im Umgang mit dem jeweiligen Aufgabenformat voraus. Es stellt sich daher zu Recht die Frage, ob einzelne Ver-

100 Vgl. Neuweg, Georg Hans: Vorsichtsstandards für den Umgang mit Bildungsstandards. In: bwpat 2005, H.8. Online: URL: http://www.bwpat.de/ausgabe8/neuweg_bwpat8.pdf [Stand 2010-07-30], S.6.

101 Vgl. Herzog (2010), S.44.

102 Vgl. Zeitler, Sigrid; Köhler, Olaf; Tesch, Bernd: Bildungsstandards und ihre Implikationen für Qualitätssicherung und Qualitätsentwicklung. In: Gehrmann, Axel; Hericks, Uwe; Lüders, Manfred (Hrsg.): Bildungsstandards und Kompetenzmodelle. Beiträge zu einer aktuellen Diskussion über Schule, Lehrerbildung und Unterricht. Bad Heilbrunn: Klinkhardt 2010, S.24.

fahren wirklich geeignet sind, die Kompetenzen zu messen, für die sie entworfen wurden.[103]

Auch die Betrachtung der Mess- bzw. Auswertungsvorgänge an sich offenbart – gemessen an den Ansprüchen, zu deren Erfüllung sie beitragen sollen – teils gravierende Problempotentiale:

Zunächst werden den einzelnen Testitems Punkte zugeordnet, die eine Testperson bei Lösung der Aufgabe erreichen kann. Dazu werden die Aufgaben auf einer Skala angeordnet, die auf den relativen Lösungshäufigkeiten in den Pilotierungsphasen basiert.[104] Je seltener eine Aufgabe in den Pretests gelöst werden konnte, als desto schwieriger wird sie eingestuft. Es wird also angenommen, dass es sich bei weniger häufig gelösten Aufgaben automatisch um solche handelt, die besonders elaborierte Fähigkeiten voraussetzen. Ähnlich wie in der Beurteilung der Leistungen von Einzelpersonen kann jedoch eine niedrige Lösungshäufigkeit auf anderen Ursachen beruhen, etwa auf Mängeln in der Testkonstruktion. Daneben spielen unter Umständen psychische und soziale Determinanten eine große Rolle in der Leistungsmessung (z.B. Prüfungsangst, Konzentrationsschwächen aufgrund von Umweltfaktoren) und können, wenn sie in einer Schülerkohorte (etwa altersbedingt) vermehrt auftreten, zu verfälschten Ergebnissen führen.[105]

Die Summe aller bei einer Testung zu erreichenden Punkte ergibt einen Zahlenwert, der gleichzeitig den Maximalwert einer kontinuierlichen Kompetenzskala darstellt, deren einzelne Skalenbereiche in einem weiteren Schritt entweder einzelnen Kompetenzstufen bzw. -niveaus zugeordnet[106] oder in zwei Sektoren (Standard erfüllt – Standard nicht erfüllt) geteilt werden. Die Auswertung von Einzelleistungen erfolgt also von einer binären Entscheidung (gelöst oder nicht gelöst) zu einer Skalenabbildung, die wiederum zu einer binären oder ‚mehrkategoriellen'[107] Einordnung führt.

Man kann also in diesem Zusammenhang von einem zu Grunde liegenden binären Auswertungsschema sprechen. Binär deshalb, weil

103 Vgl. hierzu Kreitz, Robert: Was ist es, was Kompetenztests messen? In: Gehrmann, Axel; Hericks, Uwe; Lüders, Manfred (Hrsg.): Bildungsstandards und Kompetenzmodelle. Beiträge zu einer aktuellen Diskussion über Schule, Lehrerbildung und Unterricht. Bad Heilbrunn: Klinkhardt 2010, S.55-69.

104 Vgl. Kreitz (2010), S.56.

105 Vgl. hierzu Burian 2004, S.115ff: Prüfung der Lesekompetenz von pubertierenden Schülern durch lautes Vorlesen – keine Trennung von Lese- und Präsentationskompetenz und Zuschin, Hildegard: Im Spiegel der Praxis. In: ide 2004, H.4, S.116f.

106 Vgl. Zeitler, Köhler, Tesch (2010), S.24: Abb.1: Kontinuierliche Kompetenzskala.

107 Z.B. 5-gliedrig: unter Minimalstandard, Minimalstandard, Regelstandard, Regelstandard plus, Maximal- oder Optimalstandard; oder 3-gliedrig: niedriges, mittleres und elaboriertes Niveau.

zwar selbst bei einer simplen Multiple-Choice-Frage mit nur zwei Antwortmöglichkeiten theoretisch vier Reaktionen der Testperson möglich sind (1.Wahl der ‚richtigen' Antwort, 2. Wahl der ‚falschen' Antwort, 3. Wahl beider Antworten, 4. keine Antwort), diese aber nur zu zwei Klassifizierungen führen (‚gelöst' oder ‚nicht gelöst'). Die Möglichkeiten 2 bis 4 können zwar im ersten Auswertungsschritt erfasst werden, sind aber für die Übertragung auf die Skala zur Kompetenzniveauerfassung irrelevant, da für sie keine Punkte vergeben werden. Allein die Tatsache, dass eine Aufgabe ungelöst bleibt, weist jedoch nicht zwingend auf ein Fehlen der Zielkompetenz hin, sondern kann auch auf einer Verweigerung dem Testverfahren bzw. der Fragestellung gegenüber, simplem Vergessen oder Übersehen des Items oder einer Unzulänglichkeit des Testformates beruhen. Auch ein Kreuz an der richtigen Stelle indiziert nicht, dass eine Testperson über einen höheren Grad der zu messenden Zielkompetenz verfügt, sondern kann Ausdruck für Versiertheit im Aufgabenformat[108] oder das Ergebnis geglückten Ratens sein. Man kann also von regulären und irregulären bzw. von den Testkonstrukteuren intendierten und nicht intendierten Lösungswegen ausgehen, die gleichermaßen in der Lage sind, jeweils schlüssig zu einer ‚richtigen' Antwort zu führen. Da bis dato noch keine empirischen Untersuchungen des tatsächlichen Testverhaltens von Schülerkohorten vorliegen, ist es nicht möglich, wissenschaftlich fundierte Aussagen darüber zu treffen. Die Annahme, dass Probanden sich gemäß den Erwartungen der Testkonstrukteure verhalten und zu intendierten, ‚regulären' Lösungswegen neigen, ist also genauso hypothetischer Natur wie die Annahme, dass sie auf Abwegen zu einer ‚richtigen' Lösung gelangen.[109] Für die Messung spezifischer Kompetenzbereiche ist die Klärung des Lösungsweges jedoch obligat, da nicht jeder Weg auf das Vorhandensein derselben Kompetenz zurückzuführen ist.

Zusammenfassend lässt sich also feststellen, dass bisher verwendete Testverfahren – wenn überhaupt – bloß geeignet sind, kategoriale Kompetenzbereiche zu erfassen und summativ-bilanzierende Aussagen über diese Bereiche zulassen, wobei oft nicht als gesichert angenommen werden kann, dass auch wirklich (nur) die Zielkompetenz gemessen wird. So wie die Bildungsstandards aktuell angelegt sind, stellen sie jedoch den Anspruch, auch komplexere Lernprozesse zu erfassen und über die Rückmeldungen zur Standarderreichung zu einer Verbesserung der Schülerleistungen beizutragen. Wie diese anonym abfragbaren Feedbacks zu den Standardtests genau aussehen müssten, um dies auch

108 Vgl. Kreitz (2010), S.66.
109 Vgl. Ebda.

wirklich zu leisten, ist fraglich. Dass 10- und 14-Jährige[110] die Information, bei einem Kompetenztest z.B. 584 Punkte erreicht zu haben und damit im Bereich des Regelstandards zu liegen, zum Anlass oder zur Motivation nehmen, ihre eigenen Lernprozesse zu reflektieren, ist stark in Zweifel zu ziehen.

Die Behandlung von mittelalterlicher Literatur und Sprache im Deutschunterricht der allgemeinbildenden höheren Schulen fällt laut Lehrplan derzeit zumindest in Österreich in die Sekundarstufe 2, für die bis dato noch keine Bildungsstandards festgelegt wurden.[111] Bei konsequenter flächendeckender Durch- und Weiterführung der derzeitigen Standardreform im gesamten Bildungssystem wird sich die Frage nach Standards, Kompetenzmodellen und Aufgaben- bzw. Testformaten aber in absehbarer Zeit auch für die (gesamte) Oberstufe in Österreich stellen.

Betrachtet man die Art und Weise, wie derzeit mit Literatur im Zuge der Bildungsstandards umgegangen wird, erscheint sie kaum dazu geeignet, der Polyvalenz literarischer Texte auch nur ansatzweise gerecht zu werden. Zum Zwecke der Evaluation werden literarische Texte und Textauszüge (ganz PISA-konform) immer öfter gleichwertig mit Sachtexten verwendet (reduziert auf die Überprüfung von Informationsentnahme, Grammatikbeherrschung und Textverstehen) oder dienen, wie Thomas Zabka es ausdrückt, als „vielseitige, aber beliebige Kompetenzaufbauvehikel"[112].

Für die nachhaltige Positionierung einer kompetenzorientierten Mittelalterdidaktik im Fach Deutsch läge es also nahe, sich zunächst der Problematik der (fehlenden) Messbarkeit und Modellierung anzunehmen und sie zumindest teilweise zu entschärfen. Dafür gäbe es grundsätzlich zwei Möglichkeiten: Entweder man weist den Einfluss der Befassung mit mittelalterlicher Literatur auf allgemeinere Kompetenzbereiche nach oder man entwirft – die Klärung der Relevanzfrage und ein Umfeld, in dem ein solcher Grad von ‚Detailstandardisierung' innerhalb eines Faches möglich und erwünscht ist, vorausgesetzt – eigene Bildungs-

110 In Österreich sind Standardtestungen jeweils am Ende der 4. und 8. Schulstufe vorgesehen.

111 Derzeit gibt es in Österreich Bildungsstandards für die 4. und 8. Schulstufe, für das Schuljahr 2013/14 ist die Einführung einer standardisierten, kompetenzorientierten Reifeprüfung im AHS-Bereich vorgesehen, die allerdings nur einige der Kompetenzen, die in der Sekundarstufe 2 erworben werden sollen, überprüft.

112 Zabka, Thomas: Typische Operationen literarischen Verstehens. Zu Martin Luther „Vom Raben und Fuchs". In: Kammler, Clemens (Hrsg.): Literarische Kompetenzen – Standards im Literaturunterricht. Modelle für die Primar- und Sekundarstufe. Seelze: Kallmeyer 2006, S.80.

standards zur mittelalterlichen Literatur. Vor allem zweitere Variante wäre, wollte man oben genannten Problematiken und Kritikpunkten Rechnung tragen, in Theorie und Praxis mit einem enorm hohen Aufwand verbunden:

Um die Behandlung mittelalterlicher Literatur im Unterricht standardisierbar zu machen, wären zunächst Modelle der ‚Literaturkompetenz', der ‚literaturgeschichtlichen Kompetenz', einer ‚historischen Sprachkompetenz' und einer ‚Mittelalterkompetenz' zu definieren und in weiterer Folge daraus ein Konzept der ‚Literaturkompetenz im Umgang mit mittelalterlichen Texten' zu entwickeln. Für eine Umsetzung in Bildungsstandards wären dann basierend auf diesem Kompetenzmodell empirische nachweisbare und nachgewiesene Verhaltensweisen zu formulieren, die als messbare Indikatoren Rückschlüsse auf das Vorhandensein genau dieser Kompetenz und ihrer graduellen Ausprägung zulassen. Das alles unter Beachtung einer möglichen Differenzierbarkeit und Erreichbarkeit in der jeweiligen Schulstufe. So setzt eine Beschäftigung mit mittelalterlicher Literatur auf mittlerem oder elaboriertem Niveau eine ganze Reihe von Kompetenzen (z.B. einen gewissen Grad an Sprach, Text- und Lesekompetenz, Weltwissen und Geschichtsbewusstsein) voraus, die natürlich in irgendeiner Form einbezogen bzw. berücksichtigt werden müssten.

Schließlich müsste die Messung sichergestellt werden: Da rein quantitative Verfahren zur Erfassung von Zielkompetenzen in weichen Fachbereichen unzulänglich sind, wären zusätzlich zu Kompetenzmodell und Standardbeschreibungen komplexe qualitative Testverfahren nötig, die unter formativen Gesichtspunkten auch (individuell verschiedene) prozedurale Kompetenzbereiche erfassen können.[113] Es muss allerdings davon ausgegangen werden, dass selbst unter noch so günstigen Bedingungen Kompetenzbereiche ‚übrig blieben', die sich einer Operationalisierung völlig entziehen oder sich nur auf mittlerem, nicht aber auf elaboriertem Niveau messen lassen.

Auch wenn alle wissenschaftlichen Voraussetzungen einer solchen Modellierung und Messung von ‚Literaturkompetenz im Umgang mit mittelalterlichen Texten' erfüllt wären, ließe sie sich in der Praxis wohl nicht umsetzen: Zum Einen würde eine solche Vorgehensweise zu einer wahren Inflation an Standards für den Deutschunterricht führen, da alleine

113 Vgl hierzu u.a. Meyer-Hamme, Johannes: „Wenn's halt darum geht, dass die Osmanen vor Wien standen ..." Zur systematischen Berücksichtigung der Subjektperspektive auf die fachliche Kompetenzentwicklung. In: Gehrmann, Axel; Hericks, Uwe; Lüders, Manfred (Hrsg.): Bildungsstandards und Kompetenzmodelle. Beiträge zu einer aktuellen Diskussion über Schule, Lehrerbildung und Unterricht. Bad Heilbrunn: Klinkhardt 2010, S.152 und Hafner, Karl: Deutsch-Standards. In: ide 2004, H.2, S.136.

im Teilbereich Literatur neben den globalen, basalen bzw. dynamischen Zielkompetenzen konsequenterweise auch für andere Epochen und die einzelnen literarischen Gattungen eigene Kompetenzmodelle formuliert und deren Überprüfung und Überprüfbarkeit sichergestellt werden müssten. Zum Anderen wäre eine flächendeckende oder zumindest repräsentativ aussagekräftige qualitative Testung (z.B. mittels Fallstudien) nur mit einem kaum tragbaren Aufwand an (vor allem auch finanziellen) Ressourcen zu gewährleisten, die – nicht nur in Zeiten der Wirtschaftskrise – in anderen Bereichen des Bildungssystems vermutlich wesentlich sinnvoller eingesetzt werden könnten, zumal bis dato nicht geklärt scheint, ob und wie Bildungsstandards tatsächlich zu einer Verbesserung des Schulsystems bzw. der Leistungen von Individuen beitragen. Die in offiziellen Verlautbarungen gerne postulierte „Selbstheilung durch Information"[114] ruft jedenfalls starke Zweifel hervor.[115]

Was also müsste geschehen, um eine Befassung mit mittelalterlicher Sprache und Literatur im Deutschunterricht zu legitimieren? Oder anders gefragt: Wie müsste ein Umfeld aussehen, das eine nachhaltige Positionierung nicht nur zulässt, sondern auch fördert?

Grundvoraussetzung für eine zukünftige Beschäftigung mit germanistischer Mediävistik in der Schule ist die positive Klärung der Relevanzfrage und damit einhergehend die Bewusstmachung und Absicherung des Stellenwertes[116] von mittelalterlicher Sprache und Literatur im Deutschunterricht. Dies kann am ehesten durch eine Stärkung der Geisteswissenschaften geschehen, die heute mehr denn je unter dem Vorurteil leiden, dass naturwissenschaftliche Forschung prinzipiell nützlich, geisteswissenschaftliche hingegen unnützes Luxusgut sei. Eine einseitige Beschränkung des Zielraumes von Bildung auf aktuelle arbeitsmarktrelevante Aspekte[117] sollte unter allen Umständen vermieden werden – das bedeutet auch, Bildungsinhalte nicht in erster Linie an wirtschaftli-

---

114 Huber, Christina; Späni, Martina; Schmellentin, Claudia; Criblez, Lucian: Bildungsstandards in Deutschland, Österreich, England, Australien, Neuseeland und Südostasien. Literaturbericht zu Entwicklung, Implementation und Gebrauch von Standards in nationalen Schulsystemen. Institut für Forschung und Entwicklung der Pädagogischen Hochschule Nordwestschweiz 2006. Online: URL: http://www.edudoc.ch/static/web/arbeiten/harmos/lit_analyse_1.pdf [Stand 2010-07-30], S.55.

115 Georg Hans Neuweg bezeichnet dies etwa als einen der fatalsten denkbaren Irrtümer in der Debatte um die Einführung von Standards und vergleicht die Umstellung von Input- auf Outputsteuerung mit „dem Versuch, ein Rennpferd dadurch schneller zu machen, dass man aufhört, es zu füttern, stattdessen aber laufend seine Rundenzeiten misst. Neuweg (2005), S.11.

116 Vgl. hierzu Neuweg (2005), S.5.

117 Vgl. Ebda, S.4.

chen Effizienzkriterien auszurichten.[118] Damit wäre bereits ein erster wichtiger Schritt getan, die derzeitige ‚Schieflage' des hart/weich-Konstrukts zu beheben. Im Detail sollte Folgendes gewährleistet sein: eine gleichberechtigte Koexistenz und wertschätzende öffentliche Wahrnehmung von harten und weichen Fächern bzw. Fachbereichen, eine sinnvolle Kombination von outcome- und income-Orientierung, ein ausgewogenes Verhältnis von Subjektivität und Objektivität in der Auswahl von Inhalten und Themen sowie in der Unterrichtsgestaltung, in Prüfungssituationen bzw. ganz generell im Umgang mit künstlerisch-ästhetischen Teilbereichen des Lehrplans im Umfeld einer allgemeinen wie‚ganzheitlichen' Bildung.

In Bezug auf Messbarkeit und Modellierung sollte versucht werden, der Vielschichtigkeit des Deutschunterrichtes gerecht zu werden und gerade im Umgang mit Literatur ‚Wahrheitszwänge' zu vermeiden[119], was unter anderem bedeuten würde, die Beschäftigung mit literarischen Texten nicht allein durch binäre, punktorientierte Auswertungsschemata zu erfassen. Gleichzeitig sollte eine Entlastung des derzeit mitunter völlig ‚überladenen' Deutschunterrichtes angestrebt werden, etwa durch eine teilweise Auslagerung des Trainings zentraler Voraussetzungen für schulisches Lernen[120] (Informationsentnahme aus Sachtexten, Präsentationskompetenz etc.) in andere, auch naturwissenschaftliche, Fächer, um wieder Platz für die Beschäftigung mit Literatur zu schaffen.

Wissenschaftlich wären parallel dazu die Wirkung und der Einflussbereich mittelalterlicher Literatur und Sprache auf ‚globale', soziale, dynamische und basale Teilkompetenzen innerhalb und außerhalb des Unterrichtsfaches Deutsch zu untersuchen und im besten Fall nachzuweisen. Wo es möglich und zielführend erscheint, könnten darauf basierend kompetenzorientierte Unterrichtsmodelle und die dazugehörigen, empirisch abgesicherten Messverfahren entwickelt werden, die den Kompetenzerwerb im Umgang mit mittelalterlicher Sprache und Literatur sichtbar machen – bei gleichzeitiger Entwicklung und Förderung eines Bewusstseins dafür, dass kein Testverfahren komplexe Standards ohne Bedeutungsverlust operationalisieren kann.[121]

Dies alles kann nur durch eine Förderung der Mittelalterdidaktik auch und vor allem am tertiären Sektor – in Forschung, Lehre und Öffentlichkeitsarbeit – geschehen.

---

118 Vgl. Burian (2004), S.111.

119 Vgl. Zuschin (2004), S.120.

120 Vgl. Zeitlinger, Edith: Die Komplexität von Kompetenzmodellen anhand des Beispiels von Jakob Ossner. In: ide 2007, H.4. S.129 und Zuschin (2004), S.120.

121 Vgl. hierzu Neuweg (2005), S.6.

2.3 Relevanz, Legitimation, Bildungswert – Warum überhaupt Mittelalter im Deutschunterricht?

Die Frage nach der Notwendigkeit einer Behandlung von mittelalterlicher Literatur im Deutschunterricht bzw. ihre ‚In-Frage-Stellung' ist nichts grundsätzlich Neues; sie fand bereits in den letzten Jahrhunderten immer wieder unter jeweils unterschiedlichen Vorzeichen (und mit unterschiedlichen Ergebnissen) statt. Einen historischen Abriss der Diskussion um mittelalterliche Literatur im Unterricht und ihre Instrumentalisierung hat in jüngster Zeit Thomas Möbius geliefert,[122] der auch eine sukzessive Reduktion mittelalterlicher Originaltexte in deutschen Lesebüchern zwischen 1826 und 2005 nachweisen konnte.[123] Für die aktuelle Situation bilanziert er:

> Mögliche Gründe für die Vernachlässigung sind erstens die vermutete Ferne zur Lebenswelt der Schüler, zweitens die im Rahmen der Leseerzieher-Bewegung begründete und auf der Grundlage der Forschungen zur medialen und literarischen Sozialisation weiter betriebene Angleichung von Privat- und Schullektüre und schließlich drittens die Sprachstufe, die eine Einführung ins Mittelhochdeutsche notwendig erscheinen lässt.[124]

Gerade in der Diskussion über mittelalterliche Literatur im Deutschunterricht taucht in diesem Zusammenhang immer wieder die Forderung nach einem Legitimationsargument auf – nach der einen Sache, der einen Zielkompetenz, die mittelalterliche Texte einzigartig und für die Schule unverzichtbar macht.[125] Bevor nun versucht werden soll, die Potentiale mittelalterlicher Texte im Unterricht aufzuzeigen, sollten wir zunächst einmal überlegen, wie legitim eine solche Forderung für den Literaturunterricht bzw. seine ‚Einzelteile' jenseits einer „Epochendidaktik"[126] überhaupt ist. Genauso gut könnte man fragen, worin der spezifische Nutzen einer Behandlung der Literaturen des 18. und 19. Jahrhunderts, des Barocks oder der Antike liegt. Was können genau sie vermitteln, was andere Texte nicht zu vermitteln im Stande sind? Allerdings wird diese Frage in Zusammenhang mit keiner anderen literarischen Epoche oder Strömung so häufig gestellt, wie es eben beim Mittelalter der Fall ist. Oder anders gesagt: Keine Epoche wird hinsichtlich ihrer Behandlung im Schulunterricht so sehr in Frage gestellt wie das Mittelalter.

---

122 Möbius (2010), S.21-68.

123 Vgl. Ebda. S.189.

124 Ebda., S.11.

125 Im Übrigen eine Forderung, mit der auch die Verfasserin dieser Arbeit in den letzten 3 Jahren – innerhalb wie außerhalb des schulischen und universitären Bezugsrahmens – immer wieder konfrontiert wurde.

126 Vgl. hierzu Buck (o. J.), S.1.

Der Historiker Thomas Martin Buck sieht diese Tendenz für den Geschichtsunterricht mit dem Verhältnis (zeitlicher) Nähe und Distanz begründet:

> Die relative Gegenwartsnähe der Zeithistorie und die politische Brisanz ihrer Fragestellungen machen ihren Lern- und Bildungswert für die Schule unmittelbar evident. Antike und Mittelalter sind demgegenüber weithin „fremdgewordene Vergangenheit". Ihre Funktion als Vorgeschichte unserer Gegenwart ist nicht mehr unmittelbar einsichtig. Sie bedürfen allein schon deshalb einer zureichenden didaktischen Begründung.
>
> Vor der Entwicklung einer neuen Mittelalterdidaktik ist mithin die Frage zu stellen, welche Relevanz der Mittelalterunterricht in einer modernen oder postmodernen Gesellschaft überhaupt noch haben kann. Warum soll man sich an der Schule noch mit mittelalterlicher Geschichte beschäftigen? Wo liegt der praktische Nutzen einer Beschäftigung mit der längst vergangenen Epoche?[127]

Was hier für den Geschichteunterricht bezüglich der Brisanz (politischer) Fragestellungen konstatiert wird, die in direkter Relation zu ihrer zeitlichen Distanz gesehen werden, kann für die mittelalterliche Literatur nicht im selben Maße geltend gemacht werden, da sich zwar die gesellschaftlichen Rahmenbedingungen und jene ihrer Entstehung geändert haben mögen, die literarischen Motive und zentralen Fragestellungen menschlicher Existenz, die literarische Texte thematisieren, vielfach jedoch dieselben geblieben sind (von didaktisch durchaus auch erwünschten bzw. angestrebten Alteritätserfahrungen, die erst durch einen gewissen Grad an Distanz überhaupt ermöglicht werden, einmal abgesehen). Was die Stoffe literarischer Behandlungen anbelangt, werden uns heute unter Umständen manche mittelalterlichen Stoffe – wie etwa der Artussagenkreis – aufgrund ihrer hohen medialen Präsenz bereits im frühen Kindesalter trotz ihrer zeitlich größeren Distanz vertrauter und damit ‚näher' erscheinen als beispielsweise jene des bürgerlichen Realismus.

Unmittelbar ‚spürbar' wird der zeitliche Abstand mittelalterlicher Literatur zur Gegenwart an der Sprache, in der die Texte verfasst sind. Alleine die oft bemühte Argumentation, dass das Mittelhochdeutsche[128] eine Barriere bildet und Distanz zur Lebenswelt der Schüler und Schülerinnen schafft, greift hier zu kurz, da auch die poetische Sprache der Literatur des 16., 17., 18. oder 19. Jahrhunderts heutigen Schülern und Schülerinnen in gewissen Maße fremd erscheinen wird und auch hier vielfach Hilfestellungen (oder Bearbeitungen) für eine Behandlung im Unterricht nötig sind.[129] Dazu aber später. Kurz: Die Relevanz einer (lite-

127 Vgl. Buck (o. J.), S.1f.
128 seltener auch das Ahd. und Frnhd.
129 Vgl. hierzu auch: Feistner, Karg, Thim-Mabrey (2006), S.12f.

rarischen) Epoche für den Schulunterricht alleine proportional zu einer chronologischen bzw. damit auch diachronen Achse zu suchen, kann nicht programmatisch die Basis weiterführender didaktischer Überlegungen sein.

Auch ‚Lebensnähe' und ‚praktischer Nutzen' sollten nicht die einzigen Legitimationsgründe für Bildungsinhalte darstellen. Ganz abgesehen davon, dass man durchaus berechtigt die Frage stellen könnte, ob beispielsweise Lessings Emila Galotti, Goethes Werther oder Fontanes Effi Briest[130] für eine Adoleszenz im 21. Jahrhundert wirklich um so vieles ‚lebensnaher' und damit automatisch relevanter sind als etwa Wolframs Parzival oder der Helmbrecht.

Die Funktion von Literatur im schulischen Kontext auf Lese(motivations)förderung und die Schulung der Informationsentnahme zu reduzieren, scheint genauso wenig angebracht – wobei diese beiden Faktoren natürlich nicht gänzlich unbeachtet zu lassen sind. Motivation und Freude am Lesen und Lernen mögen die Grundlage des Erfolges jeglicher Unterrichtsbemühungen sein, als grundsätzliche Auswahlkriterien für Bildungsinhalte taugen auch sie indes nur wenig. Nach dem sogenannten ‚PISA-Schock' scheint sich jedoch vielerorts eine Mentalität herausgebildet zu haben, die eine Austauschbarkeit literarischer Texte bzw. von Lektüre im Allgemeinen propagiert – im Sinne von: Egal, was ein Heranwachsender liest, Hauptsache, er oder sie liest überhaupt.[131] In der Schule lässt sich ein ähnlicher Prozess durch die Angleichung der Unterrichts- an die (vermutete) Privatlektüre der Schüler/innen feststellen. Literatur wird dabei häufig lediglich als unterhaltendes Konsumgut verstanden, an dem – praktischerweise – sinnentnehmendes Lesen, die Grundlage des (schulischen) Lernens in anderen Fächern bzw. Bereichen, trainiert werden kann.

> Sowie Lesen von Literatur als eine nur private Tätigkeit zum persönlichen Spaß verstanden wird (wie dies etwa die PISA-Studie sieht), ist sie nicht wirklich etwas Ernsthaftes und der Sinn des Umgangs mit ihr in der Schule nicht unbedingt einsichtig.[132]

> Worauf man in diesen [Vergleichs-]Studien angesichts der Aufgaben (die es sehr wohl gibt) abhebt, ist ein äußerst eingeschränkter Begriff von Leseverstehen, der zum einen Texte auf eine operationalisierbar-einfache Sinnzuschreibung reduziert und zum anderen, dem Grundsatz pragmati-

130 als 3 Beispiele, die sich häufig in Pflichtlektürelisten finden lassen.

131 Vgl. hierzu auch: Schwinghammer, Ylva: Rittergeschichten für die Klein(st)en. Die Welt des Mittelalters im aktuellen deutschsprachigen Kinderbuch. Frankfurt am Main: Peter Lang 2010. S.24.

132 Feistner, Karg, Thim-Mabrey (2006), S. 150.

scher Ausrichtung folgend, für Literatur als »Anwendungssituation« ausschließlich die Privatsphäre annimmt.[133]

Natürlich ließe sich gerade in diesem Zusammenhang auch trefflich für eine (vornehmlich lustbetonte und genussorientierte) Beschäftigung mit dem Mittelalter – zumindest in irgendeiner trivialen Form – argumentieren. Es böte unter anderem Anknüpfungspunkte an die Kinder- und Jugendliteratur sowie populäre Genres aus dem Bereich der Trivialliteratur wie Fantasy und Abenteuer, zu Computerspielen, Filmen, Internetrecherchen sowie der gesamten ‚Mediaevent' und Reinactment-Szene. Sollte es aber nicht vielmehr das Ziel sein, den Horizont der Schüler/innen für Lektüre zu erweitern und Begeisterung für ‚entlegenere' Bereiche der Literatur zu wecken? Dass sich Interesse an mittelalterlicher Sprache und Literatur – auch im Germanistikstudium – oft erst entwickeln muss und nicht per se vorhanden ist, konnten Edith Feistner, Ina Karg und Christiane Thim-Mabrey in ihrer Regensburger Untersuchung aus den Jahren 2003 bis 2005 zeigen:

> Betrachtet man darüber hinaus die Entwicklung im Meinungsbild von den Schülern über die Studienanfänger und die fortgeschrittenen Studierenden bis hin zu den Studierenden im Hauptstudium, dann zeigt sich klar, dass die nähere Beschäftigung mit dem Mittelalter auch ein zunehmendes Interesse am Mittelalter erzeugt, und zwar bereits auf der Ebene des Grundstudiums, wo die Studierenden von den Prüfungsordnungen auf den Besuch der entsprechenden Lehrveranstaltungen verpflichtet sind. Fast regelmäßig stellen sie fest, dass sie zunächst »ohne rechte Vorstellungen« (so oder ähnlich lauten die Formulierungen in den Fragebögen) mit der Mittelalter-Germanistik in Berührung gekommen sind, dann aber »überrascht« waren, wie »vielgestaltig« die einschlägigen Themengebiete seien, wie »intensiv man sich auch mit der eigenen Sprache« beschäftigen könne, wie viel man im Zuge der Beschäftigung mit der mittelalterlichen Literatur über »die Kultur und die Denkweisen« dieser Zeit erfahre. Die Chance, dass davon auch die Schule profitieren könnte, muss betont und die Umsetzung eingefordert werden; Interessen sind nicht nur das, was Menschen »haben«, sondern das, was Bildungseinrichtungen entwickeln müssen.[134]

Die grundsätzlich bei vielen Kindern und Jugendlichen vorhandene Begeisterung für das Mittelalter im Allgemeinen und das immer wieder beklagte (oft wohl nur vermeintliche oder vorläufige) mangelnde Interesse an mittelalterlicher Sprache und Literatur [135] sind weder Widerspruch, noch sollten sie Hinderungsgrund für eine Behandlung im Un-

---

133 Ebda. S.151.

134 Feistner, Karg, Thim-Mabrey (2006), S. 57f.

135 Vgl. hierzu etwa: Mittendorfer, Martina; Mittendorfer, Franz: Wie Mittelalter lebendig unterrichten? Ein Modell und seine Realisierung. In: ide 25, H3/01, S.105 oder Bärnthaler (2010), S.31.

terricht sein. Vielfach wird sich Ersteres nutzen lassen, um die Entdeckung des Interesses an Sprache und Literatur erst zu ermöglichen.

Zusammenfassend lässt sich also feststellen, dass gängige Kritikpunkte (fehlende Brisanz der Fragstellungen, zeitliche Distanz, sprachliche Hürden, fehlende Lebensnähe und nicht vorhandener Anwendungsbezug, Mangel an Interesse und Motivation) schnell relativiert werden können und – besonders jeweils für sich alleine stehend – keinen Ausschlussgrund für eine Behandlung des Mittelalters in der Schule darstellen. Es wird allerdings nicht ausreichen, lediglich die Gegenargumente zu entschärfen, um ein Bewusstsein für die didaktische Legitimierung des Mittelalters im Unterricht zu schaffen. Eine nachhaltige Legitimierung der Behandlung des Mittelalters im Deutschunterricht sollte am ehesten – das konnte auch die MIDU-Studie zeigen[136] – über die Darlegung und Bewusstmachung ihrer Relevanz erfolgen. Relevanz sollte dabei als mehr verstanden werden, als lediglich die Formulierung eines unmittelbaren und ‚lebensnahen' Anwendungsbezugs im Sinne des ‚praktischen Nutzens', der direkt (und ausschließlich) auf sogenannte ‚arbeitsmarkttechnische Qualifikationen' abzielt. Vielmehr sollte Relevanz als Sichtbarkeit des Wertes verstanden werden, den eine Beschäftigung mit Literatur im Allgemeinen und mittelalterlicher Literatur im Besonderen haben kann oder im besten Fall haben könnte. Diesem Wert kann man sich am ehesten durch die Formulierungen von Bildungsinhalten bzw. Bildungszielen, zu deren Erreichung die Beschäftigung mit älterer deutsche Literatur beitragen kann, annähern. Versuche, solche Bildungswerte zu definieren, gibt es ebenso viele wie unterschiedliche. Ihre Klärung und zukünftige Verankerung kann nur im Schulterschluss zwischen Universität und Schule geschehen.

> Die Aufgabe ihre [jene der mittelalterlichen Literatur. Anm.] bleibende Relevanz innerhalb und außerhalb der Universität mit einsichtigen Argumenten zu demonstrieren und ihrer Rezeption und Erforschung Perspektiven für die Zukunft zu eröffnen, kommt fraglos der universitären Altgermanistik zu.[137]

Ausgangspunkt stellen dabei meist die Historizität des Gegenstandes und damit einhergehend die Bildung des historischen Bewusstseins anhand von Literatur dar. Zunächst lässt sich also festhalten: Es war und ist die Aufgabe (schulischer) Bildung im Deutschunterricht literaturgeschichtliches und davon nicht zu trennendes, allgemeines geschicht-

136 vgl. hierzu vor allem Kapitel 1.4.

137 Knapp, Fritz Peter: Die sieben Todsünden der Altgermanistik im Umgang mit mittelalterlichen Texten. In: Jahrbuch der Oswald von Wolkenstein Gesellschaft 15 (2005),S.23

liches Wissen zu vermitteln. Dazu gehört (auch) eine Beschäftigung mit dem Mittelalter.

> Nur wer die Wirklichkeit als etwas Gewordenes versteht, kann auch an die Veränderbarkeit des Bestehenden glauben. Geschichtslosigkeit ist das Ende jeder Entwicklung.
>
> Warum nun aber gerade das Mittelalter, warum nicht irgendeine andere, weniger weit zurückliegende, vertrautere Epoche? Seine Bedeutung liegt darin, daß hier die Grundlagen für einen Prozeß zu finden sind, dessen Folgen bis heute spürbar bleiben. Das gilt nicht zuletzt auch für den Bereich der Literatur. Mit dem Einsetzen der Verschriftlichung von Dichtung entsteht ein literarisches Kommunikationsmodell, das in vielen Einzelheiten Aufschlüsse erlaubt über die gesellschaftliche, historische und politische Funktion von Literatur ganz allgemein. Die Betrachtung mittelalterlicher Texte ist mithin geeignet, das Gefühl für die grundsätzliche Historizität aller Literatur zu stärken, und im vorliegenden Fall ist der Lerneffekt um so bedeutender, als die Strukturen und Mechanismen des „Literaturbetriebs" im Mittelalter noch durchsichtiger sind als in den folgenden Epochen. Gerade in der zeitlichen Ferne und also in der geschichtlichen Fremdheit dieser Phänomene liegt die Chance zu verbesserten Einsichten, die sich aus ihnen gewinnen lassen.[138]

> Natürlich ist die Begegnung mit der Vergangenheit nicht immer ganz ungefährlich und problemlos. Leicht kann sie [...] zu einer Fluchtbewegung aus der Wirklichkeit oder zur Begründung restaurativer Tendenzen geraten. Um so wichtiger ist es, den verantwortlichen Umgang mit der Geschichte schon frühzeitig zu üben, damit er zu positiven Ergebnissen führen kann. Darum ist es eine wichtige Aufgabe der Lehrenden, die Schüler und Studenten zu einem produktiven Verhältnis zu den Themen und Problemen, den Gestalten und Strukturen, den Rätseln und Befremdlichkeiten der Vergangenheit anzuregen. Für solche Bemühungen ist das Mittelalter aufgrund seiner relativen Übersichtlichkeit, seines Modellcharakters, seiner historischen Ferne und seines distanzierenden Andersseins ein idealer Behandlungsgegenstand.[139]

Auch hier wird zuweilen mit größerer zeitlicher Distanz argumentiert, von der man sich allerdings gerade durch ihre Fremdheit bessere Einblicke und Lernerfolge erhofft. Albrecht Classen betont in „Warum und zu welchen Zwecke studieren wir das Mittelalter?" die Bedeutung des Mittelalters als Wiege der modernen Kultur, weist auf seine ‚Vorbildfunktion' im Zuge eines geeinten Europas hin und nennt Antisemitismus, Misogynie und aufklärerisches Denken (in dieser Reihenfolge) als Beispiele für negative und positive Elemente unserer Gegenwart, die ih-

138 Krohn;Wunderlich (1983), S.7f.
139 Ebda., S.9.

ren Ursprung in dieser Zeit hatten.[140] Auch Ulrich Müller sowie Edith Feistner, Ina Karg und Christiane Thim-Mabrey greifen den ‚Europagedanken' auf:

> Dass im Mittelalter die Geburtsstunde des modernen Europa liegt, das können wir gar nicht oft genug betonen. Daher ist es falsch, die Beschäftigung mit Geschichte, Gesellschaft, Kunst und Literatur erst mit der sogenannten Neuzeit oder eventuell noch später beginnen zu lassen [...][141]

> Der in der zweiten Hälfte des 20. Jahrhunderts beginnende europäische Einigungsprozess hat im Laufe seiner Konkretisierung die Notwendigkeit aufgezeigt, über die zunächst nur bedachte wirtschaftliche Kooperation hinaus so etwas wie eine kulturelle Konstituierung in Angriff zu nehmen, um Europa eine »Seele« zu geben. Dazu gehört die Wahrnehmung und Verantwortung für ein gemeinsames kulturelles und insofern auch literarisches Erbe, die Besinnung auf ein Miteinander, in dem erst mit einem Blick auf die Vergangenheit auch gegenwärtige nationale kulturelle Errungenschaften und Identifikationssymbole in einem gemeinsamen Kanon europäischer Kultur aufgehoben werden können. Hier hat auch die mittelalterliche Literatur ihren Platz. Zur Sicherung von Wissensbeständen einer Gesellschaft gehört, wie sie damit in ihren Bildungseinrichtungen verfährt. Nur was der jungen Generation weitergegeben wird, was sie kennen lernt, um es schätzen lernen zu können, wird auch eine Chance haben, bewahrt zu werden und identitätsstiftend zu wirken.[142]

Thomas Möbius sieht die aktuelle Forschungsdiskussion von den Stichworten Alterität und medialer Paradigmenwechsel bestimmt,[143] die er dann auch als genuine Bildungswerte der älteren deutschen Literatur benennt:

> Durch die Betonung des Alteritätsgedankens erwächst die Forderung nach der Vermittlung von sprach-, literatur- und kunsthistorischem Wissen, das für das Verstehen der Texte notwendig ist. Unter dem Alteritäts-Paradigma betrachtet kann ältere deutsche Literatur dazu beitragen, für einen adäquaten Umgang mit Fremdheit in der Gegenwart zu sensibilisieren. Unter dem Stichwort „Repräsentativität für medialen Paradigmenwechsel" besteht der Bildungsinhalt in der Bewusstmachung der historischen Materialität der Kommunikationsprozesse am Beispiel älterer deutscher Literatur; gleichzeitig lässt sich der Gesichtspunkt für die Bewusstmachung der Funktionsweise des medialen Paradigmenwechsels der Gegenwart instrumentalisieren, zumal die Ähnlichkeiten zwischen dem mittelalterlichen und dem modernen Paradigmenwechsel in Bezug

---

140 Classen, Albrecht: Warum und zu welchem Zwecke studieren wir das Mittelalter? Deutsche Literatur des Mittelalters im 20. Jahrhundert. In: Wirkendes Wort 43, H.1/93, S. 8f.

141 Müller, Ulrich: Germanistische Mediävistik. Perspektiven für die Zukunft. In: Jahrbuch der Oswald von Wolkenstein Gesellschaft 15 (2005),S.7.

142 Feistner, Karg, Thim-Mabrey (2006), S.150.

143 Vgl. Möbius, S.68.

auf die Audiovisualität der Kommunikationsprozesse auf der Hand liegen.[144]

Was eine Legitimierung bzw. Instrumentalisierung des Mittelalterunterrichts für die Herausbildung außerliterarischer Ziele – im weitesten Sinne den sogenannten soft skills bzw. Sozialkompetenzen zuzuordnen – schränkt er jedoch ein:

> Die Fremdheit muss als solche bestehen bleiben, sie kann letztlich nur intellektuell reflektiert werden; wenn sich aus dieser reflektierten Alterität außerliterarische Ziele wie Identitätsentwicklung oder Fremdverstehen und Toleranz entwickeln, so ist dies begrüßenswert. Das literarische Verstehen ist abhängig von dieser reflektierten Alterität, Identität und Toleranz sind es nicht, …[145]

„Erziehung mit Literatur“ propagiert dagegen Günther Bärnthaler und liefert in seinen Beiträgen zum „Homo ferox“[146] und in „Was hat das denn mit uns zu tun? Gahmuret, Parzival und Gawan als Aufforderung zur Reflexion männlicher Geschlechtsidentität im Deutschunterricht“[147] auch gleich Beispiele und Untersuchungen zur konkreten Umsetzung solcher erzieherischer Bildungsziele im Rahmen eines werteorientieren Literaturunterrichts.

Ob der Blick nun auf die Differenzen oder Verbindungen gerichtet ist, gemeinsam ist den jeweiligen Ansätzen, dass sie über die Befassung des Mittelalters eine Möglichkeit zu „Schulung in der Kompetenz zur Gegenwartsdiagnose“[148] verorten. Das Interesse und die Motivation, sich überhaupt auf eine Beschäftigung mit dem Mittelalter einzulassen und damit auch ein Bewusstsein für seine Relevanz, entwickelt sich bei Schüler/inn/en, Lehrer/inn/en und auch Studierenden am ehesten in Blickrichtung auf die Gegenwart bzw. durch das Herstellen von Gegenwartsbezügen. Für Feistner, Karg und Thim-Mabrey ergibt sich genau hier ein „deutliches Missverständnis zwischen dem akademischen Wissenschaftsbetrieb einerseits und den Bedürfnissen bzw. Erwartungen von Studierenden wie von Schülern und Lehrern andererseits“:

---

144 Möbius, S. 95.

145 Möbius, S.78.

146 Bärnthaler, Günther: Home ferox in Tankred Dorsts Merlin oder Das wüste Land, T.H. Ehites The Once and Future King und Thomas Malorys Morte d' Arhtur. Literaturunterricht zum Thema Gewalt. In: Bärnthaler, Günther; Tanzer, Ulrike (Hrsg.): Fächerübergreifender Literaturunterricht. Reflexionen und Perspektiven für die Praxis. Innsbruck: Studienverlag 1999, S.36-54 (=ide-extra 5). sowie Bärnthaler, Günther: Homo ferox II. Fest und Turnier in Hartmanns »Erec« und Wittenwilers »Ring«. In: ide 25, H.3/01, S.89-104.

147 Bärnthaler (2010).

148 Feistner, Karg, Thim-Mabrey (2006), S.13.

> Während dort der Gegenwartsbezug meist nur die Rolle eines hermeneutischen Implikats spielt, das im Zusammenhang mit der Rede von der »Alterität« mittelalterlicher Literatur und Kultur selbstverständlich vorausgesetzt, aber nicht eigens auch in Blickrichtung auf die Gegenwart diagnostisch fruchtbar gemacht wird, setzen Studierende, Schüler und Lehrer bei der historischen Interessenbildung den Akzent genau umgekehrt. Für sie motiviert sich historisches Interesse gerade im Zusammenhang mit der Frage nach dem Verhältnis der Vergangenheit zur Gegenwart – was von den universitären Fachvertretern [...] erstens in seiner Bedeutung unterschätzt und zweitens als automatische Nivellierung der jeweiligen historischen Differenz zwischen Vergangenheit und Gegenwart missverstanden wird.[149]

Im Österreichischen Lehrplan für die Sekundarstufe 2, Schulstufe 5. und 6. findet sich folgender Hinweis:

> ästhetische Texte im historischen und kulturellen Kontext erfassen:
>
> > -literarische Zeugnisse unterschiedlicher Kulturen aus der Antike und dem Mittelalter kennen und Bezüge zur Gegenwart herstellen; Beispiele deutschsprachiger Literatur von Beginn der Neuzeit bis zur Französischen Revolution kennen und sie in den Kontext europäischer Literatur stellen.[150]

Auch hier wird die Behandlung der Literatur des Mittelalters in Verbindung mit ihren Bezügen in die Gegenwart gesehen; eine kontextuelle Einordnung in den Rahmen europäischer Literatur wird indes erst für neuzeitliche Texte verordnet – ein Umstand, der in Hinblick auf die hier bereits erwähnte europäische Dimension mittelalterlicher Texte bedauerlich erscheint.

Vom literarischen, literaturhistorischen und historischen Wissen nicht zu trennen und für sich genommen wieder ein zentrales Thema des Deutschunterrichts ist die Sprache bzw. damit einhergehend auch die Sprachgeschichte oder -entwicklung. Dabei erweist sich das Mittelalter als zentraler Bezugspunkt und sollte bezüglich seiner Relevanz eigentlich nicht in Frage gestellt werden. Nicht nur deshalb sollte Mittelalterdidaktik im Deutschunterricht immer auch Sprachdidaktik sein. Die Beschäftigung mit den historischen Sprachstufen des Deutschen im Rahmen des Literaturunterrichts – also die Schulung des Sprachbewusstseins – ist als weiterer nicht zu unterschätzender Bildungswert zu verstehen und nicht etwa als ‚Barriere', ‚Hürde' oder Grund, mittelalterliche Texte überhaupt nicht im Unterricht zu behandeln.

---

149 Ebda. S.59.

150 Lehrplan Deutsch AHS Oberstufe (2004). Online abrufbar unter: http://www.gemeinsamlernen.at/ [Stand vom 30.04.2012].

Mögliche Bildungswerte mittelalterlicher Literatur lassen sich also in unterschiedlichen, sich teilweise überschneidenden bzw. einander bedingenden Bereichen identifizieren (wobei nachfolgende stichwortartige Liste keineswegs einen Anspruch auf Vollständigkeit erheben möchte): Historizität von Literatur und Sprache, Geschichtsbewusstsein, Sprachbewusstsein, Alteritätserfahrungen, historische Kontinuität bzw. Gegenwartsbezug und -diagnose, literaturtheoretische Aspekte (Gattungsentwicklung, Dialogizität, Intertextualität, Autorschaft),[151] Medialität bzw. medialer Paradigmenwechsel, Identitätserfahrungen, historische Anthropologie, Erziehung zu Fremdverstehen, Toleranz sowie zum kritisch-reflektierten Umgang etwa mit Werten, Welt- und Menschenbildern.

Für die Formulierung konkreterer Bildungsziele ist auch die Frage von Bedeutung, wann (daher in welcher Jahrgangstufe) eine Behandlung des Mittelalters stattfinden sollte bzw. am sinnvollsten wäre. Krohn und Wunderlich gehen 1983 sogar so weit, zu fordern:

> Die mittelalterliche Literatur muss integrierter Bestandteil des Deutschunterrichts auf allen Jahrgangsstufen der Sekundarstufe I und II sein. Nur wenn der Unterricht einen Eindruck vom gesamten Spektrum der Literatur und von ihrem historischen Prozeß vermittelt, kann der Umgang mit Literatur Geschichtsbewusstsein fördern, literarischen Sachverstand und ästhetisches Urteilsvermögen entwickeln und schulen. Für einen Deutschunterricht, der auch mittelalterliche Literatur anbietet, ergeben sich bessere Möglichkeiten zu ästhetischer Erziehung und historischer Aufklärung.[152]

Obwohl das Mittelalter in den Lehrplänen – wenn überhaupt – meist nur in einer Jahrgangsstufe als Unterrichtsthema vorgesehen ist (in der Regel in der Sekundarstufe 2), dürfte es doch viele Deutschlehrer/innen geben, die das Mittelalter in mehreren Stufen eines Jahrganges behandeln, wobei diese (zusätzlichen) Mittelalterbegegnungen auch hier vornehmlich in der Sekundarstufe 2 stattfinden.[153] Befragt man die Deutschlehrer/innen, in welchen Klassen sie das Mittelalter gerne thematisieren würden bzw. wann sie eine Behandlung sinnvoll finden, wird die Sekundarstufe 1 gleich noch seltener genannt.[154] Das ist insofern schade (und auch ein wenig verwunderlich), als dass sich gerade in der Sekundarstufe 1 meist laut Lehrplan Anknüpfungspunkte an den Geschichtsunterricht bieten würden und eine Behandlung mittelalterlicher Litera-

151 Vgl. hierzu auch: Kern, Manfred: Parzival gegen Shell Oil. Ein Plädoyer für mittelalterliche Literatur in der Schule. In: Mittelalter. ide 2001. H.3., S.31f.

152 Krohn, Wunderlich (1983), S.12.

153 siehe Kapitel 1.2.

154 siehe ebda.

tur in beiden Sekundarstufe eine ganz andere Qualität der Betrachtung ermöglichen würde. Wie die konkreten Bildungsziele – hier „Unterrichtsintentionen"[155] genannt – im Rahmen einer zusätzlichen zw. auch vorbereitenden Beschäftigung mit mittelalterlichen Texten in der Sekundarstufe 1 aussehen könnten, fassen Krohn und Wunderlich wie folgt zusammen:

5./6. Jahrgangsstufe:

> - dem Mittelhochdeutschen als einer vergangenen Sprachstufe begegnen und erste Beispiele mittelalterlicher Literatur kennenlernen;
> - die mittelalterlichen Texte hören und sprechen lernen und damit eine historische Rezeptionsform bewusst erleben;
> - erste Kenntnisse und Einsichten in literarische Tradition und Wandel gewinnen;
> - erste Kenntnisse und Einsichten in den historischen Sprachwandel gewinnen und Sprachbewusstsein entwickeln;
> - die mittelalterlichen Texte auf ihre mögliche gegenwärtige Bedeutsamkeit hin befragen;
> - sich mit der literarisch vermittelten mittelalterlichen Erlebnis- und Erfahrungswelt auseinandersetzen;
> - zum kreativen und spielerischen Umgang mit den mittelalterlichen Texten angeregt werden;
> - die literarischen, sprachlichen und historischen Grundvoraussetzungen für die mittelhochdeutsche Lektüre in der Sekundarstufe 1 erwerben.[156]

ab der 7. Schulstufe:

> - erworbene Kenntnisse auffrischen, anwenden und vertiefen;
> - Bausteine eines literaturgeschichtlichen Fundamentums (Stauferzeit) erwerben;
> - sprachgeschichtliches Verständnis und sprachliches Bewusstsein erweitern;
> - verschiedene Formen mittelalterlicher Literatur (Minnelied, Spruchdichtung, Kreuzlied, Lehrdichtung) kennenlernen;
> -politische und soziale Faktoren methodisch in die Interpretation einbeziehen lernen;
> - ästhetische Normen als geschichtlich bedingte begreifen lernen und ihre Veränderbarkeit verstehen;
> - selbstständig Hilfsmittel (Wörterbücher, Lexika) benutzen lernen;
> - die Voraussetzungen für den wissenschaftspropädeutischen Umgang mit mittelalterlicher Literatur in der Sekundarstufe II erwerben.[157]

Wenngleich vom Aufschwung für die Mittelalterdidaktik im Deutschunterricht, den Krohn und Wunderlich in den 1980ern verorten,[158] nicht

155 zur Verwendung des Begriffes ‚Intentionen' statt ‚Lernziele: vgl. Krohn, Wunderlich (1983), S.18.

156 Ebda., S.18f.

157 Ebda. S. 42.

mehr gar so viel zu spüren ist, wäre die Möglichkeit, mittelalterliche Literatur in Sekundarstufe 1 und 2 zu behandeln, durchaus auch heute in der Praxis gegeben. Wie wichtig dabei die Diskussion um Legitimation, Relevanz und Bildungswerte älterer deutscher Literatur (und Sprachstufen) heute ist, konnte auch im Zuge der MIDU-Studie hinreichend belegt werden. Es sollte hier also – vor allem seitens der universitären Fachvertreter – Bewusstseinsbildung betrieben werden, um Lehrenden und (Lehramts-)Studierenden zu vermitteln, welche Potentiale in der Behandlung mittelalterlicher Literatur und Sprache im Unterricht stecken (können). Was die Methoden und Bereitstellung von Text- und Unterrichtsmaterial anbelangt, die geeignet sind, das breite Spektrum der Bildungswerte zu ‚bedienen', sind neben engagierten Lehrern und Lehrerinnen vor allem auch Mediävisten und Fachdidaktiker an den Universitäten gefragt.

2.4 Mittelhochdeutsch – Zumutung oder Chance?

Die erste grundlegende Frage, die sich im Zusammenhang mit der Behandlung mittelalterlicher Literatur im Unterricht stellt, ist jene nach der Textbasis. Welche Form soll den Ausgangspunkt der schulischen Betrachtung bilden: Originaltext, Nacherzählung, Übersetzung[159] oder eine Kombinationen derselben?

Fachwissenschaftliche bzw. -didaktische Überlegungen fordern heute einhellig eine Befassung mit den mittelhochdeutschen (respektive auch ahd. und frnhd.)[160] Fassungen der Texte. Die Untersuchung im Rahmen dieser Arbeit ergab, dass vom überwiegenden Teil der Deutschlehrer/innen mittelhochdeutsche und fallweise auch althochdeutsche Texte im Unterricht verwendet werden.[161] Glaubt man den Angaben der Stu-

158 Vgl. ebda. S.7f.

159 vgl. hierzu auch: Möbius (2010), S.17.

160 Wenn im Titel dieses Kapitels und den darin enthaltenen Überlegungen zumeist von mhd. Texten die Rede ist, wird damit der Tatsache Rechnung getragen, dass diese den größten Teil der überlieferten älteren deutschen Literatur darstellen. Auch die in Lesebüchern enthaltenen Texte sowie jene, die von den Lehrer/innen bei der Befragung genannt wurden, sind in der überwiegenden Mehrheit der mittelhochdeutschen Sprachstufe zuzuordnen. Besagte Überlegungen zum Einsatz des Mittelhochdeutschen sollen aber durchaus auch vor allem frnhd. aber fernen auch ahd. Texte miteinschließen.

161 Vgl. MIDU Lehrer/innen, S.

dierenden, dürfte dies auch zukünftig so bleiben.[162] Die Bereitschaft, sich mit dem mittelhochdeutschen Text im Unterricht auseinanderzusetzen, ist also durchaus gegebenen und sogar relativ groß. Nicht erhoben werden konnte, in welcher Form die Texte von den Lehrer/innen eingesetzt werden. Das Spektrum der Möglichkeiten reicht also theoretisch von der Funktion als illustrierendem Anschauungsbeispiel, über kleine Übersetzungsversuche und hermeneutische Experimente bis hin zur intensiven Lektüre. Die Tatsache, dass rund 40% der befragten Lehrer/innen angeben, auch ohne beiliegende Übersetzung zu arbeiten, kann aber als Indiz gedeutet werden, dass in vielen Fällen doch eine intensivere Befassung mit den mittelhochdeutschen Texten stattfindet. Texte ganz ohne Übersetzung im Unterricht zu verwenden, können sich dagegen nur 20% der Studierenden vorstellen, was aber daran liegen könnte, dass sie selbst vielfach noch unsicher im Umgang mit der Sprachstufe sind. Dieser Wert könnte sich also im Laufe des Studiums bzw. beim Berufseinstieg noch deutlich nach oben korrigieren.

Auch wenn eine Arbeit mit dem Originaltext in den meisten Fällen unbedingt vorzuziehen ist und auch hier in weiterer Folge immer wieder für eine Behandlung des Originaltextes plädiert wird, gilt es doch zu differenzieren und den Fokus auf das auch wirklich im schulischen Rahmen Machbare und im Kontext des angestrebten Bildungszieles Sinnvolle zu lenken – zumal weder das Nibelungenlied noch der Parzival oder der Tristan (als besonders häufig für eine schulische Behandlung genannte Texte) als mittelhochdeutscher Ganztext gelesen werden können. Handelt es sich um Unterrichtsschwerpunkte, die beispielsweise rezeptionsgeschichtliche und stofflich-inhaltliche Komponenten in den Vordergrund stellen, kann es durchaus auch sinnvoll und legitim sein, sich auf eine Nacherzählung bzw. Übersetzung/Übertragung ins Neuhochdeutsche zu konzentrieren, wenngleich das „Auszugsprinzip" – also das Behandeln von mittelhochdeutschen Textauszügen in Kombinationen mit neuhochdeutschen Übertragungen – in jedem Fall die bessere Kompromisslösung darstellt.[163] Keinesfalls sollten dabei jedoch laut Möbius die nhd. Zusammenfassungen der Handlung als eigenständige literarische Texte behandelt werden.[164]

Die Notwendigkeit, mittelalterliche Literatur möglichst nicht von ihrer ‚originalsprachlichen Erscheinungsform' zu lösen, wird alleine schon

162 Vgl. MIDU Studierende, S.

163 Vgl. hierzu Möbius (2010), S.264: Wenn der Umfang eines Textes die Behandlung als Ganztext nicht zulässt, empfiehlt er in seinen Unterrichtsbeispielen die Kombination von mhd. Textauszügen und nhd. Zusammenfassungen des Inhalts sowie nhd. Übertragungen des gesamten Textes.

164 Vgl. Ebda.

durch ihre Stellung als Sprachkunstwerke bedingt. Weder sollten daher die mittelhochdeutschen Texte automatisch durch neuhochdeutsche Bearbeitungen ersetzt (sondern lediglich ergänzt), noch aufgrund der zusätzlichen Aufwandes, der mit einer Betrachtung älterer Sprachstufen verbunden ist (oder befürchtet wird), von vorneherein auf den Einsatz mittelalterlicher Texte verzichtet werden. Neuere Erkenntnisse und Überlegungen legen zudem die Annahme nahe, dass die Problematik des Verstehens mittelalterlicher Texte im Unterschied zu literarischen Texten neuerer Sprachstufen bis zu einem gewissen Grad relativiert werden kann.

> Das Teilfach kann auf vieles aufmerksam machen, was anderswo erst gar nicht in den Blick kommt, vor allem dann nicht, wenn man einer weitere Illusion aufsitzt und glaubt, was uns zeitlich näher ist, das sei auch schon unmittelbar verständlich und bedürfe keiner weiteren Begründung. Dass es sich dabei tatsächlich um Illusionen handelt – noch dazu um solche, die auch im Blick auf die Gegenwart analytisch unfruchtbar sind -, dürfte die (Lehramts-)Studierenden spätestens nach dem Examen bei ihrer Tätigkeit in der Schule einholen, etwa wenn sie feststellen, wie viele Wörter schon in Lektüretexten aus jüngeren und jüngsten Phasen der Literaturgeschichte den Schülern größte Verständnisprobleme bereiten („feil", „darben", „zeihen" etc.).[165]

In seiner Mikrostudie zum Verstehen von älteren deutschen Texten konnte Thomas Möbius unter anderem nachweisen, dass die Werte für das Verstehen bestimmter mittelhochdeutscher Texte sogar höher liegen dürften als jene für das Verstehen mancher neuhochdeutscher literarischer Texte. Es ließen sich keine Zusammenhänge zwischen schulischer Vorbildung und Verstehenstiefe von mittelhochdeutschen Texten feststellen. Er schließt daraus, dass bei Texten mit niedriger Schwierigkeitsstufe unter Umständen auf eine Einführung in die Sprachstufe verzichtet werden könnte, während bei Texten eines höheren Abstraktionsgrades Vorkenntnisse notwendig sind und das Verstehen durch zusätzliche Informationen wie Worterklärungen oder Bilder erhöht werden kann.[166] Im Kontext seiner symmedial-textnahen Didaktik vertritt auch er die Meinung, dass sich textnahes Lesen und Verstehen gerade durch ältere deutsche Literatur besonders gut trainieren lassen dürften, da der Verstehensprozess durch die (zumindest teilweise) fremde Sprache und lyrische Form ‚entschleunigt' würde.[167] Eine endgültige empirische Klärung dieser These steht jedoch noch aus; die nähere Betrachtung von Verstehensprozessen anhand von mittelalterlichen Texten erschiene für die Zukunft daher durchaus reizvoll und lohnenswert.

---

165 Feistner, Karg, Thim-Mabrey (2006), S.12f.

166 Vgl. Möbius (2010), S.211.

167 Vgl. hierzu ebda. S.14f., 23 und 103f.

Auch Erfolgserlebnisse, die beim Lesen, Entschlüsseln und Verstehen von mittelalterlichen Texten entstehen, dürfen in diesem Zusammenhang nicht unterschätzt werden. Bärnthaler formuliert hierzu folgende These:

> Bemühungen um ein Verständnis des Fremden können nicht nur auf inhaltlicher und ästhetischer Ebene, sondern auch auf sprachlicher Ebene Vergnügen bereiten. Das erfolgreiche Entschlüsseln eines zunächst unverständlichen Textes vermittelt Befriedigung und Freude. Diese These lässt sich durch empirische Daten erhärten, die das Interesse von Schülern und Schülerinnen für die Sprache des Mittelalters und sogar das Übersetzen vom Mittelhochdeutschen ins Neuhochdeutsche belegen [...]. Das bedeutet auch, dass wir uns um das Mittelhochdeutsche mehr kümmern und das – auch aus vermeintlicher Schülerorientierung – vernachlässigte Unterrichtsverfahren des Übersetzens wieder zunehmend berücksichtigen sollten [...].[168]

In diesem Sinne sollte schließlich nicht alleine die Literatur im Zentrum des Interesses an mittelalterlichen Texten bzw. am Mittelalter an sich stehen – auch die historische Sprachbetrachtung verdient ihren Platz im Unterricht. Dass diese derzeit ein Schattendasein in den Lehrplänen fristet, beklagen unter anderem Edith Feistner, Ina Karg und Christiane Thim-Mabrey. Näher betrachtet lieferten jedoch die meisten (bundesdeutschen) Lehrpläne zumindest Hinweise auf eine Betrachtung der Sprachgeschichte etwa in Zusammenhang mit regionalen Dialekten, Lehnwörtern, den Unterschieden zwischen Hoch- und Niederdeutsch sowie Standardsprache und Mundart.[169] Im österreichischen Lehrplan, der in der zitierten Übersichtstabelle von Feistner, Karg und Thim-Mabrey nicht gelistet wird, finden sich ebenso mehrere Punkte, die explizit eine Auseinandersetzung mit der historischen Dimension der deutschen Sprache fordern. Bereits in der Einleitung zum Lehrplan Deutsch für die Sekundarstufe 2 wird die Geschichte der deutschen Sprache als „Bildungs- und Lehraufgabe" angeführt:

> Im Besonderen sollen die Schüler/innen Einblicke in Struktur, Funktion und Geschichte der deutschen Sprache gewinnen sowie Sprachreflexion, Sprachkritik und ein Bewusstsein von der Vielfalt der Sprachen entwickeln[170]

---

168 Bärnthaler (2010), S.33. (die enthaltenen Querverweise, die sich hauptsächlich auf frühere Arbeiten Bärnthalers beziehen, wurden im Zitat ausgespart und durch die beiden eckigen Klammern ersetzt).

169 Vgl. Feistner, Karg, Thim-Mabrey (2006), S.108-110: Die Tabelle gibt eine Übersicht über Anwesenheit, Status und Art der Behandlung von Sprachgeschichte in den unterschiedlichen Lehrplänen der deutschen Bundesländer.

170 Lehrplan Deutsch AHS Oberstufe (2004). Online abrufbar unter: http://www.gemeinsamlernen.at/ [Stand vom 30.04.2012].

Die „Sprachreflexion" bildet im österreichischen Lehrplan einen von sieben „didaktischen Grundsätzen". Dazu wird näher ausgeführt:

> Sprachreflexion ist das Nachdenken über den Bau, die Funktionsweise und die Verwendungsbedingungen von Sprache in synchroner und diachroner Hinsicht. Sie ist einerseits als ein integrales Prinzip aller Bereiche des Deutschunterrichts zu behandeln, andererseits als ein eigenes Arbeitsfeld. Grammatikwissen (Phonologie, Morphologie, Syntax, Semantik, Textgrammatik, Pragmatik usw.) ist ein eigenes Bildungsziel, soll den schriftlichen und mündlichen Texterstellungsprozess und die Textkompetenz sowie die Orientierung in den Systemen anderer Sprachen fördern und zur kritischen Analyse von sprachlichen Erscheinungen befähigen. Auszugehen ist von Themen aus der Realität der Schülerinnen und Schüler. Situationen der Sprachaufmerksamkeit sind zu nützen, um mit Wissen über Sprache eigene und andere sprachliche Handlungen besser verstehen und einordnen zu können und mit Sprachvarietäten und Mehrsprachigkeit umgehen zu können. In weiterer Folge sind öffentliche Diskussionen (feministische Sprachkritik, politisch korrekte Sprache, Normenkritik, Sprachwandel, politische Kritik in Form der Sprachkritik) in die Unterrichtsarbeit aufzunehmen. Sprachreflexion ist aber auch als Basis für Textinterpretation zu verstehen und als solche Bestandteil literarischer Bildung.[171]

Unter dem Punkt „Lehrstoff" für die 5. bis 8. Schulstufe findet sich ergänzend noch folgender Hinweis:

> mit Sprachwandel in verschiedenen Formen als gesellschaftlichen Wandel vertraut werden:
>
> - historische Sprachentwicklung, gegenseitige Beeinflussung von Sprachen und Varietäten, Normenwandel als Auseinandersetzung mit dem Phänomen sprachlicher Normen[172]

Wenngleich in den Schweizer Lehrplänen die historische Dimension der Sprache bzw. ihre Betrachtung oft nicht dezidiert erwähnt bzw. gefordert wird,[173] so scheint sie doch im Unterricht in Zusammenhang mit dem Mittelalter höchst präsent zu sein. Die befragten Schweizer Deutschlehrer/innen nennen Sprachbetrachtung und Etymologie weit häufiger als Unterrichtsthemen, die sie im Rahmen der Befassung mit dem Mittelalter behandeln, als ihre Kolleg/inn/en aus Österreich und Deutschland.[174]

171 Ebda.

172 Ebda.

173 Hier erfolgt eher eine Konzentration auf das Verhältnis von regionalen Dialekten und dem Hochdeutschen als Standard- bzw. Schul- und Mediensprache.

174 Vgl. hierzu auch Kapitel 1.2.

	Sprache/Sprachgeschichte	Etymologie
Österreich	21,5%	8,3%
Deutschland	19,4%	13,4%
Schweiz	43,5%	17,7%

Die Ergebnisse bedeuten natürlich nicht zwangsläufig, dass jene Lehrer/innen, die bei dieser Fragstellung nichts dergleichen angeben, völlig auf die historische Sprachbetrachtung verzichten – sie dürften sie allerdings eben nicht ‚eigenständiges' Thema in Bezug auf das Mittelalter wahrnehmen.

Mittelalterdidaktik im Deutschunterricht sollte immer auch Sprachdidaktik sein. Für die Betrachtung von literarischen Texten der älteren deutschen Sprachstufen im Unterricht bedeutet dies, dass sich durch sie zusätzlich, ‚quasi automatisch' die Möglichkeit ergibt, weitere ‚Lernziele' respektive ‚Kompetenzbereiche' aus dem Bereich der Sprachreflexion zu erschließen. Sprach- und Literaturbetrachtung im Unterricht sollten daher nicht gegeneinander ausgespielt werden, indem etwa die Notwendigkeit des einen als ‚Hinderungsgrund' für das andere betrachtet wird. Die Reflexion von Sprache und Literatur bedingen einander – nicht nur im Zusammenhang mit mittelalterlichen Texten.

Eine intensive Auseinandersetzung mit älteren deutschen Texten braucht Zeit, viel Zeit – das lässt sich gewiss nicht leugnen, – Zeit, die wir heute (nicht nur im Unterricht) nicht zu haben meinen. Immer häufiger werden Texte jeglicher Art nur noch schnell nebenbei gelesen, ‚überflogen', mit dem Ziel der größtmöglichen Informationsaufnahme bei gleichzeitig minimalem Zeitaufwand.[175] Im Deutschunterricht könnte in der Behandlung von Texten älterer deutscher Sprachstufen daher vielleicht auch eine Chance gesehen werden, sich in aller Ruhe, geduldig und konzentriert mit einem Text auseinanderzusetzen – also nicht nur den Verstehensprozess, sondern auch den Leseakt an sich zu ‚entschleunigen'.

175 Vgl. hierzu auch Thomas Beins Überlegungen auf seiner Website zum Thema: „Zum Verlust von Schreib- und Lesekompetenz. Keine Zeit zum Lesen, keine Zeit zum Schreiben!" Online unter: http://www.thomas-bein.privat.t-online.de/15521/home.html [Stand vom 30.04.2012].

2.5 Walther, Wolfram und das Nibelungenlied – Oder: die üblichen Verdächtigen. Zur Kanonisierung mittelalterlicher Literatur im Schulunterricht

Die Betrachtung der Verwendung mittelalterlicher Texte in Lesebüchern, wie sie in jüngster Zeit Thomas Möbius vorgenommen hat, zeigt, dass sich neben ihrem Anteil (der umso geringer ausfällt, je jünger das Lesebuch ist) auch die Vielfalt der Texte deutlich reduziert hat:[176] Es finden also – wenn überhaupt – immer nur die dieselben wenigen Autoren bzw. Texte ihren Weg in die Schulbücher und damit in den Unterricht; auch die empirische Untersuchung im Rahmen dieser Arbeit hat dies mehr als deutlich gemacht: Es sind dies in erster Linie das Nibelungenlied, Wolframs Parzival, Gottfrieds Tristan, Hartmanns Erec und Iwein sowie diverse Minnelieder.[177] Die MIDU-Ergebnisse stimmen dabei über weite Strecken mit Möbius Lesebuchstudie für die Jahre 1991-2005[178] überein. (Eine von Christian Stindt im Zuge einer Examensarbeit durchgeführte Listung der Erwähnungen von mittelalterlichen Autoren und Texten in bundesdeutschen Lehrplänen kommt ebenfalls weitgehend zu denselben Ergebnissen.)[179] Die vorderen Plätze nehmen Nibelungenlied, Parzival sowie verschiedene Minnelieder (v.a. von Walther von der Vogelweide) ein. Der am häufigsten gefundene bzw. genannte ahd. Text ist – bei Möbius wie in der Lehrerbefragung – das Hildebrandslied, etwa gleich oft wird der mhd. Helmbrecht gefunden und genannt.[180] Zusätzlich verzeichnet Möbius diverse Fabeln von Martin Luther und – an erster Stelle mit rund 40 Funden- Eulenspiegelgeschichten, die im Rahmen der MIDU-Studie nur vereinzelt genannt wurden. Nicht in Möbius Auflistung sind Hartmanns Erec und Iwein zu finden. Der arme Heinrich und Gottfrieds Tristan rangieren mit jeweils nur einer Fundstelle am Ende der Liste. Trotz dieser geringfügen Abweichungen belegen die Ergebnisse beider Untersuchungen eine starke und dabei auf einige, wenige Werke beschränkte Kanonisierung mittelalterlicher Schullektüre. Sie verdeutlichen auch, dass Lesebücher nach wie vor eine wichtige bzw. die wichtigste Quelle für die Unterrichtsgestaltung der Lehrer und Lehrerinnen sein dürften und daher also – bei allen Freiheiten, die durch die Lehrpläne zugelassen wären – im Wesentlichen das seinen Weg in den Unterricht findet, was in den Lesebüchern verfügbar ist.

176 Vgl Möbius (2010), S.189.

177 Vgl. Kapitel 1.2 und 1.3.

178 Vgl. Möbius (2010), S.179f.

179 Vgl. Feistner, Karg, Thim-Mabrey (2006), S.145f.

180 Vgl. Kapitel 1.2: Das Hildebrandslied nennen 14% der Lehrer/innen, den Helmbrecht 13,2%.

Der schulische Kanon mittelalterlicher Literatur besteht also vornehmlich aus Minnelyrik und Auszügen aus Heldenepen sowie den beiden Versnovellen Helmbrecht und Der arme Heinrich. Aus dem Bereich der frnhd. Literatur wären – laut den Lesebüchern – auch noch Eulenspiegelgeschichten und Luthers Fabeln zu nennen. Betrachtet man nun diesen Kanon von im Unterricht vornehmlich behandelten Werken und die didaktischen Ansprüche, die daran gestellt werden, werden schnell Defizite sichtbar: Unter anderem sollten sie als vollständige Texte gelesen werden, um das Ganze bzw. innere Ordnungsgefüge zu erkennen und dies möglichst auf Mittelhochdeutsch (bzw. originalsprachlich), um auch dem Sprachkunstwerk Rechnung zu tragen[181] und zusätzliche Alteritätserfahrungen zu ermöglichen. Außerdem sollte durch sie differenziertes literaturgeschichtliches und allgemein historisches Bewusstsein geschaffen und eine Fülle von unterschiedlichsten Themen und Bildungszielen bedient werden.[182] Wie ein hinsichtlich der vertretenen Gattungen und Themen stark beschränktes Textkorpus, das zudem großteils verhältnismäßig lange und daher wohl meist nur in Auszügen und Nacherzählungen verfüg- und bewältigbare Texte umfasst, dies alles leisten soll, ist (nicht nur) auf den ersten Blick fraglich.

Für den ‚sogenannten Kanon' plädiert Manfred Kern in seinem ide-Beitrag „Parzival gegen Shell Oil":

> Hartmanns »Iwein«, Wolframs »Parzival«, Gottfrieds »Tristan« und das »Nibelungenlied« sind nicht nur das Beste, das die mhd. Epik zu bieten hat, sie sind thematisch am ergiebigsten, können auf eine enorme mittelalterliche und moderne Wirkungsgeschichte verweisen und lassen sich wohl auch am ehesten mit der „Lebenswirklichkeit" der SchülerInnen verbinden.[183]

In einer Fußnote wird zusätzlich angemerkt, dass diese Texte in zweisprachigen Ausgaben bei Reclam, Fischer und Manesse vorliegen,[184] womit auf einen weiteren wichtigen Aspekt in diesem Zusammenhang hingewiesen wird: Für eine Behandlung im Schulunterricht erscheint es evident, dass Texte und Textausschnitte auch in einer neuhochdeutschen Fassung vorliegen – nicht nur für die Schüler/innen, sondern auch für die Lehrer/innen. Viele Lektürebeispiele und Unterrichtsvorschläge bzw. -modelle in didaktischen Zeitschriften und Sammelbänden lassen eine solche neuhochdeutsche Übertragung bei aller (angestrebten) Praxisnähe jedoch vermissen. Natürlich könnte man argumentieren, dass Deutschlehrer und Deutschlehrerinnen (zumindest jene der Sekundarstufe 2) im

181 Vgl. Möbius. S. 38f.
182 Vgl. Kapitel 2.3.
183 Kern, Manfred (2001), S.33.
184 Vgl. ebda., S. 37.

Rahmen ihrer universitären Ausbildung dazu befähigt werden (sollten), mit älteren deutschen Sprachstufen kompetent umzugehen und daher mittelhochdeutsche Texte (mühelos) selbstständig zu erschließen. Man sollte jedoch auch bedenken, dass der Anteil mediävistischer Lehrveranstaltung an der Lehramtsausbildung an den Universitäten zum einen vielerorts immer geringer wird und zum anderen durch die vorgesehen Wahlmöglichkeiten zwischen den germanistischen Fachbereichen individuell höchst unterschiedlich ausfallen kann. Zudem sind Deutschlehrer/innen nicht per se auch deklarierte Mediävist/inn/en und damit geübte Übersetzer/innen. Um also auch den Lehrer/innen einen schnellen, einfachen und mühelosen Zugang zu ermöglichen, wären beiliegende Übersetzungen wünschenswert, die sicherlich zu einer höheren Akzeptanz und Umsetzungsrate der vielfach sehr engagierten und reflektierten Unterrichtsvorschläge beitragen würden. Hinzu kommt, dass sich einschlägige Empfehlungen und Angebote oft auch an Lehrer/innen der Sekundarstufe 1 richten, deren Ausbildungen (je nach Schultyp und Bundesland/Kanton) etwa an den Pädagogischen Hochschulen oder im Rahmen eigener universitärer Studiengänge vielfach ohne mediävistische Anteile auskommen. Nicht nur dort, wo auch Lehrer/innen der Sekundarstufe 1 und eventuell sogar der Primarstufe angesprochen werden, sollte es daher unter dem viel zitierten Diktum der Praxisnähe möglich und für die Verfasser/innen vertretbar sein, zum originalsprachlichen Beispiel auch gleich eine neuhochdeutsche Übersetzung ‚mitzuliefern'. Dies gilt besonders dann, wenn Texte für eine Behandlung im Unterricht vorgeschlagen werden, die nicht in Form von (erschwinglichen) zweisprachigen Ausgaben verfügbar sind.

Was nun den Einsatz der Literatur des „sogenannten Kanons" bzw. die entsprechende Lektüredidaktik anbelangt, muss Manfred Kern auch selbst einräumen, dass man „den SchülerInnen nicht zumuten können [wird], worüber schon die Studierenden der Germanistik jammern: längere Passagen, geschweige denn einen gesamten Text von der Länge eines »Nibelungenlieds« im Original zu lesen."[185] Die von ihm geforderte Arbeit am Text sieht er angesichts dessen in Form von kleinen hermeneutischen Experimenten mittels kompetitiver Verfahren wie etwa Gruppenarbeiten erfüllt; Inhaltsangaben, name-dropping und Merksätze zu gattungstypologischen Spezifika hält er nicht für zielführend.[186] Auch Günther Bärnthaler schlägt die Behandlung von Sequenzen vor, betrachtet dies aber zugleich kritisch und versteht sie eher als ‚Notlösung':

> Der Textumfang der mittelhochdeutschen Großepik ist im Literaturunterricht problematisch. Um die Rezeptionsmöglichkeiten der Schüler und

185 Ebda. S.34
186 Ebda.

> Schülerinnen nicht zu beschneiden, soll man dem Unterricht prinzipiell nur ganze Texte zugrunde legen, doch ist es kaum möglich und vertretbar, von Schüler und Schülerinnen zu verlangen, etwa das Nibelungenlied oder einen Artusroman in ganzer Länge zu bearbeiten. Hier haben Textausschnitte und in der Folge Sequenzen ihre Berechtigung. Wenn wir uns der grundlegenden Problematik dieses Umstandes bewusst sind, mit Textausschnitten und -sequenzen im Unterricht offen umgehen, sie dem Unterrichtsverlauf anpassen und entsprechend modifizieren, lassen sich die Nachteile dieses Verfahrens minimalisieren. Trotzdem muss die Auseinandersetzung mit vollständigen Werken das Ziel bleiben.[187]

Problematisch dürfte hierbei vor allem die Auswahl geeigneter – das heißt: inhaltlich aussagekräftiger, sprachlich bewältigbarer und bis zu einem gewissen Grad in sich abgeschlossener – Textausschnitte werden, die eine solch selektive Betrachtung in Blick auf das Gesamtwerk zulassen, insbesondere wenn man wie Kern ohne Inhaltsangaben, namedropping und erklärende Merksätze auskommen möchte. Denn es wird vielfach im schulischen Kontext nicht nur unmöglich sein, diese ‚Großepen' auf Mittelhochdeutsch, sondern auch die mehrere hundert Seiten umfassenden neuhochdeutschen Fassungen vollständig zu lesen. Auch wenn man also Kerns Aussagen zur mittelhochdeutschen Epik prinzipiell zustimmen muss und die Behandlung der genannten Werke im Unterricht sicherlich (auch weiterhin) unbedingt wünschenswert ist, sollte man sich nicht vorschnell auf sie beschränken. Gerade im Rahmen einer ‚Arbeit [nahe] am Text', die das jeweilige Gesamtwerk nicht aus den Augen verlieren und durch Abgeschlossenheit auch realisierbare Leseerfolge mit der mittelhochdeutschen Sprache fördern möchte, sollten daneben (keineswegs stattdessen) auch weitere Werke und Gattungen ihren Weg in den Unterricht finden können.

Diese Ansicht vertreten unter anderem auch Thomas Möbius und Thomas Bein, die beide in den letzten Jahren für eine Erweiterung bzw. Öffnung des Kanons argumentierten. Die Reduktion des Textreichtums führe unter anderem dazu, dass Texte, außerhalb dieses Kanons, die möglicherweise sogar besser für den Unterricht geeignet wären, wie z.B. Fachprosa und Märendichtung, gar nicht erst in den Blick kommen[188] und den Schüler/innen in weiterer Folge lediglich ein fragmentiertes Bild von der deutschen Literatur vermittelt wird.[189] Wie Möbius schlägt auch Bein mittelalterliche Fachliteratur als Unterrichtsthema vor, auch weil sie sich besonders gut für fächerverbindende Schwerpunkte, etwa gemeinsam mit dem Geschichte-, Philosophie- oder Biologieunterricht, eigne.[190]

187 Bärnthaler (2010), S.33.
188 Vgl. Möbius (2010), S.189.
189 Vgl. Bein, Horch (2011), Einführung, S.18.
190 Vgl. ebda., S.19f.

Gemeinsam mit Hans Otto Horch initiierte er 2006 ein Denkwerk Projekt zu Wissenstransfer im Deutschunterricht, bei dem neben jüdischer Fachliteratur vor allem Konrads von Megenberg Buch der Natur im Mittelpunkt stand. Im dazu 2011 erschienenen Sammelband listet Achim Jäger in seinem Beitrag „Von Kafka zum Kochrezept" weitere Bereiche mittelalterlicher Fachliteratur, die sicherlich auch für Unterrichtsschwerpunkte oder Projekte ergiebig wären.

> Im Rahmen des Projektes kam es darauf an, den Schülern deutlich zu machen, dass über die (gelegentlich) im Deutsch-oder Geschichtsunterricht behandelten literarischen Zeugnisse des Mittelalters hinaus – zumeist Minnesang, Nibelungenlied, Epik oder Fabeln – der große Bereich der mittelalterlichen Fachliteratur von Bedeutung ist. Alt- und mittelhochdeutsche Texte zu den Themenbereichen der Artes liberales, zu Grammatik, Dialektik und Rhetorik sind ebenso unter der Rubrik anzuführen wie Wörterbücher, deutsche Texte des Schulbetriebs, Fachbucher zur *Ars memorativa* (Gedächtniskunst), Medizinische Werke zur *Ars medica* oder Chirurgie, magische resp. alchemistische Traktate, Kräuter-und Kochbucher, Hausbücher und Hausväterliteratur, Literatur zu Waffenhandwerk und Kriegswesen, zur Baukunst oder Astronomie. Ebenso werden Bücher zu Themenbereichen der Geographie, des Reisens und Handels, sowie Jagd- und Forstliteratur hier zu nennen sein. Als sehr anschaulich für Schüler erwiesen sich im Unterricht zum Beispiel die Schedelsche Weltchronik von 1493, welche als Reprint vorliegt, oder – vor allem durch den Regionalbezug – das Pilgerbuch des Ritters Arnold von Harff.[191]

Der abschließend erwähnte Regionalbezug, der sich offenbar in der Arbeit mit den Schüler/innen als fruchtbar erwiesen hat, böte eine weitere Möglichkeit, Texte außerhalb des Kanons in den Unterricht zu integrieren, über deren derzeitige Verbreitung nur gemutmaßt werden kann. Feistner, Karg und Thim-Mabrey verorten im Zuge der bereits erwähnten Regensburger Studie ein „kanonbedingte[s] Defizit bei der regionalen Verankerung der Untersuchungsgegenstände [...], das gerade in einer Stadt mit so reichem mittelalterlichen Erbe wie Regensburg besonders auffällt.[192] Die Bereitschaft, sich auf regionale Bezüge im Umgang mit dem Mittelalter einzulassen, dürfte bei Deutschlehrer/innen durchaus gegeben sein: Knapp 90% der Lehrer/innen gaben an, regionale Schwerpunkte im Unterricht zu setzen, die Hälfte hat dies zumindest

191 Jäger, Achim: Von Kafka zum Kochrezept. Expeditionen ins Reich der Poesie und in die Bibliotheken des Mittelalters. In: Bein, Thomas; Horch, Hans Otto (Hrsg.): Wissenstransfer im Deutschunterricht. Deutsch-jüdische Literatur und mittelalterliche Fachliteratur als Herausforderung für ein erweitertes Textverstehen. Frankfurt am Main: Peter Lang 2011. (= Germanistik Didaktik Unterricht 6), S.261.

192 Feister, Karg, Thim-Mabrey (2006), S.58.

einmal auch in Verbindung mit dem Mittelalter gemacht.[193] Wobei natürlich nicht gesagt ist, ob diese regionale Schwerpunktsetzung auf Ebene der Texte bzw. Textauswahl oder im Zuge der Vermittlung begleitender, allgemeiner Informationen zur Epoche stattfindet. In vielen Fällen dürfte wohl eher Letzteres wahrscheinlich sein.[194] Auch bleibt offen, ob die Regionalitätsbezüge im Zusammenhang mit den behandelten literarischen Texten genutzt werden (können) oder nur als Einstiegshilfen und illustrierendes Beiwerk gebraucht werden.

Am Beispiel der Steiermark lässt sich zeigen, dass auch in der Auswahl der Basistexte nach regionalen Kriterien ein großes Potential zu finden wäre. Die im Rahmen des Projektes ‚Steirische Literaturpfade des Mittelalters'[195] für eine Präsentation im öffentlichen Raum an acht verschiedenen Schauplätzen ausgewählten Texte und anknüpfenden Überthemen, eignen sich auch vorzüglich für eine schulische Betrachtung bzw. Umsetzung. Es sind dies:

- Der „Admonter Bartholomäus" – Mittelalterliche Heilkunde von europäischen Format (Admont)
- Graf Hugo von Montfort – Ein Dichter schaut ins Paradies (Bruck an der Mur)
- Das „Soliloquium" des Andreas Kurzmann – Glaubensgeheimnisse im Gespräch (Neuberg an der Mürz)
- Mittelalterliche „Monatsregeln" – Der Jahreslauf im Spruchformat (Seckau)
- Die Minnelieder des Rudolf von Stadeck – Auf der Suche nach der Liebe (Stattegg)
- Ulrichs von Liehtenstein „Frauendienst" – Minne als Extremabenteuer (Unzmarkt-Frauenburg)
- Die „Vorauer Novelle" – Glücksuche zwischen Verdammnis und Erlösung (Vorau)
- „Die Katze" des Herrand von Wildon – Ein fabelhafter Lebenstext (Wildon)[196]

Schon an der Vielfalt der vertretenen Gattung und Textsorten wird deutlich, dass sich hier mannigfaltige Möglichkeiten in Kombinationen mit den Orten ihrer Entstehung bzw. Überlieferung und daran anknüpfbaren Unterrichtshemen böten. Mit Ulrich von Liehtenstein und Herrand von Wildonie wären auch zwei überregional bedeutsame Autoren vertreten, über deren Leben und Schaffen man für mittelalterliche Verhältnisse relativ gut Bescheid weiß. Auch wenn die Möglichkeiten im Einzelnen sicherlich stark von der jeweiligen Region abhängen und daher in ihrer Ergiebigkeit schwanken können, sollte dieses Beispiel dennoch zei-

193 Vgl. Kapitel 1.2.

194 Wie es auch Feistner, Karg und Thim-Mabrey in ihrer exemplarischen Unterrichtseinheit vorführen. - Vgl. Feister, Karg, Thim-Mabrey (2006), S.115ff.

195 Zu dem von Wernfried Hofmeister initiierten Projekt siehe: http://literaturpfade.uni-graz.at/index.html [Stand vom 28.04.2012].

196 http://literaturpfade.uni-graz.at/schauplaetze.html [Stand vom 28.04.2012].

gen, dass der Blick ins Regionale innerhalb und außerhalb des Kanons durchaus lohnenswert sein kann. Natürlich müsste auch dabei zunächst die Verfügbarkeit der Texte (inkl. Übersetzungen) und etwaiger begleitender Materialen seitens der Fachwissenschaft gewährleistet werden.[197]

Nun sollte man eigentlich meinen, dass sich in Zeiten der neuen, inhaltlich offenen Lehr- bzw. Rahmenpläne die Diskussion um einen Kanon ohnehin zunehmend erübrigt. Paradoxerweise verleitet jedoch gerade auch diese größere Freiheit zu einer verstärkten Kanonisierung und damit zusammenhängend größeren Abhängigkeit von einschlägigen Lehrwerken, wie auch Angela Mielke in ihren Überlegungen zum Verhältnis von mittelalterlicher Literatur und Kompetenzorientierung festhält:

> Bei einem solchen (inhaltlichen) Liberalismus ist zu erwarten, dass sich behauptet, was bewährt ist (möglicherweise also ein Aufleben tradierter Kanones), was attraktiv erscheint (was die Lehrkraft und/oder die Heranwachsenden interessiert), was sich als praktikabel anbietet (wo fühlt sich die Lehrkraft sicher, wozu gibt es gelungene Angebote auf dem Schulbuchmarkt). Gerade der letzte Aspekt kann nicht hoch genug eingeschätzt werden: In einem immer anforderungsreicher werdenden beruflichen Alltag finden die Lehrkräfte Hilfe und Orientierung vor allem in den Lehrwerken, deren Stellenwert als Leitmedium für den Unterricht besonders in der Sekundarstufe I hoch ist. Denn die Lehrwerke bieten einerseits als staatlich genehmigte Unterrichtsmedien Verlässlichkeit und Absicherung hinsichtlich der Standardorientierung und stellen andererseits mit ihren konkreten Angeboten an zu Unterrichtsvorhaben zusammengestellten Themen, Texten und Aufgaben eine erhebliche Arbeitserleichterung für die alltägliche Unterrichtsplanung dar.[198]

Hartmut Kugler ortet parallel dazu eine ähnliche Entwicklung in Richtung (Re-)Kanonisierungen an den Universitäten

> Verlangt wird eine Konzentration auf das sogenannte Wesentliche. Die Rationalisierungsmaßnahmen treffen in der Regel die historisch weiter zurückliegenden Sach- und Themenfelder, also die unsrigen. [...] Damit innerhalb der deutschen Literaturwissenschaft die ‚Ältere Abteilung' überhaupt noch vertreten bleibt, müssen wir standardisieren. Der Kanon des Unverzichtbaren feiert, ohne daß ihn jemand so recht gewollt hat, fröhliche Urständ. Paradoxer Nebeneffekt der Internationalisierung ist eine ‚Renationalisierung' des Literaturkanons. Horst Brunners handliche Reclam-Literaturgeschichte ist, wie mir Studierende öfter versichern, ein vorzügliches ‚Lernbuch'. Es ist ein praktisches Arbeitsinstrument für ein Fachgebiet, das darauf angewiesen ist, sein ‚Proprium', die älteren deutschen Texte, mit Zähnen und Klauen zu verteidigen. Ausflüge in die Nachbar-

197 Ein diesbezügliches Schulforschungsprojekt ist in Planung, seine Umsetzung hängt wie so vieles andere von der Bewilligung einer Förderung im Rahmen eines Sparkling Science Antrags ab.

198 Mielke (2011), S.135f.

> literaturen kann sich diese Literaturgeschichte, will sie ihre Kohärenz und ihre Transparenz behalten, kaum leisten. Das Paradigma der Nationalgeschichtsschreibung, schon oft geschmäht und totgesagt, wird nach wie vor gebraucht, damit sich unser Schifflein, nur mit dem Notgepäck belastbar, über Wasser hält.[199]

In Kapitel 2.3 wurde ‚Europagedanke' in Zusammenhang mit mittelalterlicher Literatur und Geschichte[200] bereits ins Treffen geführt – vielfach wird er auch als Legitimationsgrund für die schulische Behandlung des Mittelalters gesehen. Eine Beschäftigung mit dem Mittelalter und seiner Literatur lohne gerade (auch) deshalb, weil sie eine Blick in eine Zeit vor den nationalstaatlichen Bestrebungen, die heute – mühsam – wieder gelockert werden sollen, ermöglicht und zur Entwicklung einer europäischen Seele'[201] beitragen kann. Es handle sich dabei um eine Literatur von gesamteuropäischem Format, wird man nicht müde zu betonen. In der Praxis ist davon allerdings wenig zu spüren.

> Die hochmittelalterliche Epik hat eine prinzipiell europäische Dimension, daran halten wir uns seit Jahrzehnten. Zumal die mittelhochdeutschen Großepen des 12. und frühen 13. Jahrhunderts, die Romane Veldekes, Hartmanns, Herborts, Wolframs und Gottfrieds, ohne die lateinischen und altfranzösischen Werkvorlagen, an denen sie sich abarbeiten, nicht zu denken sind. Überhaupt ist das Arbeitsgelände der literaturwissenschaftlichen Mediävistik ein europäisches, jedenfalls kein eng nationales, den der Ausgliederung der Nationalstaaten und Nationalliteraturen liegt es voraus. Diese Grundüberzeugung tragen wir wie ein Glaubensbekenntnis gern mit uns herum, sie befähigt uns, mit Verve von der ‚Modernität des Mittelalters' zu reden. Die europäische Imprägnierung ist uns so selbstverständlich geworden, daß man eigentlich kaum noch darüber reden mag.
>
> Aber im Alltag des mediävistischen Studienangebots und Examenswissens bleibt das Europäische dennoch oft schattenhaft blaß.[202]

Hin und wieder einen – auch intensiveren – Blick über die Landesgrenzen in die Nachbarliteraturen zu riskieren, wäre im Rahmen der skizzierten Bildungswerte sicherlich wünschenswert. Eine derartige Verknüpfung, etwa mit der afrz., der aeng. oder der anord. Literatur, böte sich auch und gerade anhand der Texte des Kanons – Minnesang, Artusepik und Nibelungenlied – an, sowie gemeinsam mit anderen Fächern.

---

199 Kugler, Hartmut: Auf der Suche nach europäischen Parametern. Vorüberlegungen zu einer deutsch-französischen Perspektive auf die hochmittelalterliche Epik. In: Hartmann, Sieglinde; Müller, Ulrich (Hrsg.): Jahrbuch der Oswald von Wolkenstein Gesellschaft. Bd. 15. Frankfurt am Main: 2005. S.93.

200 auch eine sprachliche Dimension ließe sich hier durchaus noch ergänzen.

201 Vgl. hierzu Feistner, Karg, Thim-Mabrey (2006), S.150.

202 Kugler (2005), S.91.

Die Bedeutung der kanonisierten Texte (auch für den Unterricht) soll also keineswegs in Frage gestellt werden; ebenso wenig ist ihre ‚Verdrängung' aus der Schule gefordert. In Anbetracht des Textreichtums, den uns das Mittelalter zweifelsohne bietet, sollten wir jedoch bemüht sein, ‚aus dem Vollen zu schöpfen' und das Wagnis einzugehen, auch über den Tellerrand des Kanons hinauszublicken – „Unterricht beruht auf Entscheidungen. Für Entscheidungen gibt es stets auch Alternativen."[203] Solche Alternativen zu schaffen,[204] indem Texte, Übersetzungen und Materialien vorgeschlagen und bereit gestellt werden, liegt wiederum im Aufgabenbereich der Universitäten. Eine größere Vielfalt der Möglichkeiten in Bezug auf Texten, Themen und Methoden würde sich vermutlich auch positiv auf die Verbreitung, Annahme und Wahrnehmung der Relevanz mittelalterlicher Literatur auswirken. Einerseits hätten Lehrer/innen bzw. Schulen so auch die Chance, mittelalterliche Texte in ihre jeweiligen Interessens- und Arbeitsschwerpunkte einzubinden, andererseits würde dadurch sichtbar, welche Bedeutung und welchen Wert diese Epoche in den unterschiedlichsten Kontexten heute noch haben könnte.

Gerne möchte man sich also Manfred Kern anschließen, wenn er meint, „dass es an der Zeit wäre, [mindestens] ein kleines mittelalterliches Lesebuch für die Schule zusammenzustellen."

---

203 Feistner, Karg, Thim-Mabrey (2006), S.138.

204 Innovative Zugänge zu mittelalterlichen Texten im Unterricht haben neben den bereits Genannten (Thomas Möbius, Günther Bärnthaler, Thomas Bein u. a.) in jüngerer Zeit beispielweise auch Markus Hinterholzer (Hinterholzer, Markus: Alte HeldInnen braucht die Schule: das "Nibelungenlied" und der "Herr der Ringe" als literaturdidaktische Beispiele für einen gehirn-gerechten Mittelalterunterricht. Frankfurt am Main: Lang 2007) und Elisabeth Schwarzgruber (Schwarzgruber, Elisabeth: Mittelalterliche deutschsprachige Literatur in der Schule. Entwurf einer impulsbezogenen, themaorientierten Literaturdidaktik unter besonderer Berücksichtigung des "Frauendienstes" von Ulrich von Liechtenstein. Phil. Dipl., Graz 1998) in ihren Diplomarbeiten vorgeschlagen.

2.6 Faszinationsepoche Mittelalter? – Einige Gedanken zum ‚Mittelalterboom' als Chance zur Förderung des Wissenstransfers zwischen Universität, Öffentlichkeit und Schule.

Ein weiterer Aspekt, der im Kontext der schulischen Befassung mit dem Mittelalter Betrachtung verdient, stellt seine Präsenz in Medien und im öffentlichen Raum dar. Keine Frage, die Popularität des Mittelalters ist den letzten Jahrzehnten nicht zurückgegangen.

> Dies ist nicht erst seit gestern so. Das Mittelalter als Projektionsfläche unserer romantischen Bedürfnisse und Vorstellungen von einer besseren, vor allem ehrlicheren, ehrbareren und mithin leichter zu durchschauenden Welt, einer guten alten Zeit, hat seine Ursprünge in der deutschen Einigungsbewegung am Anfang des 19. Jahrhunderts. In der Folge gab es Hoch- und Tiefphasen der populären Beschäftigung mit dieser Epoche, und es scheint, als seien wir nach der Mittelalterbegeisterung im Historismus und einer Flaute nach dem zweiten Weltkrieg im Moment wieder in einer Zeit der intensiven Mittelalterbeschäftigung angekommen [...][205]

Die Rede ist hier also vom immer wieder bemühten, oft zitierten ‚Mittelalterboom' – den sich allerdings die Germanistische Mediävistik noch nicht wirklich zu Nutze machen konnte. Sprache und Literatur führen im Vergleich zu zahlreichen anderen Aspekten des Mittelalters im öffentlichen Raum bzw. Bewusstsein ein Schattendasein, was sich auch auf die Diskussion ihrer Relevanz im schulischen und universitären Kontext auswirkt. Die Frage nach Vermittlungsmöglichkeiten und -strategien, die Synergien zwischen Universitäten, Schulen, Medien und Öffentlichkeit schaffen, ermöglichen bzw. nutzen, sollte daher auch und vor allem im wissenschaftlichen Kontext aufgegriffen werden.

> Es besteht also, wenn man die Daten über die Popularität des Mittelalters einerseits und die Legitimationsproblematik andererseits betrachtet, der die Disziplinen akademischer Mediävistik derzeit ausgesetzt sind, eine Diskrepanz, wie sie deutlicher kaum sein könnte. Offensichtlich liegt hier ein Kommunikationsproblem vor.[206]

Hinzu kommt, dass Lehrende an Schule und Universität das Interesse von Schüler/innen und Studierenden an mittelalterlicher Sprache und

205 Otto, Arnold: Wissenschaft - Unterhaltung - Selbstreflexion. Präsentationsmöglichkeiten für mittelalterliche Literatur heute. In: Jahrbuch der Oswald von Wolkenstein Gesellschaft 15 (2005),S.105f.

206 Feistner, Edith: Hat der Mittelalter-Boom die Universitäten erreicht? Empirische Studie zu Vorstellungen vom Mittelalter und Erwartungen von der Mittelalterforschung bei Gymnasiasten, Germanistik-Studierenden und ausgebildeten Germanisten in Regensburg. In: Jahrbuch der Oswald von Wolkenstein Gesellschaft 15 (2005),S.118.

Literatur nach wie vor eher gering einschätzen.[207] Was die positive Nutzung des vorhandenen allgemeinen Mittelalterinteresses von Kindern und Jugendlichen etwa im Rahmen von Unterrichtsprojekten angeht, sind oft gerade Gymnasien bzw. allgemeinbildende höhere Schulen im Gegensatz zu anderen Schultypen nur schwach vertreten. Ein beachtlicher Teil der Volksschulen, Hauptschulen sowie Neuen Mittelschulen dürfte – zumindest in der Steiermark – die Begeisterung(sfähigkeit) der Schüler und Schülerinnen für das Mittelalter bereits erkannt haben und die Vielfalt des Themas zu nutzen wissen. Mittelalterwochen sind fast an der Tagesordnung, etliche Schulen gestalten diesbezügliche Schwerpunkte, die bis zu einem Semester lang eine intensive Beschäftigung mit der ‚Faszinationsepoche' ermöglichen.[208] Wenngleich diese Unterrichtsprojekte ihren Schwerpunkt meist im Fach Geschichte ansetzen, böten sie durchaus auch Raum für die Beschäftigung mit Literatur und Sprache. Zu Letzterem existieren allerdings meist weder altersgerechte Materialien noch die entsprechenden Vermittlungsangebote, die von Schulen in Anspruch genommen werden könnten.

Eigene Erfahrungen der Verfasserin haben gezeigt, dass es durchaus bereits am Ende der Primarstufe möglich ist, erfolgreich kurze mittelhochdeutsche Texte einzusetzen – etwa Auszüge aus Tischzuchten und Kochrezepte. Ein kleines Beispiel:

> Heidenische kuochen.
>
> Diz heizzent heidenisse kůchen. Man sol nehmen einen teyc vnd sol [den] důnne breiten. vnd nim ein gesoten fleisch vnd spec gehacket vnd epfele vnd pfeffer vnd eyer dar in. vnd backe daz vnd gibes hin vnd vnd versirtez niht.[209]

Rätselcharakter haben nach dem Lesen und Hören(!) dieses Textes für 9-bis10-Jährige lediglich die Wörter *heidenisse* und *versirtez,* die jedoch mit kleinen Hilfestellungen in der Regel problemlos entschlüsselt werden können. Auch mit poetischen Texten lässt sich durchaus schon vor der Sekundarstufe 1 arbeiten, wie das Beispiel einer 4.Klasse in Graz zeigen konnte, die sich mit mittelhochdeutschen Gedichten beschäftigt hat, indem diese übersetzt, besprochen, vorgetragen und künstlerisch (nach Vorbild der Originalhandschriften) gestaltet wurden.

---

207 Vgl. Kapitel 1.2 und Feistner, Karg, Thim-Mabrey (2006), S.20ff.

208 Wobei Qualität und didaktische Ausrichtung dieser Angebote im Einzelnen höchst unterschiedlich ausfallen und von einer eher oberflächlich klischeebeladenen Beschäftigung mit Rittern und Burgen bis hin zum Versuch, ein möglichst differenziertes Bild der Epoche zu vermitteln, reichen.

209 Hajek, Hans: Daz bůch von gůter spise. Aus der Würzburg-Münchener Handschrift. Berlin: Erich Schmidt 1958. (= Texte des späten Mittelalters 8), S.16.

In der Sekundarstufe 2, wo eine Behandlung des Mittelalters im Deutschunterricht (in Österreich) laut Lehrplan vorgesehen ist, gibt es derlei Schwerpunktprojekte eher selten. Art und Umfang der Beschäftigung mit mittelalterlicher Literatur und Sprache hängen hier noch stärker vom Engagement einzelner Lehrer/innen ab, wie auch die empirische Untersuchung im Rahmen dieser Arbeit zeigen konnte.

> Denn bei aller Begeisterung für die Texte bleibt die Schwierigkeit, deren Relevanz im oben skizzierten gesellschaftlichen Umfeld zu vermitteln. So wird die Suche nach Kompatibilität von mittelalterlicher Literatur und heutigen Auffassungen von Literatur, Ästhetik und Gesellschaft immer mehr zu einer didaktischen Fragestellung.
>
> Wenn wir also davon ausgehen, daß die von uns bearbeitete Literatur den Menschen heute noch etwas sagen kann, muß sie sich behaupten können, und dies vor allem in den Medien. Die Öffentlichkeit kann nicht gezwungen werden, sich mit unserem Vermittlungsanliegen zu beschäftigen, wir müssen zunächst ihr Interesse wecken. Insofern kommt zur Frage der richtigen Didaktik auch noch die nach einer richtigen Marketingstrategie.[210]

Anstatt die Erscheinungsformen des ‚Mittelalterbooms' nur müde zu belächeln, seine historischen Unzulänglichkeiten zu kritisieren und gleichzeitig das Schwinden des Interesses und der Wahrnehmung der Relevanz des eigenen Faches zu beklagen, sollte er zum Anlass genommen werden, aktiv an der qualitativ hochwertigen, aber auch zielgruppenorientierten Vermittlung der eigenen Gegenstände zu arbeiten. Eine diese Zielgruppen – vielleicht die wichtigste – ist die Schule und das schließt Primar- und Sekundarstufe sowie die unterschiedlichen Schultypen mit ein, die natürlich im Rahmen des anzustrebenden Wissenstransfers auch Abstufungen verlangen. Diese zu ermitteln liegt genauso im Verantwortungsbereich der Wissenschaft wie die Konzeption und Bereitstellung von Textgrundlagen und Materialien – für alle Altersgruppen. Wer, wenn nicht die Wissenschaft könnte ihre Fachbereiche und Themen so aufbereiten, dass sie auch im Rahmen der Schule und in einer breiteren Öffentlichkeit rezipiert und reflektiert werden können, ohne dabei vermeidbare Unzulänglichkeiten und Bedeutungs- und Qualitätsverluste in Kauf nehmen zu müssen? Wissenstransfer mit Blick auf die Schule sollte heute mehr denn je eine wichtige Aufgabe universitärer Einrichtungen sein und nicht lediglich als ‚wissenschaftlich minderwertige Dienstleistung' angesehen werden.

> Die Ressentiments der Fachwelt gegenüber derlei Tätigkeiten sind noch immer groß. Ungern beschäftigt man sich mit der Popularisierung der eigenen Forschungsgegenstände. Nur allzu leicht könnte man aus dem

210 Otto (2005), S.106f.

> Kreis der Fachwissenschaftler ausgeschlossen und in die Ecke der Sachbuchautoren gedrängt werden. Publikationen wie etwa „Einladung ins Mittelalter" von Horst Fuhrmann, „Unseren Ängsten auf der Spur" oder das Jugendbuch „Die Ritter" von Georges Duby zeigen jedoch, daß auf Überlegungen hierzu nicht verzichtet werden kann, wenn wir unsere Legitimation in einer immer projektorientierteren Wissenschaft, die wissenschaftliche Arbeit in immer stärkerem Maße marktwirtschaftlichen Grundsätzen unterwirft, nicht verlieren möchten.[211]

Zusammenfassend lässt sich also feststellen, dass ein großes öffentliches Interesse am Mittelalter im Allgemeinen vorhanden ist und auch Schüler und Schülerinnen sich in der Regel dafür begeistern (lassen). Kinder und Jugendliche sind zumeist schon im vor- und außerschulischen Bereich auf unterschiedlichste Arten mit dem Mittelalter in Berührung gekommen und verfügen in der Regel auch schon über erste diesbezügliche Rezeptionserfahrungen.[212] Auch wenn das Interesse an Literatur und Sprache zunächst oft nicht vorhanden oder so stark ausgeprägt ist, wie am mittelalterlichen Leben bzw. Menschen an sich, kann dieses im Laufe einer Beschäftigung mit dem Mittelalter geweckt oder gefördert werden.[213] In Unterrichtsprojekten bleibt dieser Bereich jedoch nicht selten außen vor, was unter anderem auch daran liegt, dass es bislang noch kaum (altersgerechte) Vermittlungsangebote für mittelalterliche Literatur und Sprache im öffentlichen Raum gibt – von Bibliotheksführungen einmal abgesehen, bei denen allerdings zumeist Buchherstellung und Schriftkultur, nicht aber die Texte selbst, im Zentrum stehen.

211 Otto (2005), S.107.

212 Vgl. hierzu auch: Schwinghammer (2010) sowie die Auszüge aus Schülerbefragungen im Anhang, die sich mit Interessen und Rezeptionserfahrungen von Kindern und Jugendlichen in Bezug auf das Mittelalter beschäftigen.

213 Vgl. Ebda.

2.7 Kleiner Maßnahmenkatalog zur Förderung der (schulischen) Befassung mit mittelalterlicher Literatur und Sprache

Den Beginn dieser Arbeit bildeten eine Reihe von Wortmeldungen aus dem fachwissenschaftlichen Diskurs rund um Mittelalter und Deutschunterricht. Konsequenterweise soll auch die abschließende Bilanz wieder mit einem Zitat eingeleitet werden:

> Dennoch sehe ich der Zukunft unseres Faches, bei entsprechenden Bemühungen und bei einigermaßen günstigen Zeitumständen, trotzdem optimistisch entgegen [...]. Manchmal muss man düster malen, um eine bestimmte Wirkung zu erreichen. Denn: Die Lage ist ernst, aber (noch) nicht hoffnungslos.[214]
>
> Ulrich Müller, 2005

Und tatsächlich geben auch die Ergebnisse der MIDU-Studie Anlass zur Hoffnung: Der überwiegende Teil der Deutschlehrer/innen in den D-A-CH-Ländern behandelt mittelalterliche Literatur und Sprache zumindest in irgendeiner Form im Unterricht, die meisten von ihnen setzen dazu auch die originalsprachlichen Texte ein; Projektunterricht, regionale und fächerübergreifende Unterrichtsformen in Zusammenhang mit dem Mittelalter erfreuen sich durchaus einiger Beliebtheit. Auch würden nur ganz wenige Lehrer/innen eine (unbedingte) Streichung des Mittelalters aus den Lehrplänen bzw. einen gänzlichen Verzicht darauf im Unterricht befürworten. Wenngleich das Mittelalter also vielerorts nicht mehr explizit in den Lehrplänen erwähnt wird, scheint es doch nach wie vor seinen Weg in den Unterricht zu finden. Auch die nächste Generationen – Junglehrer/innen und Studierende – sind dem Mittelalter prinzipiell nicht abgeneigt, wobei sich doch – parallel zu einem ‚Image- und Bedeutungsverlust' der universitären Mediävistik – eine Tendenz zu einem Verlust an Relevanz und Unterrichtszeit abzuzeichnen scheint.

Es gilt somit, wie Edith Feistner, Ina Karg und Christiane Thim-Mabrey es etwas euphemistisch ausdrücken, die aktuellen Veränderungen als Chance zu begreifen[215] und die Herausforderung zur Legitimation anzunehmen.[216] Was also müsste geschehen, um die Behandlung mittelalterlicher Literatur und Sprache im Unterricht zukünftig abzusichern, zu fördern bzw. auszubauen?

An dieser Stelle sei zunächst noch einmal auf Angela Mielke verwiesen, die einige wesentliche Aspekte in diesem Zusammenhang wie folgt formuliert:

---

214 Müller (2005) S.12
215 Vgl. Ebda., S.10.
216 Vgl. Ebda., S.148.

> Bei einem solchen (inhaltlichen) Liberalismus ist zu erwarten, dass sich behauptet, was bewährt ist (möglicherweise also ein Aufleben tradierter Kanones), was attraktiv erscheint (was die Lehrkraft und/oder die Heranwachsenden interessiert), was sich als praktikabel anbietet (wo fühlt sich die Lehrkraft sicher, wozu gibt es gelungene Angebote auf dem Schulbuchmarkt). Gerade der letzte Aspekt kann nicht hoch genug eingeschätzt werden: In einem immer anforderungsreicher werdenden beruflichen Alltag finden die Lehrkräfte Hilfe und Orientierung vor allem in den Lehrwerken, deren Stellenwert als Leitmedium für den Unterricht besonders in der Sekundarstufe I hoch ist. Denn die Lehrwerke bieten einerseits als staatlich genehmigte Unterrichtsmedien Verlässlichkeit und Absicherung hinsichtlich der Standardorientierung und stellen andererseits mit ihren konkreten Angeboten an zu Unterrichtsvorhaben zusammengestellten Themen, Texten und Aufgaben eine erhebliche Arbeitserleichterung für die alltägliche Unterrichtsplanung dar.[217]

Mögliche Ansatzpunkte für eine Förderung der Mittelalterdidaktik im Deutschunterricht ergeben sich damit – grob umrissen – in den Bereichen ‚Sicherheit im Umgang', ‚praxisorientiertes Materialangebot' und ‚Interesse'. In den Unterricht findet, was sich bewährt hat und worin sich Lehrer/innen sich sicher fühlen. Dass sich Lehrer/innen und zukünftige Lehrer/innen in unterschiedlichsten Bereichen bzw. ganz allgemein im Umgang mit älterer deutscher Literatur und ihren Sprachstufen ‚sicher fühlen' ist seitens der universitären Ausbildung sicherzustellen. Versteht man Interesse als etwas, das sich unter Umständen erst im Laufe der Beschäftigung mit einem Thema ausbildet, ist auch hier die Universität – bereits in der Lehramtsausbildung – gefordert. Themenvielfalt, Variantenreichtum und Pluralität der Unterrichtsmethoden können zusätzlich dazu beitragen, die Motivation und das (auch individuelle) Interesse seitens Lehrer/innen und Schüler/innen zu stärken. Schließlich müssen Materialien, Texte und Übersetzungen zur Verfügung stehen – idealerweise im Rahmen der Schul- bzw. Lesebücher, aber auch als (niederschwellige) Zusatzangebote.

1. Die universitäre Lehramtsausbildung

Die Rolle, die der universitären Lehre in diesem Zusammenhang zukommt, kann gar nicht hoch genug eingeschätzt werden. Das Studium sollte mit der Vielfalt mittelalterliche Sprache und Literatur bekanntmachen, Interessen fördern bzw. wecken, Relevanz und Bildungswerte weitergeben und das nötige Wissen aber auch ‚Handwerkszeug' zur (eigenständigen) Vermittlung bereitstellen. Eine Einführung in die älteren deutschen Sprachstufen – möglichst praxisnah am Text – ist dabei evi-

217 Mielke (2011), S.135f.

dent. Nur wenn künftigen Lehrern und Lehrerinnen grundlegende Kompetenzen und Strategien für den Umgang mit älteren deutschen Texten in ihrer Ausbildung vermittelt werden, werden sie diese Texte später auch selbstständig für den bzw. im Unterricht aufbereiten können. Das Fehlen dieser Grundlagen kann auch durch noch so gut zusammengestelltes und ausgefeiltes, didaktisch hochwertiges Unterrichtsmaterial nicht kompensiert werden. Die Bedeutung der Lehre bzw. der Ausbildung zukünftiger Lehrer/innen ist dabei auch in ihrer ‚Wechselwirkung' für die Relevanz und die zukünftigen Möglichkeiten des Faches an Schule *und* Universität zu sehen:

> Der schlimmste Fall für unser Fach wäre die Beendigung unserer Rolle innerhalb der Ausbildung der Lehrer. Es muß die zentrale politische Aufgabe aller Fachvertreter sein und bleiben, mit allen erlaubten Mitteln dafür zu sorgen, daß dieser Fall nicht eintritt.[218]

> Die Altgermanistik hatte in den Jahren ab 1968 einige Jahre lang nicht nur um ihren Verbleib in der Lehrerbildung, sondern um ihren Fortbestand am den Universitäten überhaupt zu kämpfen. [...] Das damals eingeführte Prinzip einer gewissen Wahlfreiheit im gymnasialen Lehramt Deutsch bzw. im Magisterstudium hat – für manche Leute durchaus überraschend – nicht zu ihrem Verschwinden geführt.[219]

> Die Gefahr, daß die Germanistische Mediävistik aus den Prüfungsordnungen für das Staatsexamen eliminiert wird, daß sie im Zuge der Bachelorisierung, d.h. Verschulung und Verflachung der Studiengänge zugunsten „modernerer" Bestrebungen unter den Tisch fällt, ist jedoch wieder gegeben. Zwar ist das Mittelalter angeblich Mode – aber wenn es um Fachinteressen und um Stellen an den Universitäten geht, kennen selbst Vertreter eng benachbarter Fächer [...] kein Pardon. Sie sind rasch dabei, wenn es darum geht, Studienverläufe – wie man das heute nennt – zu „verschlanken", die Mittelalterforschung erneut für kaum relevant zu erklären – bei Hochschulleitungen und Politikern, die bei dieser Gelegenheit in der Regel nicht nach der tatsächlichen Relevanz der „neuen" Inhalte fragen, finden sie damit nur allzu leicht Gehör. Angesichts der sogenannten Sparzwänge war schon immer – durchaus verständlich – jeder Fachvertreter sich selbst der Nächste.[220]

Kurz: Die Lehramtsausbildung muss an den Universitäten und die ältere deutsche Literatur- und Sprachwissenschaft Teil ihres Curriculums bleiben! Anderenfalls wird das Mittelalter unter Umständen hier und dort zwar weiterhin einen Platz im schulischen Alltag finden, allerdings wird es dann kaum mehr sein können, als eine ‚ausgehöhlte' Projektionsmatrix, die sich spielerisch bekannter Klischees bedient und als Grundlage

218 Brunner, Horst: Ansichten einer künftigen Altgermanistik. In: Jahrbuch der Oswald von Wolkenstein Gesellschaft 15 (2005), S.21.

219 Ebda., S.15f.

220 Ebda., S.17.

für allerlei ,aktionistisch verflachte Beschäftigungsmaßnahmen' außerhalb des regulären und damit ,prüfungsrelevanten' Unterrichtsgeschehens herhalten muss.

Wie auch immer die Lehramtsausbildung nach den im Rahmen des Bologna-Prozesses geforderten Umstrukturierungen aussehen wird, sollte Wert darauf gelegt werden, die Germanistische Mediävistik für Lehramtsstudierende attraktiver zu machen. Das soll keinesfalls heißen, dass hier durch besonders gefällige Notengebung oder einfache Prüfungsthemen an der ,Beliebtheitsskala gedreht' wird. Vielmehr sollte bereits zu Beginn des Studiums Bewusstseinsbildung hinsichtlich der Relevanz und Bildungswerte des Fachbereiches betrieben werden und neben der Vermittlung von Wissen und Kompetenzen auch die Förderung von Interessen und Motivation eine Rolle spielen. Zur Behandlungen von Rezeptions- und Vermittlungsaspekten im Rahmen mediävistischer Lehrveranstaltungen sollten zukünftigen Lehrer/innen auch Möglichkeiten gegeben werden, anwendungsorientierte Bezüge herzustellen – etwa in Form von Seminararbeiten zu konkreten Unterrichtseinheiten mit Bezug zu mittelalterliche Literatur und Sprache oder der Untersuchung fachdidaktischer Fragestellungen im Zuge von Qualifikationsarbeiten im Fachbereich Germanistische Mediävistik. An der Universität Graz geschieht dies im Rahmen ,wissenschaftlich-didaktischer Kombiseminare' bereits seit einigen Jahren: Vielleicht kann die ,Grazer Sonderstellung', die sich im Rahmen des Universitätsvergleiches herausgestellt hat, zumindest zu einem Teil auch dadurch erklärt werden. (Damit wären hier die Früchte dieser bislang leider nahezu einzigartigen Synergie zwischen Fachwissenschaft und Didaktik innerhalb der Lehre bereits spürbar.)

2. Material und Übersetzungen – Handreichungen für die Praxis

Neben einer möglichst breiten und fundierten literatur- wie sprachwissenschaftlichen Ausbildung kommt auch den angebotenen Unterrichtsmaterialien eine wichtige Rolle zu. Insbesondere die Bereitstellung der Textbasis obliegt dabei wiederum der Fachwissenschaft, dies schließt vor allem „zweisprachige" Textausgaben mit ein, „deren Angebot das Themenspektrum der universitären Lehrveranstaltungen inzwischen fast vollständig präjudiziert"[221] und sich auch im engen schulischen Kanon widerspiegelt.

> Eine spezielle Aufgabe wird uns in diesem Zusammenhang sicher bevorstehen, die für unser Fach wichtig sein wird, nämlich den Zugang zu unseren Arbeitsgegenständen leichter zu machen. Ich halte es großenteils für eine nachträgliche Verklärung, wenn man immer wieder hört, dass die Studierenden früher, also wir Älteren, während der Ausbildung so sehr viel mehr originale Texte, d.h. auf Mittelhochdeutsch gelesen hätten als die jetzige Generation.
>
> Wir sollten uns bemühen, den Zugang zu unseren Texten und den Umgang zu erleichtern, und zwar durch weitere Übersetzungen. Vieles ist zwar in den letzten Jahrzehnten hinsichtlich Übersetzungen geschehen. Wie Sabine Heimann-Seelbach in einem kurzen Erfahrungsbericht in der Zeitschrift editio (14, 2000) dargelegt hat, verhindert die Benützung von Übersetzungen im akademischen Unterricht keineswegs die Beschäftigung mit den mittelhochdeutschen Texten, offenbar und erstaunlicherweise ganz im Gegenteil. Zwar ist es ein Spezifikum der germanistischen Mediävistik, dass ihr Untersuchungsmaterial sich als Gesamtmasse so gut wie nicht mehr vermehrt – wie in allen Wissenschaften, die sich mit Literatur vergangener Epochen beschäftigen (wozu übrigens auch die abgeschlossene DDR-Literatur gehört. Dafür erfordert die historische Sprachstufe aber intensive Hilfe für den Einstieg, und ebendies könnten weitere Übersetzungen leisten.[222]

Auch wenn unsere Forschungsgrundlage, das literarische Korpus der mittelalterlichen Literatur also nicht mehr maßgeblich wächst, von sporadischen Zufallsfunden einmal abgesehen, gibt es auf dem Gebiet der Textarbeit noch viel zu tun, da nicht nur zahlreiche Texte bisher ‚unübersetzt' geblieben sind, sondern auch zu vielen Texten inzwischen veraltete Übersetzungen (oder problematische Übertragungen) existieren, deren Sprachstufe heutigen Schüler/innen und Studierenden fast ähnlich fremd erscheinen mag wie jene der mittelhochdeutschen Originale selbst. Ziel sollte es sein, den immer ‚geschlosseneren' Kreis an Rezipienten, der durch die starke Kanonisierung mittelalterlicher Literatur an Schule und Universität bedingt wird, zu erweitern. Weitere Übersetzungen sind ne-

221 Feistner, Karg, Thim-Mabrey (2006), S.12.
222 Müller (2005), S.9.

ben der Vermittlung von Kenntnissen der älteren deutschen Sprachstufen unbedingt nötig, da sonst der Kreis jener, die Zugang zur Literatur des Mittelalters und damit die Möglichkeit der Rezeption haben, trotz aller digitalen Möglichkeiten zunehmend elitärer wird. Die universitäre Mediävistik muss erweiterte Zugänge zu ihrem Forschungsgegenstand schaffen, die gleichsam auch Anreize und Angebote zu einer möglichst differenzierten und reflektierten Auseinandersetzung (nicht nur) in der Schule bieten. Auch wenn es grundsätzlich sehr positiv und begrüßenswert ist, wenn immer wieder Beiträge zur Mittelalterdidaktik im Deutschunterricht in einschlägigen fachwissenschaftlichen und fachdidaktischen Medien erscheinen, ist es fraglich, ob und inwieweit die dort vorgeschlagenen Anregungen auch wirklich im Unterricht umgesetzt werden. Es gilt also, zusätzlich (bzw. weiterhin) auch ‚niederschwellige' Zugänge zu schaffen und neben einer Pluralität der Themen, der Bildungsziele und didaktischen Herangehensweisen auch eine Pluralität der Plattformen anzustreben, die es ermöglicht, diese im schulischen Rahmen zu nutzen.

3. Forschung und Wissenstransfer

Der Wissenstransfer zwischen Universität und Schule, Wissenschaftler/inne/n und Lehrer/inne/n (und in weiterer Folge auch einer breiteren Öffentlichkeit) muss sichergestellt werden – und zwar in beide Richtungen. Dies zu fördern sollte ebenso im Interesse der universitären Mediävistik sein wie die weitere ‚Bearbeitung' der unterschiedlichen Forschungsfelder in diesem Zusammenhang. Die Unterrichtsrealität sollte nicht abseits vom wissenschaftlichen Diskurs verlaufen, sondern direkt in ihn eingebunden werden. Neben Möglichkeiten, genuine Bildungswerte mittelalterlicher Literatur und Sprache zu erschließen, sollte auch unter anderem versucht werden, den Einfluss mittelalterlicher Literatur und Sprache auf weitere, allgemeine Kompetenzbereiche nachzuweisen. Die Bereitstellung und Entwicklung zusätzlicher Übersetzungen, Konzepte, Materialien und Methoden ist unbedingt wünschenswert; ihre Gestaltung und Verfügbarkeit sollte auch nach praxis- und bedarfsorientierten Gesichtspunkten erfolgen. Dazu erscheint es unter anderem auch notwendig, zu erheben, welche Quellen und Plattformen Lehrer/innen wie nutzen oder nutzen würden und wie zukünftige Unterrichtsangebote aussehen müssten, damit sie auch angenommen werden und ihre Umsetzung in der schulischen Praxis ermöglicht bzw. vereinfacht wird.

Der Reichtum mittelalterlicher Literatur und die zweifelsohne vorhandenen vielfältigen Potentiale, die sich daraus ergeben, sollten sich zukünftig in einem Reichtum an Texten, Themen und Methoden wiederfinden und in möglichst enger Zusammenarbeit von Forschung und Lehre, Universität und Schule, Fachwissenschaft und Didaktik weiterentwickelt und vermittelt werden. Die vorliegende Arbeit sollte daher auch als Plädoyer für einen möglichst ausgewogenen Text-, Themen- und Methodenmix verstanden werden, der wiederum unterschiedlichste Schwerpunktsetzungen zulässt und es vermag, der Polyvalenz literarischer Texte gerecht zu werden.[223]

> Ganz im Sinne eines ergebnisoffenen hermeneutischen Prozesses können am Ende der Auseinandersetzung neue Fragen entstanden sein. Alteritätserfahrung wird so zu einer Chance für das Anstoßen eines individuellen und nicht abgeschlossenen literarischen Verstehensprozesses.[224]

223 vgl. Möbius S.55ff.
224 Ebda., S.77.

Literaturverzeichnis

BÄRNTHALER, Günther: Homo ferox in Tankred Dorsts Merlin oder Das wüste Land, T.H. Ehites The Once and Future King und Thomas Malorys Morte d' Arhtur. Literaturunterricht zum Thema Gewalt. In: Bärnthaler, Günther; Tanzer, Ulrike (Hrsg.): Fächerübergreifender Literaturunterricht. Reflexionen und Perspektiven für die Praxis. Innsbruck: Studienverlag 1999. (=ide-extra 5). S.36-54.

Bärnthaler, Günther: Homo ferox II. Fest und Turnier in Hartmanns »Erec« und Wittenwilers »Ring«. In: ide 25, H.3/01. S.89-104.

BÄRNTHALER, Günther: „Was hat das denn mit uns zu tun?" Gahmuret, Parzival und Gawan als Aufforderung zur Reflexion männlicher Geschlechtsidentität im Deutschunterricht. Innsbruck: Studienverlag 2010.

BEIN, Thomas: Germanistische Mediävistik. Eine Einführung. 2. überarbeitete und erweiterte Auflage. Berlin: ESV 2005.

BORRIES, Bodo von: Mindeststandards für das Fach Geschichte? Die Lebensweltbedeutsamkeit von Historie im Blick. In: Standards. Unterrichten zwischen Kompetenzen, zentralen Prüfungen und Vergleichsarbeiten. Friedrich Jahresheft XXIII (2005). S.102-104.

BRACKERT, Helmut; CHRIST, Hannelore; HOLZSCHUH, Horst: Zur gesellschaftliche Funktion mittelalterlicher Literatur in der Schule. Überlieferung und historisches Bewusstsein. Zur Problematik der Relevanz mittelalterlicher Texte. In: Brackert, Christ, Holzschuh (Hrsg.): Mittelalterliche Texte im Unterricht 2. München: Beck 1976. (= Literatur in der Schule 2)

BRUNNER, Horst: Ansichten einer künftigen Altgermanistik. In: Jahrbuch der Oswald von Wolkenstein Gesellschaft 15 (2005). S.15-21.

BUCK, Thomas Martin: Vom Geschichtswissen zum Geschichtsbewusstsein. Vorüberlegungen zu einer (nachhaltigen) Didaktik des Mittelalterunterrichts. Online unter: http://www.geschichte.uni-freiburg.de/lehrstuehle/studt/lehrstuhlpersonal/buck/didaktik/geschichtswissen.pdf [Stand 2010-05-26][225]

BÜKER, Petra: Qualitätssicherung ästhetischen Lernens durch prozessorientierte Evaluation. Zu Mascha Kalékos „Der Frühling". In: Kammler, Clemens (Hrsg.): Literarische Kompetenzen – Standards im Literaturunterricht. Modelle für die Primar- und Sekundarstufe. Seelze: Kallmeyer 2006. S. 24-59.

BURIAN, Herwig: Wozu Bildungsstandards? In: ide 2004, H3, S.109-117.

CLASSEN, Albrecht: Warum und zu welchem Zwecke studieren wir das Mittelalter? Deutsche Literatur des Mittelalters im 20. Jahrhundert. In: Wirkendes Wort 43, H.1/93. S.7-25

[225] Am 2.5.2012 war die angegebene URL nicht mehr verfügbar.

FEISTNER, Edith: Hat der Mittelalter-Boom die Universitäten erreicht? Empirische Studie zu Vorstellungen vom Mittelalter und Erwartungen von der Mittelalterforschung bei Gymnasiasten, Germanistik-Studierenden und ausgebildeten Germanisten in Regensburg. In: Jahrbuch der Oswald von Wolkenstein Gesellschaft 15 (2005). 117-128.

FEISTNER, Edith; KARG, Ina; THIM-MABREY, Christiane: Mittelalter-Germanistik in Schule und Universität. Leistungspotenziale und Ziele eines Faches. Göttingen: V&R unipress 2006.

GEHRMANN, Axel; HERICKS, Uwe; LÜDERS, Manfred (Hrsg.): Bildungsstandards und Kompetenzmodelle. Beiträge zu einer aktuellen Diskussion über Schule, Lehrerbildung und Unterricht. Bad Heilbrunn: Klinkhardt 2010.

HAFNER, Karl: Deutsch-Standards. In: ide 2004, H.2. S.134-137.

HERZOG, Walter: Besserer Unterricht dank Bildungsstandards und Kompetenzmodellen? In: Gehrmann, Axel; Hericks, Uwe; Lüders, Manfred (Hrsg.): Bildungsstandards und Kompetenzmodelle. Beiträge zu einer aktuellen Diskussion über Schule, Lehrerbildung und Unterricht. Bad Heilbrunn: Klinkhardt 2010. S.37-46.

HINTERHOLZER, Markus: Alte HeldInnen braucht die Schule: das "Nibelungenlied" und der "Herr der Ringe" als literaturdidaktische Beispiele für einen gehirn-gerechten Mittelalterunterricht. Frankfurt am Main: Lang 2007 (=Mediävistik zwischen Forschung, Lehre und Öffentlichkeit 1).

HOFMEISTER, Wernfried: Mittelalterliche Literatur zwischen Forschung und Schule: Fachdidaktische Perspektiven am Beispiel der Dichtung Ulrichs von Liechtenstein. In: Jahrbuch der Oswald von Wolkenstein Gesellschaft 15 (2005). S.211-222.

HUBER, Christina; SPÄNI, Martina; SCHMELLENTIN, Claudia; CRIBLEZ, Lucian: Bildungsstandards in Deutschland, Österreich, England, Australien, Neuseeland und Südostasien. Literaturbericht zu Entwicklung, Implementation und Gebrauch von Standards in nationalen Schulsystemen. Institut für Forschung und Entwicklung der Pädagogischen Hochschule Nordwestschweiz 2006. Online: URL: http://www.edudoc.ch/static/web/arbeiten /harmos/lit_analyse_1.pdf [Stand 2010-07-30].

Jäger, Achim: Von Kafka zum Kochrezept. Expeditionen ins Reich der Poesie und in die Bibliotheken des Mittelalters. In: Bein, Thomas; Horch, Hans Otto (Hrsg.): Wissenstransfer im Deutschunterricht. Deutsch-jüdische Literatur und mittelalterliche Fachliteratur als Herausforderung für ein erweitertes Textverstehen. Frankfurt am Main: Peter Lang 2011. (= Germanistik Didaktik Unterricht 6). S.227-280.

KAMMLER, Clemens: Literarische Kompetenzen – Standards im Literaturunterricht. Anmerkungen zum Diskussionsstand. In: Kammler, Clemens (Hrsg.): Literarische Kompetenzen – Standards im Literaturunterricht. Modelle für die Primar- und Sekundarstufe. Seelze: Kallmeyer 2006. S.7-23.

KAMMLER, Clemens: Vorwort des Herausgebers. In: Kammler, Clemens (Hrsg.): Literarische Kompetenzen – Standards im Literaturunterricht. Modelle für die Primar- und Sekundarstufe. Seelze: Kallmeyer 2006. S.5-6.

KARG, Ina: Konrad von Megenberg: Das Buch der Natur – Didaktische Überlegungen und Unterricht am Beispiel eines mittelalterlichen Sachbuches. In: Bein, Thomas; Horch, Hans Otto (Hrsg.): Wissenstransfer im Deutschunterricht. Deutsch-jüdische Literatur und mittelalterliche Fachliteratur als Herausforderung für ein erweitertes Textverstehen. Frankfurt am Main: Peter Lang 2011. S.93-131. (= Germanistik Didaktik Unterricht 6).

KARG, Ina: Mittelalter ohne Ende? Aktualität und Geschichtlichkeit einer (nicht immer) populären Epoche. In: Wintersteiner, Werner (Hrsg.): Mittelalter. ide 2001. H.3. S.38-47.

KERN, Manfred: Parzival gegen Shell Oil. Ein Plädoyer für mittelalterliche Literatur in der Schule. In: Wintersteiner, Werner (Hrsg.): Mittelalter. ide 2001. H.3. S.28-37.

KLIEME, Eckhard et al.: *Zur Entwicklung nationaler Bildungsstandards. Expertise.* Bonn, Berlin: Bundesministerium für Bildung und Forschung 2007.

KNAPP, Fritz Peter: Die sieben Todsünden der Altgermanistik im Umgang mit mittelalterlichen Texten. In: Jahrbuch der Oswald von Wolkenstein Gesellschaft 15 (2005). S.23-32.

KREITZ, Robert: Was ist es, was Kompetenztests messen? In: Gehrmann, Axel; Hericks, Uwe; Lüders, Manfred (Hrsg.): Bildungsstandards und Kompetenzmodelle. Beiträge zu einer aktuellen Diskussion über Schule, Lehrerbildung und Unterricht. Bad Heilbrunn: Klinkhardt 2010. S.55-70.

KROHN, Rüdiger; WUNDERLICH, Werner: Mittelalterliche Literatur in der Sekundarstufe I. Hannover: Schroedel Schulbuchverlag 1983. (= Deutschunterricht konkret)

KUGLER, Hartmut: Auf der Suche nach europäischen Parametern. Vorüberlegungen zu einer deutsch-französischen Perspektive auf die hochmittelalterliche Epik. Jahrbuch der Oswald von Wolkenstein Gesellschaft 15 (2005). S.91-104.

MEYER-HAMME, Johannes: „Wenn's halt darum geht, dass die Osmanen vor Wien standen ..." Zur systematischen Berücksichtigung der Subjektperspektive auf die fachliche Kompetenzentwicklung. In: Gehrmann, Axel; Hericks, Uwe; Lüders, Manfred (Hrsg.): Bildungsstandards und Kompetenzmodelle. Beiträge zu einer aktuellen Diskussion über Schule, Lehrerbildung und Unterricht. Bad Heilbrunn: Klinkhardt 2010. S.147-158.

MIELKE, Angela: Mittelalterliche Literatur im Deutschunterricht in Zeiten der Kompetenzorientierung – assimilieren, integrieren, profilieren? In: Bein, Thomas; Horch, Hans Otto (Hrsg.): Wissenstransfer im Deutschunterricht. Deutsch-jüdische Literatur und mittelalterliche Fachliteratur als Herausforderung für ein erweitertes Textverstehen. Frankfurt am Main: Peter Lang 2011. (= Germanistik Didaktik Unterricht 6). S.133-178.

MITTENDORFER, Martina; MITTENDORFER, Franz: Wie Mittelalter lebendig unterrichten? Ein Modell und seine Realisierung. In: ide 25, H3/01.

MÖBIUS, Thomas: Grundlegungen einer symmedial-textnahen Didaktik älterer deutscher Literatur. München: kopaed 2010. S. 62. (=Medien im Deutschunterricht. Beiträge zur Forschung 7)

MÜLLER, Ulrich: Germanistische Mediävistik. Perspektiven für die Zukunft. Jahrbuch der Oswald von Wolkenstein Gesellschaft 15 (2005). S.1-13.

NEUWEG, Georg Hans: Vorsichtsstandards für den Umgang mit Bildungsstandards. In: bwpat 2005, H.8. Online: URL: http://www.bwpat.de/ausgabe8/neuweg_bwpat 8.pdf [Stand 2010-07-30].

OTTO, Arnold: Wissenschaft – Unterhaltung – Selbstreflexion. Präsentationsmöglichkeiten für mittelalterliche Literatur heute. Jahrbuch der Oswald von Wolkenstein Gesellschaft 15. (2005). S.105-115.

PFLUGMACHER, Thorsten: Deutschunterricht und Didaktikindustrie. Kritische Theorie nach ihrer empirischen Wende. In: Baum, Michael; Marion Bönnighausen (Hrsg.): Kulturtheoretische Kontexte für die Literaturdidaktik. Baltmannsweiler: Schneider 2010. S.47-62.

RAAB-STEINER, Elisabeth; BENESCH, Michael: Der Fragebogen. Von der Forschungsidee zur SPSS-Auswertung. Wien: facultas 2008.

SCHWARZGRUBER, Elisabeth: Mittelalterliche deutschsprachige Literatur in der Schule. Entwurf einer impulsbezogenen, themaorientierten Literaturdidaktik unter besonderer Berücksichtigung des "Frauendienstes" von Ulrich von Liechtenstein. Phil. Dipl., Graz 1998.

SCHWINGHAMMER, Ylva: Rittergeschichten für die Klein(st)en. Die Welt des Mittelalters im aktuellen deutschsprachigen Kinderbuch. Frankfurt am Main: Peter Lang 2010

SPINNER, Kaspar: Der standardisierte Schüler. Rede bei der Entgegennahme des Erhard-Friedrich-Preises für Deutschdidaktik am 27.9.2004. Online unter: http://www.philhist.uni-augsburg.de/lehrstuehle/germanistik/didaktik/team/spinner /downloads/KHS_Preisrede.pdf [Stand 2010-04-23].

WINTERSTEINER, Werner: Die Innenwelt der Außenwelt der Innenwelt. Deutschdidaktik im Sog gesellschaftlicher Interessen. Ein historischer Versuch. Plenarreferat auf dem Symposion Deutschdidaktik in Weingarten am 18.9.2006. Online unter: http://wwwg.uni-klu.ac.at/ide/referat_weingarten_07.pdf [Stand 2010-04-26].

WINTERSTEINER, Werner: „Historische Ausrüstung im richtigen Sinne des Wortes". In: Wintersteiner, Werner (Hrsg.): Mittelalter. ide 2001. H.3. S.4-6.

ZABKA, Thomas: Typische Operationen literarischen Verstehens. Zu Martin Luther „Vom Raben und Fuchs". In: Kammler, Clemens (Hrsg.): Literarische Kompetenzen –

Standards im Literaturunterricht. Modelle für die Primar- und Sekundarstufe. Seelze: Kallmeyer 2006. S.80-101.

ZEITLER, Sigrid; KÖHLER, Olaf; TESCH, Bernd: Bildungsstandards und ihre Implikationen für Qualitätssicherung und Qualitätsentwicklung. In: Gehrmann, Axel; Hericks, Uwe; Lüders, Manfred (Hrsg.): Bildungsstandards und Kompetenzmodelle. Beiträge zu einer aktuellen Diskussion über Schule, Lehrerbildung und Unterricht. Bad Heilbrunn: Klinkhardt 2010. S.23-36.

ZEITLINGER, Edith: Die Komplexität von Kompetenzmodellen anhand des Beispiels von Jakob Ossner. In: ide 2007, H.4. S.113-118.

ZUSCHIN, Hildegard: Im Spiegel der Praxis. In: ide 2004, H.4. S.114-120.

Lehrpläne und sonstige Quellen

Bildungsstandards Deutsch 8. Schulstufe. Online: http://www.ph-ooe.at/index.php?id=485 [Stand 29-07-2010].

Forumsbeitrag aus Lehrerforen.de. Online unter: http://www.lehrerforen.de/thread.php?threadid=18249&hilight=nibelungenlied [Stand 2010-05-24].

Hajek, Hans: Daz bůch von gůter spise. Aus der Würzburg-Münchener Handschrift. Berlin: Erich Schmidt 1958. (= Texte des späten Mittelalters 8).

Lehrplan Deutsch AHS Oberstufe in Österreich (2004). Online abrufbar unter: http://www.gemeinsamlernen.at/ [Stand vom 30.04.2012].

Lehrpläne der deutschen Bundesländer. Online abrufbar unter: http://www.bildungsserver.de/Bildungsplaene-der-Bundeslaender-fuer-allgemeinbildende-Schulen-400.html [Stand vom 30.04.2012].

Lehrpläne Schweiz. Schweizerische Konferenz der kantonalen Erziehungsdirektoren. Online abrufbar unter: http://www.ides.ch/dyn/18094.php [Stand vom 30.04.2012].

Lehrpläne Sekundarstufe I der Kantone Luzern, Zug, Uri, Nidwalden, Obwalden, Schwyz und Freiburg. Online abrufbar unter: http://www.bildung-z.ch/volksschule/website_ volksschule. php?sID=102 [Stand vom 30.04.2012].

Ministerium für Kultus, Jugend und Sport Baden-Württemberg in Zusammenarbeit mit dem Landesinstitut für Erziehung und Unterricht (Hrsg.): *Bildungsplan. Allgemein bildendes Gymnasium*. Februar 2004.

Statistik Austria Abfrage:
lehrerinnen_und_lehrer_im_schuljahr_200910_ohne_karenzierte_nach_dem_alter_034418[1]. Erstellt am 14.1.2012.

Zentralschweizer Bildungsserver. Online unter: http://www.zebis.ch/Startseite [Stand vom 30.04.2012].

Abkürzungsverzeichnis

a. A.	allgemeine bzw. verallgemeinernde Antworten (Angaben wie z. B. „diverse Minnesänger“, „die Bekanntesten“ unter Autoren)
AG	Altersgruppe im Rahmen der Lehrerbefragung
ahd.	althochdeutsch
AHS	Allgemein bildende höhere Schule
AQ	Autorenquotient
AZ	Autorzahl (Anzahl der Autorennennungen pro Proband/in
BHS	berufsbildende höhere Schule
DA	Diplomarbeit/Masterarbeit
DG	Probandengruppen nach Dienstjahren (Lehrerbefragung)
DU	Deutschunterricht
EZ	Epochenzahl (0 = Mittelalter wurde bei der Frage nach den Epochen für die Sekundarstufe 2 nicht genannt, 1= Mittelalter wurde genannt)
FB	Fachbereich
GM	Germanistische Mediävistik (Fachbereich)
k. A.	keine Angabe
LA	Lehramt
m	männlich
Mal./mal.	Mittelalter, mittelalterlich
mhd.	mittelhochdeutsch
MINT	Mathematik, Informatik, Naturwissenschaften, Technik
NDL	neuere deutsche Literatur (Fachbereich)
ORG	siehe RG
pre	Pretest (Platzhalter für fehlende Daten aus den Pretest-Erhebungen)
RG/ORG	Realgymnasium/Oberstufenrealgymnasium
SW	germanistische Sprachwissenschaft (Fachbereich)
TQ	Textquotient
u. A.	ungültige Angabe
UF	Unterrichtsfach
UNI	Universität; Kürzel für Diagramme im Rahmen des Universitätenvergleichs
UZ	Unterrichtzeit (Stundenaufwand pro Jahrgang für die Behandlung des Mittelalters)
w	weiblich

Mittelalterrezeption unter Kindern und Jugendlichen

Zur Mittelalterrezeption und dem Interesse am Mittelalter von Schülern und Schüler/innen sind hier Auszüge aus mehreren Befragungen zusammengefasst:

1. Befragung von 165 steirischen Schülern und Schüler/innen am Beginn der Sekundarstufe 1 (1. Klasse HS, AHS) aus dem Jahr 2008 zu ihren Leseerfahrungen und ihrem Mittelalterwissen.[226]

2. Erhebungen im Rahmen des Projektes ‚Schüler/innen werden zu Kulturbotschafter/innen des steirischen Mittelalters' an der NMS Albert Schweitzer (40 Schüler/innen der 3. Klassen) im Schuljahr 2010/11.

3. Schülerfragebögen im Rahmen der MIDU Studie am Ende der Sekundarstufe 2 im Schuljahr 2010/11. Aus organisatorischen Gründen konnte auch diese Befragung nur in der Steiermark durchgeführt werden (41 Schüler/innen an 4 Schulen). Der Versuch, die Befragung zumindest auf andere österreichische Bundesländer auszudehnen, musste aufgrund mangelnder Kooperationsbereitschaft der Schulen leider abgebrochen werden.[227]

(1)

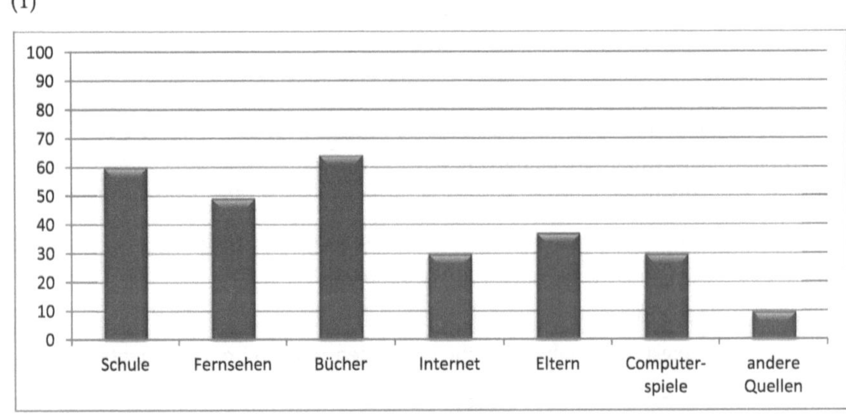

Diagramm 198: Schüler/innen (1): Informationsquellen zum Thema Mittelalter

226 Vgl. Schwinghammer (2010), S.230-246.

227 Von über 60 angefragten Schulen war keine einzige bereit, die rund 10-minütige Befragung durchzuführen.

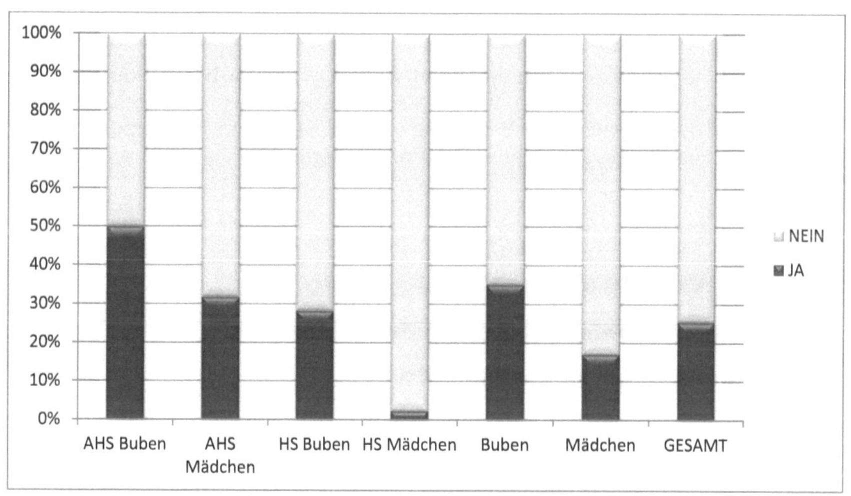

Diagramm 199: Schüler/innen (1): Rezeption von Kinderbüchern zum Thema Mittelalter nach Geschlecht und Schultyp

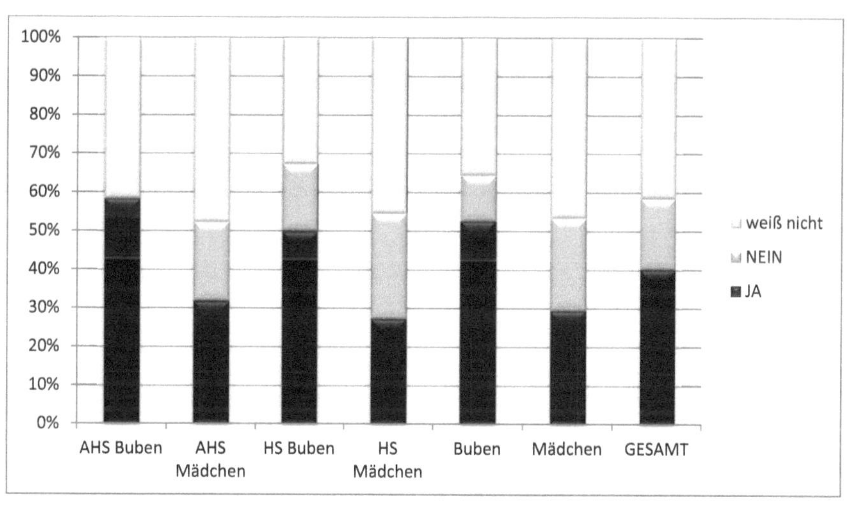

Diagramm 200: Schüler/innen (1): Wunsch, Bücher über das Mittelalter zu lesen

(2)

Im Rahmen des Projektes „Schüler/innen werden zu Kulturbotschafter/innen des steirischen Mittelalters" wurden Vorher-Nachher-Erhebungen durchgeführt. a) bezieht sich auf die Ergebnisse der Befragung vor dem Mittelalter-Schwerpunktprojekt, b-Ergebnisse wurden nach Abschluss des Projektes erhoben.

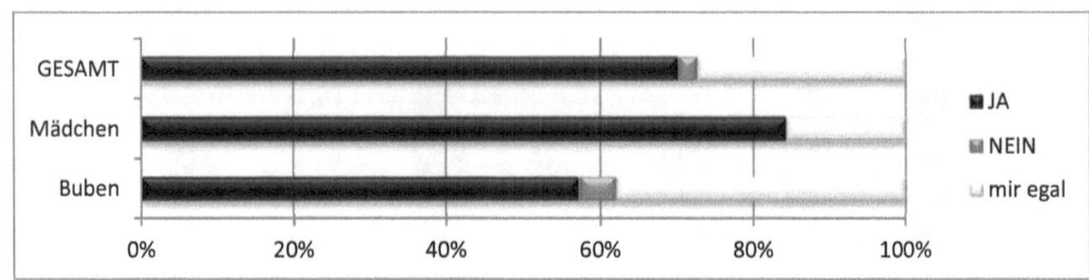

Diagramm 201: Schüler/innen (2a): Wunsch, etwas über das MAL zu lernen

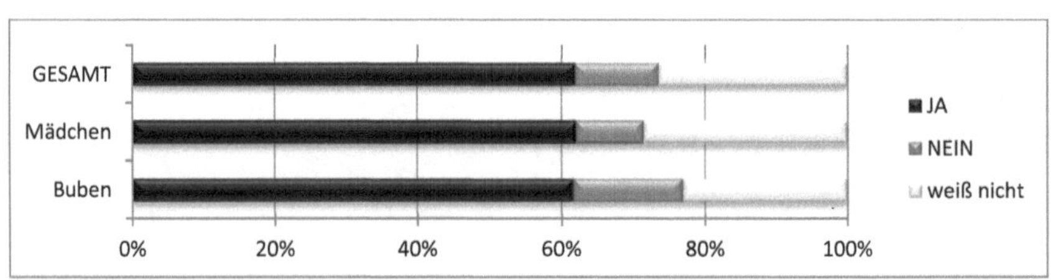

Diagramm 202: Schüler/innen (2b): Ist es wichtig, heute noch etwas über das MAL zu lernen?

JA, weil ...		NEIN, weil ...	
M	*es jetzt noch sehr spannend ist*	M	*es das Mittelalter nicht mehr gibt und es für das spätere Leben nicht wichtig ist*
M	*ich es interessant finde*	B	*ich damit nichts anfangen kann*
M	*man weiß ja nicht, was sie früher gemacht haben*	B	*weil dieses Wissen heutzutage nicht mehr gebraucht wird*
M	*man es wissen sollte*		
M	*das Mittelalter interessant ist*		
M	*man lernt und sieht, wie sich die Dinge im Laufe der Zeit verändert haben*		
M	*man wissen sollte, wie sie gelebt haben*		
M	*gehört zu Allgemeinbildung*		
B	*damit man weiß, was geschehen ist*		

B	*Mittelalter war spannend*		
B	*damit man weiß, wie es früher zugegangen ist*		
B	*damit man was zu erzählen hat*		
B	*man über vergangene Zeit Bescheid wissen sollte*		
B	*man vielleicht an der Uni oder am Gymnasium sowas unbedingt wissen muss*		
B	*ich gerne etwas über die Ritter und Assassinen wissen will*		
B	*ich ein bisschen wissen möchte*		
B	*es wichtig ist, zu wissen, was früher passiert ist (wenn nicht, ist es so, als würde man was Wichtiges vergessen)*		

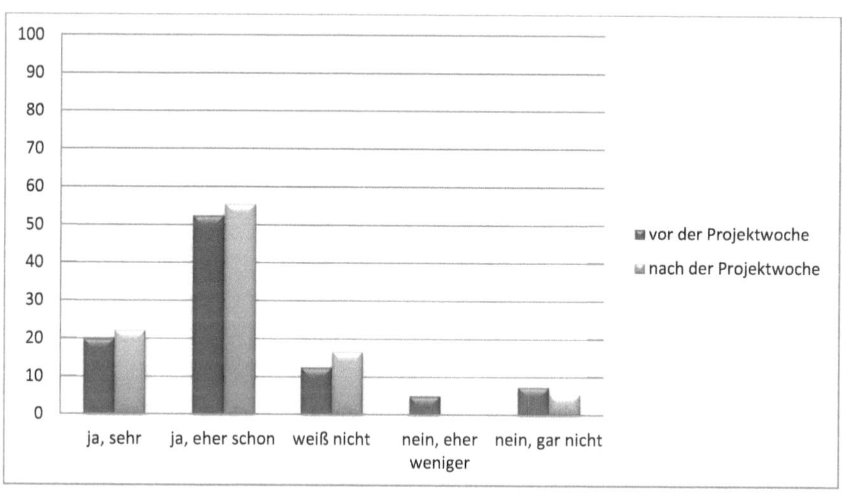

Diagramm 203: Schüler/innen (2ab): Interesse am Mittelalter

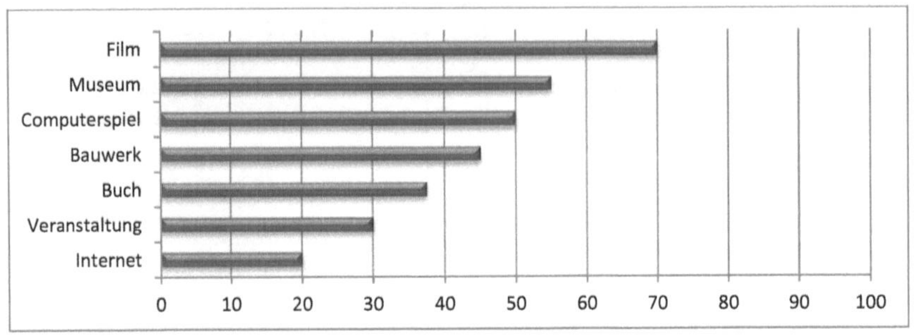

Diagramm 204: Schüler/innen (2a): Mittelalterrezeption Quellen

(3)

Analog zur Epochenfrage im Rahmen der MIDU-Studie für Lehrer/innen und Studierende wurden die Schüler/innen nach jenen beiden literarischen Epochen gefragt, die sie im Deutschunterricht am meisten interessiert haben. Rund ein Drittel nennt hier das Mittelalter als eine diese beiden Epochen. Weitere Fragen befassen sich mit dem Interesse an Literatur und Mittelalter, der Relevanz des Mittelalters als Unterrichtsthema sowie den Informationsquellen der Schüler/innen zum Mittelalter.

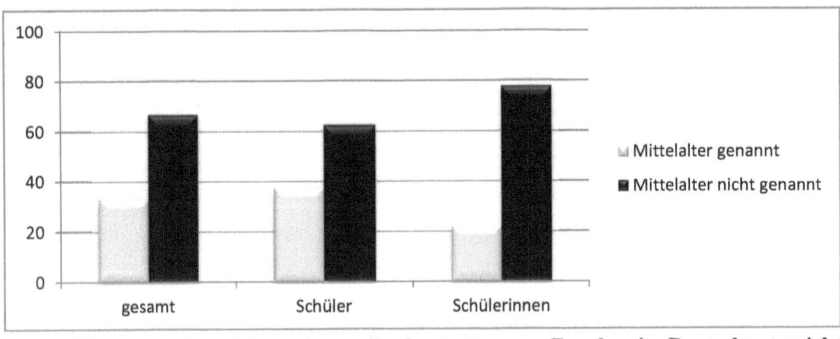

Diagramm 205: Schüler/innen (3): Interessanteste Epochen im Deutschunterricht

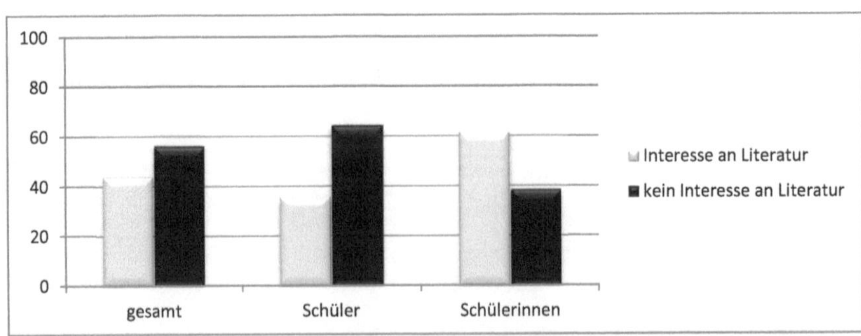

Diagramm 206: Schüler/innen (3): Interesse an Literatur allg.

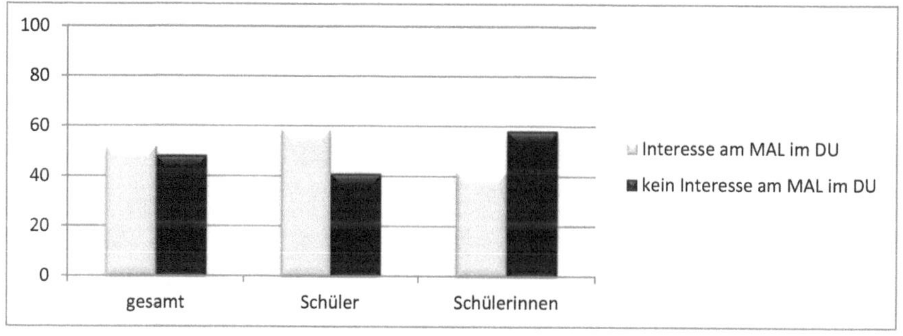

Diagramm 207: Schüler/innen (3): Interesse am Mittelalter im Deutschunterricht

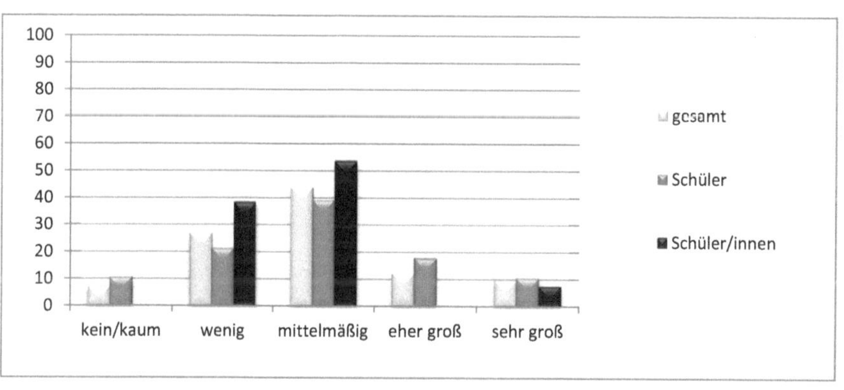

Diagramm 208: Schüler/innen (3): Interesse am Thema Mittelalter allg.

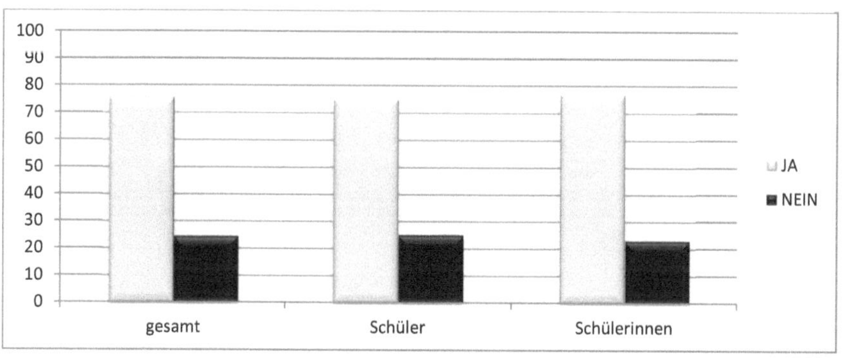

Diagramm 209: Schüler/innen (3): Ist es sinnvoll, im DU etwas über mal. Sprache und Literatur zu lernen?

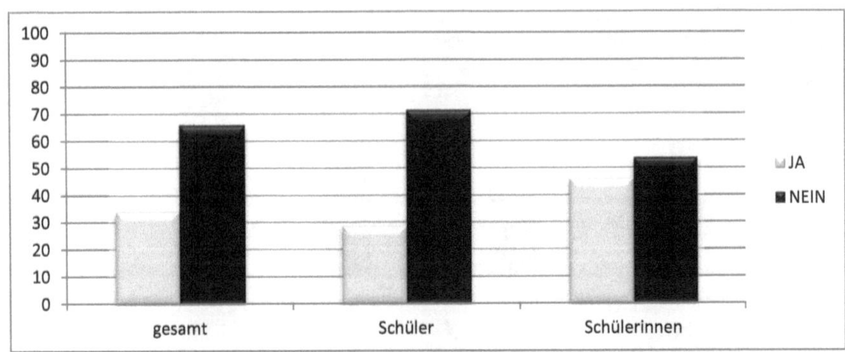

Diagramm 210: Schüler/innen (3): Streichung des MAL aus den Lehrplänen

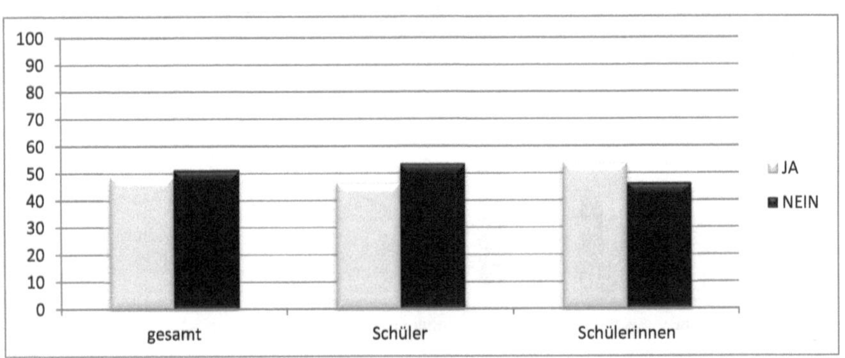

Diagramm 211: Schüler/innen (3): Besuch von Mittelalterveranstaltungen

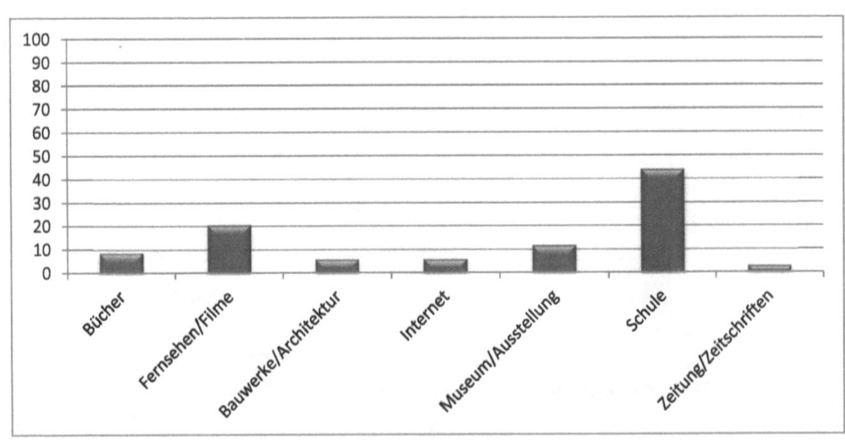

Diagramm 212: Schüler/innen (3): Wichtigste Informationsquelle zum Thema Mittelalter

Abbildungsverzeichnis

Mediävistik zwischen Forschung, Lehre und Öffentlichkeit

Herausgegeben von Wernfried Hofmeister

Band 1 Markus Hinterholzer: *Alte HeldInnen braucht die Schule*. Das *Nibelungenlied* und der *Herr der Ringe* als literaturdidaktische Beispiele für einen gehirn-gerechten Mittelalterunterricht. 2007.

Band 2 Sigrid Rachoinig: *Wir tun kund und lassen dich wissen*. Briefe, Urkunden und Akten als spätmittelalterliche Grundformen schriftlicher Kommunikation, dargestellt anhand der Lebenszeugnisse Oswalds von Wolkenstein. 2009.

Band 3 Wernfried Hofmeister (Hrsg.): Mittelalterliche Wissensspeicher. Interdisziplinäre Studien zur Verbreitung ausgewählten ‚Orientierungswissens' im Spannungsfeld von Gelehrsamkeit und Illiteratheit. Unter Mitarbeit von Andrea Hofmeister-Winter. 2009.

Band 4 Ylva Schwinghammer: Rittergeschichten für die Klein(st)en. Die Welt des Mittelalters im aktuellen deutschsprachigen Kinderbuch. 2010.

Band 5 Daniela Karner: Täuschung in Gottes Namen. Fallstudien zur poetischen Unterlaufung von Gottesurteilen in Hartmanns von Aue „Iwein", Gottfrieds von Straßburg „Tristan", Des Strickers „Das heiße Eisen" und Konrads von Würzburg „Engelhard". 2010.

Band 6 Theresa Zifko: Literatur lokalisiert. Museologische Überlegungen zur Präsentation von literarischen Texten mit besonderer Bezugnahme auf das Designkonzept des Projekts *Steirische Literaturpfade des Mittelalters*. 2013.

Band 7 Ylva Schwinghammer: Das Mittelalter als Faszinosum oder Marginalie? Länderübergreifende Erhebungen, Analysen und Vorschläge zur Weiterentwicklung der Mittelalterdidaktik im muttersprachlichen Deutschunterricht. 2013.

www.peterlang.de

www.ingramcontent.com/pod-product-compliance
Lightning Source LLC
Chambersburg PA
CBHW060757310726
48980CB00002B/125

* 9 7 8 3 6 3 1 6 4 3 9 6 9 *